普通高等教育“十三五”规划教材·公共基础课系列

大学生思想道德品质与修养

主　编　刘艳春

中国财富出版社

图书在版编目（CIP）数据

大学生思想道德品质与修养 / 刘艳春主编 . —北京：中国财富出版社，2017. 7
（普通高等教育“十三五”规划教材 · 公共基础课系列）
ISBN 978 - 7 - 5047 - 6544 - 4

Ⅰ. ①大… Ⅱ. ①刘… Ⅲ. ①大学生—思想政治教育—高等学校—教材
Ⅳ. ①G641

中国版本图书馆 CIP 数据核字（2017）第 164410 号

策划编辑 寇俊玲 **责任编辑** 赵 翠
责任印制 方朋远 **责任校对** 孙丽丽 胡世勋 **责任发行** 王新业

出版发行 中国财富出版社
社 址 北京市丰台区南四环西路 188 号 5 区20 楼 **邮政编码** 100070
电 话 010 - 52227588 转 2048/2028（发行部） 010 - 52227588 转 307（总编室）
010 - 68589540（读者服务部） 010 - 52227588 转 305（质检部）
网 址 http://www. cfpress. com. cn
经 销 新华书店
印 刷 北京九州迅驰传媒文化有限公司
书 号 ISBN 978 - 7 - 5047 - 6544 - 4/G · 0681
开 本 787mm × 1092mm 1/16 **版 次** 2017 年 8 月第 1 版
印 张 12. 75 **印 次** 2017 年 8 月第 1 次印刷
字 数 351 千字 **定 价** 32. 00 元

前 言

“大学生思想道德品质与修养”是以马列主义、毛泽东思想和中国特色社会主义理论体系为指导，以人生观、价值观、道德观和法制观教育为主线，综合运用相关学科知识，依据大学生成长的基本规律，教育引导广大学生加强自身思想道德修养和法制观念的一门课程，对帮助广大学生正确认识自己所处的时代背景和肩负的历史使命，沿着正确的方向和道路健康成长具有重要的意义。

“大学生思想道德品质与修养”是一门融政治性、思想性、科学性、知识性和实践性为一体，以应用为中心的多学科知识相结合的一门思想教育与法律修养课。讲授和学习这门课程必须有科学的态度、正确的方法，掌握理论，付诸实践，不断总结，才能取得良好效果。

本书由哈尔滨师范大学美术学院的刘艳春主编。本书力求通过课堂教学以及社会实践，帮助大学生尽快适应大学生活，提高大学生的思想道德修养和法律修养，使大学生对思想道德修养与法律基础有较全面的认识和掌握，并能利用相关理论解决人生道路上出现的思想道德或法律方面的问题，培养大学生的思想道德意识和法律观念。

编　者

2017 年 3 月

目 录

第一章 大学是人生发展新阶段

只有把人生理想融入国家和民族的事业中，才能最终成就一番事业。希望你们珍惜韶华、奋发有为，勇做走在时代前面的奋进者、开拓者、奉献者，努力使自己成为祖国建设的有用之才、栋梁之材，为实现中国梦奉献智慧和力量。

——习近平《习总书记的青年观：世界与中国的视角》

以热爱祖国为荣、以危害祖国为耻，以服务人民为荣、以背离人民为耻，以崇尚科学为荣、以愚昧无知为耻，以辛勤劳动为荣、以好逸恶劳为耻，以团结互助为荣、以损人利己为耻，以诚实守信为荣、以见利忘义为耻，以遵纪守法为荣、以违法乱纪为耻，以艰苦奋斗为荣、以骄奢淫逸为耻。

——胡锦涛“八荣八耻”

希望同学们把文化知识学习和思想品德修养紧密结合起来，希望同学们把创新思维和社会实践紧密结合起来，希望同学们把全面发展和个性发展紧密结合起来。

——胡锦涛在清华大学百年校庆上的讲话

经过高考的激烈竞争，各位同学带着家长老师、亲朋好友的祝福与期待和自己的美好憧憬跨进了大学校门，莘莘学子意气风发、豪情万丈。人生的理想将在这里确立，素质能力将在这里提高，心理情感将在这里日渐成熟，美好的生活将在这里开始。面对崭新、陌生的学习和生活环境，来自四面八方的同学走到了一起，大家既感到好奇和兴奋，又容易产生迷茫和困惑。尽快适应大学生活，迅速完成从中学生到大学生的转变，尽早掌握打开成功之门的钥匙，走好大学生活的第一步，这是每一个跨入大学校门的大学生所面临的第一个人生课题。

第一节 大学的概述

一、大学的含义

“大学”一词的英文是“university”，源于拉丁文，意为“学者行会”，这种行会是中世纪大学的雏形。我国儒家经典著作《大学》开篇第一句话说：“大学之道，在明明德，在亲民，在止于至善。”朱熹对大学的解释是“大学者，大人之学也”。所谓大人之学，也就是当时培养儒家提倡的德贤兼备的君子的高等学府。在我国古代没有小学、中学、大学这样的学制，但仍有类似于高等教育性质的学校。蔡元培先生指出：“吾国历史上本有一种大学，通称太学。最早谓之上庠，谓之辟雍，最后谓之国子监。其用意与今之大学相类。有学生，有教官，有学科，有积分之法，有入学资格，有学位，其组织亦颇似今之大学。然最近时期，所谓国子监者，早已有名无实，故吾国今日之大学，乃直取欧洲大学之制而模仿之，并不自古代太学演化而成也。”梅贻琦认为：“今日中国之大学教育，溯其源流，实自西洋移植而来。”

现代意义上的大学发源于意大利。史家一直认为，在意大利，萨莱诺（Salerno）大学诞生于公元9世纪，建立于11世纪初，但直到1231年才得到腓特烈二世颁发的特许状，正式承认该校是一所专门从事医学教育的大学。所以人们一般认为，第一所大学是意大利的博洛尼亚大学，它诞生于1088年，经历半个多世纪，才于1158年经由神圣罗马帝国皇帝腓特烈一世颁布敕令，宣布为正式合法的大学。1988年在430所欧洲大学校长共同签署的“欧洲大宪章”中，博洛尼亚大学被正式宣称为欧洲所有大学之母。法国的巴黎大学诞生于1170年，它由巴黎圣母院大教堂学校发展而来，以研究神学著称。1198年教皇西勒士丁三世赐给巴黎大学许多特权，1231年罗马教皇承认巴黎大学拥有自主权，学校拥有神学、文学、法学和医学四科，成为西欧当时大学的“典范”，吸引了来自各国的教授和学者，学生最多时达五万之众。

从13世纪开始，欧洲各国纷纷创办大学，英国学生曾远涉重洋到法国巴黎大学求学。1167年，英格兰国王亨利二世和法兰西国王菲利普二世发生争执，英法关系恶化，亨利二世下令召回在巴黎大学的全部英国学者和学生，大批学生汇集牛津，并以这批被召回的学者和学生为基础，于1168年创建英国第一所大学——牛津大学。牛津大学的显著特点是它的学院制，学院作为独立建制是其所特有的。1209年，由于学校与市政当局发生冲突，部分师生移居剑桥，于是创办了闻名于世的剑桥大学。剑桥大学于1218年得到英王亨利二世的认可。到文艺复兴之初，欧洲的大学已达80余所。

随着大学的不断发展，大学的概念也随着不同历史时期、不同文化传统、不同学科及政治体制等因素的变化，具有不同概念，现列举不同的理论观点如下。

（1）被西方学者们称为第一个系统阐述大学观的爱尔兰都柏林大学首任校长约翰·亨利·纽曼，作为一个深受18世纪英国牛津大学、剑桥大学传统影响的学者，他认为，大学是“一个传授普遍知识的地方。这意味着，一方面大学的目的是理智的而非道德的，另一方面它以传播和推广知识而非增扩知识为目的”，大学是“一切知识和科学、事实和原理、探索和发现、实验和思索的高级保护力量；它描绘出理智的疆域，并表明……在那里对任何一边既不侵犯也不屈服”。

（2）因缔造德国柏林大学而闻名于世的威廉·冯·洪堡认为：“大学的一个独特特征是，它们把科学和学问设想为处理最终无穷无尽的任务——它们从事一个不停的探究过程。低层次的教育提出一批封闭和既定的知识，在高层次学生和教师之间的关系，不同于低层次教师和学生的关系。在高层次，教师不是为学生而存在；教师和学生都有正当理由共同探究知识。”

（3）英国著名数学家和哲学家、教育家怀特海认为：“大学是实施教育的机构，也是进行研究的机构。但大学之所以存在，主要原因并不在于仅仅向学生们传授知识，也不在于仅向教师们提供研究的机会……大学存在的理由是，它使青年和老年融为一体，对学术进行充满想象力的探索，从而在知识和追求生命的热情之间架起桥梁……一所大学若不能发挥这种作用，它便失去了存在的价值。”

（4）德国当代著名哲学家雅斯贝尔斯认为：“大学是研究和传授科学的殿堂，是教育新人成长的世界，是个体之间富有生命的交往，是学术勃发的世界。每一项任务借助参与其他任务，而变得更有意义和更加清晰。”

（5）我国“现代大学之父”蔡元培认为：“所谓大学者，非仅为多数学生按时授课，造成一毕业生之资格而已也，实以是为共同研究学术之机关……大学者，‘囊括大典，网罗众家’之学府也……”“大学为纯粹研究学问之机关，不可视为养成资格之所，亦不可视为贩卖知识之所。”

以上这些概括是一些思想家、教育家对大学的诠释。

《大不列颠百科全书》关于大学的解释：大学是“高等学府，通常包括一所文理学院、研究生院和专业学院，并有权授予各个学科领域的学位”。

日本《世界教育辞典》关于大学的定义：大学是指“高等院校中以学术为媒介进行研究和教育，即培养人和进行高等专业教育的机构”。

我国《辞海》关于大学的解释：大学是“实施高等教育的学校。大学分综合大学和专科大学或学院”。

大学有广义、狭义之分。广义的大学，泛指各种性质、各种类型的高等学校，包括公立大学和民办大学。狭义的大学，专指综合性大学，也就是具有较强教学、科研力量，较高教学水平和相应规模，能够实施本科及本科以上教育，必须设立三个以上国家规定的学科门类为主要学科的大学，即综合性、多学科、高水平的全日制大学或综合性、研究型、国际化的全日制大学。

随着世界教育与科技迅猛发展及高等教育大众化进程的加快，现在高校的结构层次类型也呈现出多样性特点。在国外，如美国的大学，可分为研究型大学、博士授予大学、综合院校、文科学院和社区学院五大类。我国有学者针对高校层次结构进行分析，认为我国大学可分为研究型大学、教学科研型大学、教学型大学、高等专科学校和高等职业学校五类。

二、大学的内涵与特征

大学作为一个存在的实体，它的校园规模、师生人数、教学大楼、科研实验仪器设备、图书馆等都直观地呈现在人们眼前。但是蕴含在这一实体中的大学精神却不是一眼就能够看得出来的。任何一所大学都有其独特的大学精神和历史传统积淀，它不仅是一笔丰厚的精神财富，而且是一所大学的魅力所在，更是一所大学可持续发展的动力。

大学内涵就体现在其大学精神的内涵上。著名的德国教育学家洪堡认为，大学从12世纪诞生起，一直被称为社会的良心。他提出大学精神应当体现在思想自由、学术自由、教学自由这三个方面。北京大学校长蔡元培在1917年北京大学改制会议上提出的“兼容并蓄，学术独立，思想自由”的北大精神，长期以来一直被看作中国的大学精神。

（一）大学是思想库，是精神文明的辐射源，是社会发展的智慧源

1998年在巴黎召开的世界高等教育大会的主题报告《21世纪的高等教育：展望和行动》强调，高等院校及其师生应当完全独立和充分负责地就伦理、文化和社会问题坦率地发表意见，成为社会的知识权威，以帮助社会去思考、理解和行动。大学是以探索、追求、捍卫、传播真理和知识为目的的，继而负有引导社会价值观和社会行为之使命，对人的素质改善和提高、社会文明进步和国家发展具有不可替代之重大影响力和推动力的教育机构与学术组织，是研究和传授科学的殿堂、教育新人成长的世界。雅斯贝尔斯在《大学之理念》一书中开宗明义地指出：“大学是一个由学者与学生组成的，致力于寻求真理之事业的共同体。”牛津大学校长科林·卢卡斯指出：“大学之存在，是为了探究事物的本质；大学之存在，是为了发现如何区分真实与表面；大学之存在，是为了理解意义。”哈佛大学则将“与柏拉图为友，与亚里士多德为友，更要与真理为友”作为校训。杜威说，教育是社会进步和革新的根本。林肯在给美国国会的国情咨文报告中有这样一句话：“人类最后和最美好的希望之一就是教育。”大学更应是人类最美好的希望，自觉处在社会改革和文明进步的前沿。因为大学不仅是人类社会的科学脊梁，而且是人类社会的道德良心，是推动人类社会文明进步的力量和国家民族发展的希望。

著名思想家奥尔托加认为，在大学里建立起符合时代要求的思想体系，树立崇高的精神境界，是大学的一项凌驾于其他功能之上的基本功能，大学应该把教育者培养成为具有“人的精神”的人。著名思想家怀特海指出：“大学培养了我们这个文明世界的知识分子的先锋——神父、律师、政治家、医生、科学家和文学家。这些知识分子始终是理想的源泉，这些理想引导人们勇敢地去面对时代的困扰。”

随着知识经济的发展、经济全球化的推进以及科技无国界的全球化时代的到来，人类进入终身学习时代，和平与发展成为当今时代的主题，这些发展变化都迫切要求反映到教育上来。因此，在全球化的背景下，建立以人为本的现代大学制度，才是中国大学以和谐方式参与全球化的当务之急。一方面，“这种大学制度在管理上表现为学术自治、学术自由、学术中立以及为向纳税人和公众负责而高质量地履行其职能，并有效地使用社会提供的资源的责任”。但另一方面，伴随着经济的全球化，不同文明之间的“鸿沟”日益扩大。冲突与对抗潜滋暗长，大学培养的人才不仅要参与全球化经济和科技竞争与合作，而且不可避免地要承担其价值澄清和文化选择的责任。因而，对别国文化的理解与尊重，就成为大学教育的新使命与目标，以形成更具有兼容性的开放的、灵活的思维模式和以平等、宽容、兼收并蓄为特征的文化价值观。

大学是一个用自己独特方式服务社会和大众的机构。自20世纪以来，高等教育相继由精英教育步入大众化、普及化教育，社会形态由工业化向知识化、信息化转型，大学已经成为建设知识创新型国家的主力军。伯顿·克拉克在《高等教育新论》中指出：“在后工业社会里，大学成了轴心机构……起‘社区服务站’的作用。”世界名校普林斯顿大学将自己的校训定为“为国家服务，为世界服务”。当然大学有大学的服务之道，有自己的服务定位和价值追求。“大学不是风向标，不能什么流行就迎合什么。大学应不断满足社会的需求，而不是它的欲望。”它可以通过为社会培养人才来服务，也可以通过发展科学和生成文化来服务，还可以直接提供具有高知识含量的产品，如科技改造、生产方法改进、政策咨询、法律援助等。更为重要的是，大学凭借自身的智慧，提供高级的服务——引领社会先进文化潮流，引领先进科学技术，引领社会主义核心价值观念，引领时代社会道德风尚，充当社会先进文明的灯塔、人类的良知。

在不断完善社会主义市场经济体制过程中，大学应该是推动社会变革、制度创新的思想库和社会主义精神文明建设、现代化社区建设、公民道德建设的推进器与辐射源，促进社会发展，不断涌现、产生智慧的源泉。

（二）大学应有数量可观的著名的大学者

梅贻琦曾说过，“所谓大学者，非谓有大楼之谓者，有大师之谓也”。学术大师是一所大学的灵魂，也往往是一个民族精神文化的卓越代表。所谓“大师”，通常是指那些学识渊博、学贯中西、治学严谨、在一定学科领域造诣非凡而德高望重的硕学鸿儒。他们的学术研究应当有综合创新性，既居国际前沿，又有自身特色；在国内处于领先地位，起领军作用，在国际上有较强的吸引力和竞争力。学生天天与鸿儒大师接触，耳濡目染，受到他们的指点、砥砺；感受着他们的好学与志趣；学习他们的治学方法；领会他们对事理分析的真知灼见，这是最难得的。俗话说“听君一席话，胜读十年书”，与有思想、学识渊博的师长谈话的确可以提升人的精神境界，增长才干。

课堂中传递知识的方式常常是机械式的。一小时翻多少页讲义的课是单调枯燥的，而在课堂外的交流中论及的学问才是活的、生动的、与每个人密切相关的。教师的言谈举止、风度仪表、知识才华、个性气质、精神风貌对学生具有潜移默化的影响。课堂上的学问大多都是专门的学问，课堂外的学问才是自由的、广博的、人生的、活的学问。古人有“常思先辈寻常话，愿读人间未见书”的说法。《论语》记载的是孔子与其弟子的日常对话，《传习录》是王阳明的师生对话，读这两本书却怎么也不如亲耳聆听孔子、王阳明的教诲更有意味。

（三）大学培养的是“大人才”，而不是一般的工匠、技师

所谓“大人才”即具有原创性的思想家、科学家与艺术大师。1996 年 11 月 5 日，牛津大学各学院的学监们以 259 票对 214 票的表决结果，否决了牛津建立一所“世界级的工商管理学院”的提议。牛津人认为，教育是让学生对公众服务，而不是对赚钱有所准备，因为他们担心，工商教育无非是讲授如何在 6 个月赚取 50 万美元。所以，学监们决定，“有着古老传统的牛津大学应该远离沾满铜臭味的工商教育”。牛津为英国、欧洲乃至整个世界贡献的不是熟练的技术工人、精明能干的老板、仕途得意的政客，而是培养博学多才的具有原创性的思想家、科学家、教育家和艺术大师。

（四）大学所要解决的问题都是根本性的问题

英语“university”一词来自拉丁文名词“universitas”，有“社会、整体、世界、宇宙”之意，其词根“universe”有“普遍、天地、世界、宇宙、万物”等意思，喻指大的学问和普遍的、普适的道理。大学具有普遍性，是知识生产和文化传播机构，大学发挥着传承、生产、创造、鉴别与批判知识和文化的功能，探究知识与学问、追求真理是大学的内在要求。这些问题包括社会发展、自然奥秘、终极关怀，以及人与人、人与国家、人与社会、人与自然、民族与民族如何相处等。

美国加利福尼亚大学伯克利分校物理系人才辈出，半个多世纪中已有七位诺贝尔物理学奖得主。问到其中奥秘时，物理系系主任说：“物理系教授和学生的原则是，不做别人让你做的事。我们不做实用的，尤其是和武器有关的实验，而长期从事纯理论、纯科学研究。”斯坦福大学校长查理·莱曼说：“人文科学必须直面‘做人究竟意味着什么’这个问题，人文科学必须告诉我们，个人和社会应如何解释道德生活，如何设法使这种道德生活成为现实，如何试图使自己与公民的责任协调起来，以及得体地表达自己的观点。”

“为谋生而学习”在德国大学生中是受到鄙视的。青年人离开学校时，应是作为一个人格健全、和谐发展的人，而不只是作为一位专家。

（五）大学培养的是通才，即德智体美劳全面发展的人才

在人才培养上，大学无不是以培养通识、博学，具有高度教养和全面发展的通才为目标的。“通”有两层含义：其一是通晓，即掌握跨学科的知识或多领域的才干。通与博相近，例如，董仲舒通五经，马融兼通赋颂、碑记、琴歌，郑玄兼通天文、历法、算学，他们均为汉儒中的通才。又如，张艺谋被称为电影奇才，他精通摄影、表演、导演三个行当，所拍摄的影片几乎每部都获得国际、国内大奖。其二是贯通，即能在相关的知识、观念之间构成有机联系，善于推理并能合理地、准确地加以应用，正所谓闻一知十、举一反三。

儒家教育观集中在人格和人才的完善上，儒家理论的归宿，就是教人如何做人。孔子说“君子不器”。器具的特点是只有某一方面的用途，而且是被使用的对象。儒家要培养的君子不是成为只有一种用途的器具，而是要成为掌握“道”（天、地、人）并能适应万变的人才。现在教育的弱点是以类似造“器”的模式来造“人”，忽视人的个性和创造力及心理上、精神上、物质上的要

求，习惯于将教育的任务简言为培养一专之能、一技之长的人才，很少注意人本身的品质修养。

1989 年，联合国教科文组织在北京召开了“面向 21 世纪教育国际讨论会”，会议认为未来人才都应掌握三本“教育护照”(即通行证)。一本是学术性的，一本是职业性的，一本是证明一个人的事业心和开拓能力的，三者缺一不可。尤其是第三本“护照”，即素质，缺乏它，学术和职业方面的潜能就不能充分发挥。

西方关于大学的理念可以追溯到古希腊以培养“有教养的人”为目的的博雅教育。自然科学的发展，使科学教育得以从人文学科中分化出来并与人文教育并驾齐驱。所以，西方教育同样有深刻的人文内涵。科学教育的奠基人、德国教育学家洪堡认为：“大学的真正成就应该在于它使学生有可能，或者说它迫使学生至少在他一生当中有一段时间完全献身于不含任何目的的科学，从而也就是献身于他个人道德和精神上的完善。”

总之，大学培养的是高级人才，不是培养专事科技而不问人文的人才，不是培养专才而是培养适应性强、潜力大的复合型人才；大学不仅教学生就业之道，而且要教给学生做人之道。大学培养出来的毕业生不应该是社会现有就业岗位的竞争者，而应该是新的就业岗位的开拓者；大学培养出来的科技工程人员是对人类具有爱心，怀抱人文情怀的人；大学培养出来的学生应有自然、社会和人文三方面知识，所培养出来的学生应是具有创新精神与实践能力的高级专门人才，是主动、全面而健康发展的高素质的毕业生与高度负责任的公民，是既爱国，又创新，全心全意为人民服务的人。

三、理想的大学

上海交通大学高等教育研究所刘念才教授归纳得出世界一流大学具有以下九大基本特征。

(一)学科水平很高，门类较为齐全

世界一流大学的学科水平很高。如哈佛大学、麻省理工学院、加利福尼亚大学、斯坦福大学、加利福尼亚大学伯克利分校等均有 20 余个学科在美国名列前茅，在世界上享有很高声誉。世界一流大学学科门类较为齐全，不仅能在广阔的领域为学生提供学习的条件，而且为学科交叉渗透和新兴学科培育提供了前提。

(二)学术大师汇集，教师素质很高

世界一流大学的教师素质很高，多数拥有世界一流大学的博士学位。他们往往是经过严格的筛选程序，从几十乃至数百个候选人中挑选出来的。他们不乏包括诺贝尔奖获得者在内的世界杰出科学家、划时代科技成果的发明者。

(三)科研成果卓著，学术声誉很高

世界一流大学都是研究型大学，具有良好的学术氛围，代表科学研究的国际前沿，拥有一批国际一流的实验室和国际领先的原创性科研成果，在世界范围内享有很高的学术声誉。到目前为止，世界共有 400 余名大学教师获得过诺贝尔奖，他们基本上都来自于世界一流大学。

(四)科研经费充裕，研究力量雄厚

世界一流大学的科研经费充裕，其年度科研经费少则 1 亿美元左右，多则数亿美元。世界一

流大学除高水平的教师队伍之外，还拥有庞大的研究生队伍，研究生占全校的比例一般在30%～60%，博士后的数量一般为数百名，哈佛大学则拥有3000余名博士后。

（五）学生素质一流，师生比例不高

世界一流大学重视吸引本国乃至世界最优秀的学生就读，所培养的学生毕业后受到社会普遍欢迎，对社会乃至整个人类的创新和进步起着领先带头作用。世界一流大学的师生比例一般不高，这既是研究型大学的教师从事大量的科学研究的要求，也是创造性人才培养的要求。

（六）管理科学规范，杰出校长掌舵

世界一流大学都有自己的“大学章程”，具有高度的权威性和严肃性，并以章程为基础制定了各种规范，具有规范管理和依法治校的良好氛围。世界一流大学都有杰出校长掌舵，他们不仅是享有崇高威望的科学家，而且是具有独特办学思想的教育家，更是出色的社会活动家。

（七）办学特色鲜明，办学理念明确

世界一流大学一般具有较为悠久的发展历史和深厚的文化底蕴，在长期的办学实践中形成了鲜明的办学特色和明确的办学理念。世界一流大学不断适应教育、科技和社会、经济发展的需要，确定发展战略和目标定位，主动进行改革和创新。

（八）国际化程度高，留学生比例高

世界一流大学实行全方位开放式办学，是国际教育、文化、科技交流的桥梁。它们不仅是世界著名学者学术交流的中心，也是国际化人才培养的基础。其研究生中留学生的比例较高，一般在20%以上。

（九）经费投入巨大，办学设施优良

世界一流大学的办学经费投入巨大，年度经费一般在数亿美元至10多亿美元，其中社会各界及校友捐赠占较大比例。这些大学拥有一流的图书、博物中心和丰富的馆藏资料，为师生提供了良好的工作和学习环境。

现在，让我们用现代与传统相互贯通的思维方式来探讨理想的大学应该是怎样的。

（一）理想的大学必须是走向国际化的大学

大学的国际化是经济全球化发展的必然，是社会发展的必然，是不可阻挡的世界潮流。只有早主动、早适应、早介入的大学才有可能获得巨大的市场和教育资源，吸引更多的留学生。现在，国内有越来越多的人舍得花钱送子女出国留学，我国大学正面临各国著名大学争夺优秀生源和拔尖人才的激烈竞争。所以，创建国际化的理想大学是中国人走向现代化的一个非常重要的目标。理想的大学应该具有世界水准，能得到其他国家和民族的承认、重视和仿效，培养出面向世界的优秀人才，其教育资源和科研成果能够被世界共享，具有很大的开放性。

（二）理想的大学要有浓厚的学术氛围

首先是建筑物与校园的外观。在林语堂看来，一走进去，是否有一座颓圮、古朴苔痕、半壁匾额、字迹潦草不可辨认的大门；房屋树木场所周围是否有一种森严古朴的气象，到这里之后叫人有一种置身别一天地，忘记一切俗虑、俗气的感觉，令人感到在这里只有一件事最重要：研究学问。学习并非从书中来，而是从一种不知不觉的熏染中来。一名学生天天受这种环境的熏染，熏染四年能养成一种好学的习气，即便不能成为鸿儒雅士，至少也可学有所获。理想的大学不能只追求实用，学术不一定非要转化成近期的功利，它还应给我们的生活更多的东西，那就是文明、个人发展的需求、经验和态度等深层价值观念。

（三）理想的大学师生在课外应有较多的接触

真正的教育是无法用分数、成绩记入记分册的教育。真正的教育不仅是课堂里的一本正经的讲课教育，更是课外与教师的接触。现在学校规模的急剧扩大，学分制的实行，改变了传统的师生关系，那种源自苏格拉底和孔子时代的问答式、讨论式的教学，师生朝夕相处的熏陶、濡染的“人师”作用被大班集体授课和礼节性的师生关系所取代，这就很容易削弱大学人文教化的作用。在德国，允许大学学生不上课，但在课外不与老师接触则绝对不允许。

教育的真谛是人与人的关系，不是人与书的关系。课上师生相见，课下师生相忘，这无疑是大学生活的遗憾。现在的大学生活，必须使师生在课外有比较充裕的交流与谈学的机会，使学生可以与一位生物学家谈树叶的历史，亦可以同一位心理学家谈梦的解析，使学生无处不感到学问的生动有趣。越是理想的大学越有一些国际知名的大学者经常来做讲座。这些大师级人物常来坐坐走走，不一定都要讲学，只是在这里做学问，偶尔有一场大学讲座，让学生们开开眼界。没有这些人的存在，浓厚的学术氛围就营造不起来，学生的眼界就拓展不开。

（四）理想的大学具有深厚的人文底蕴

《周易》：“观乎人文，以化成天下。”人文是生活的智慧，是日常打扫、应对，是与人交往的品位和策略，是对生老病死的看法和体会，是对古时人文的态度，是对人生意义的价值的叩问乃至体征。人文是对人之为人的意义的追问以及对价值理性的追求的人性关照与价值判断。人文是对“衣冠禽兽”的鞭挞，是对感情卑鄙、灵魂龌龊的抨击。诉诸教育的人文就是要培养“好人”“能人”“圣人”，培育“善者”“智者”“悟者”，培育“贤才”“英才”和“帅才”。“这种人的情感是高尚而且丰富的，思维是正确而富于创新的，精神境界是纯洁而神圣的，个性是健康而完善的，人是全面而主动发展的，‘灵魂’是真正的人的‘灵魂’。”伟大的科学家爱因斯坦在《培养独立思考的教育》一书中指出：“用专业知识教育人是不够的。通过专业知识，他可以成为一种有用的机器，但是不能成为一个和谐发展的人。要使学生对价值有所理解并且产生热情，那是最基本的。他必须获得对美和道德的鲜明的辨别力。则他——连同他的专业知识——就更像一只受过很好训练的狗，而不像一个和谐发展的人。”爱因斯坦的这段话非常形象地说明了技能的学习必须和人文的修养结合起来。人文精神在本质上就是人性，即人类对于真善美的永恒追求，以及表现在追求中的自由本质的展现。

理想的大学，科学与人文有机统一，求真与求善高度统一。师生之间教与学的目的是为他人、为集体、为国家、为民族、为社会、为自然界，理想的大学，师生思想、言行、实践合乎客观实际、顺乎客观规律，为国、为民、为人类谋福利。理想的大学中科学与人文犹如人的左脑和右脑般相互依存，融则两利两旺，分则两弊两衰。

理想的大学还应该有一流的管理体制与机制，有各种学科创新的平台，等等。

第二节 大学生的身心发展

一、大学生的身心发展

从人的年龄特征、生活内容和发展任务来看，大学阶段是一个人成长和发展的黄金时期。从生理成熟度而言，进入大学后，大学生的躯体形态生长发育速度放慢，体格技能素质和适应能力已达到较高水平。与此同时，大学生的心理发展迅速趋向成熟，但又未达到真正的心理成熟，由此引发一些心理和行为问题。大学生只有真正了解了自身这个阶段的身心发展特点，才能更有利于个体的成长和发展。

（一）大学生的生理发育特点

人的生理发展是指人体各系统、各器官、各组织的生长、发育和机能的成熟及体质的增强。在生理发展上，人从出生到成熟，一般要经历两次生长高峰。第一次是婴儿期，即从出生一个月后到一周岁左右，这一时期生长最为迅速。第二次是青春期，即 14 ~ 25 岁，这一阶段正好是我国大学生接受高等教育的时期。

1. 体态发育基本稳定

身高、体重和胸围等是人体形态发育的主要指标。经过青春期的快速生长，大学生的体态发育已基本完成。根据有关调查，我国青年的身高一般在 23 岁以后就增长缓慢，17 ~ 18 岁年龄段的在校大学生只要保持足够的营养，积极参加体育锻炼，还会长高。当然，我国大学生体态发育的性别差异和地域差异较为明显。

2. 生理机能趋于完善

脉搏、血压、肺活量和肌肉力量是人体机能的主要指标。大学生的心率减慢，肌肉力量、肺活量等均有增长。

3. 神经系统发育达到成人水平

神经系统是心理发展的重要物质基础。从神经系统发育的一般情况来看，大学生的大脑及整个神经系统已基本发育成熟，为大学生开展较复杂的抽象逻辑思维及科研创新活动奠定了基础。

4. 性器官发育成熟

青春期是随着性器官的发育、性激素分泌的增多而开始的。在性激素的影响下，生殖器官发育加快，第二性征出现。

大学生的生理发展不仅为他们独立生活和学习提供了必要的生理前提，而且直接影响心理的发展，使大学生“成人感”增强，强烈要求自立独立。他们精力充沛，思维活跃，朝气蓬勃，敢想敢闯，有一股不服输的劲头，愿意事事处处显示自己的能力，性意识觉醒，生理的发展也为大学生整个人生健康发展以及人生观的形成奠定了基础。

（二）大学生心理的基本特征

在生理发展的基础上，大学生的心理发展处于迅速走向成熟，而又未完全真正成熟的阶段。

因此，这一阶段在心理发展方面表现出如下一些一般心理特征。

1. 过渡性

大学生处于青年期，而青年期是个体从不成熟的儿童期向成熟的成年期过渡的阶段，其生理、心理和社会性几方面都表现出过渡性的特点。由于青年期的跨度较大、变化迅速，因此，难以将整个青年期作为单一发展阶段来理解。这个时期的首尾两端与儿童期和成年期有或多或少的重叠，即青年早期在某些方面带有儿童期的特点，而青年晚期又在某些方面具备了成年期的特点。这种过渡性常会使青年处于幼稚性与成熟性、依赖性与独立性、情绪性与理智性、盲目性与自觉性、理想性与现实性的矛盾之中。

2. 闭锁性

闭锁性是指个体进入青春期以后，内心世界逐渐复杂，开始不轻易将内心活动表露出来。这个特征在青年早期最为明显。大学生智力活动的“内化”程度和抽象水平日益提高，是其闭锁性在认识能力方面的基础。大学生生理上的变化会引起情感上的变化，这些变化一般不会流露。即使引起情感上的波动，由于这个时期意志力的发展，往往也能被控制而不表现出来，这是闭锁性的情感与意志方面的基础。此外，如果其他人不能正确地对待他们，就会造成大学生在某一时期心理上的闭锁性。闭锁性常导致大学生与父母、老师及有关的其他成人之间在心理上产生距离，因而产生孤独感。当然，这种闭锁性不是绝对的，大学生常常处于闭锁性与强烈交往需要的矛盾之中，他们对同年龄、同性别的伙伴，特别是“知己”朋友，就比较愿意吐露真实的思想与真挚的感情。

3. 独立性

青年期以后，由于生理的急剧变化，诸如身高体重的增长、第二性征的显现以及性成熟，成人感和独立意识急剧增强，大学生极力要求成人和社会把他们当作成人看待，强烈要求独立自主。卢梭（J. J. Rousseau）和斯普兰格都曾将青年期这种现象称为“第二次诞生”（New Birth），即青年通过发现自我，产生对生活的设想，扩大自己的生活领域，从而进入一个崭新的时期。霍林沃斯则将这种现象称为“心理性断乳”（Psychological Weaning），亦称“第二次断乳”，即青年开始要求从儿童时代那种被父母保护、监督，以及对父母的依赖关系中摆脱出来，自己决定自己的行动，并要求在家庭中获得平等和独立的地位。

4. 发展性

进入青春期发育期后，大学生的身体和生理机能都发生了很大的变化。由于身高、体重的迅速增长，直接促进成人感的产生。性生理的成熟，第一性征和第二性征的相继出现，使大学生性意识开始萌发，性的知识和兴趣明显增强，并将面临和处理建立异性恋爱关系和成立家庭的人生课题。

大学生心理发展的一个集中表现是自我意识的发展。自我意识是指一个人认识自己、评价自己的能力，包括对自己生理特点、心理过程、社会成熟及其内容的认识。在青年期，自我意识出现新的发展并逐步成熟。在此过程中，大学生将询问和回答“我是谁”这一问题。他们的自我意识的显著特点是产生分化，即分为理想自我和现实自我。处于观察者地位的理想自我，不断观察、分析现实的自我。他们逐步能独立地评价自己，能对自己的心理特点和思想品质做出评价。但当理想自我与现实自我产生矛盾而又不能解决时，往往给大学生很大的震动，并带来苦闷与不安。

5. 动荡性

大学生的情绪不稳定，易于激动、烦躁不安，带有动荡性。他们常因一点小事被感动，或者振奋、激动；或者动怒、怄气，甚至争吵；或者泄气、消沉。大学生可以表现出为真理和正义献身的热忱，做出惊人的、壮烈的举动，也可以由于盲目的狂热而做出一些蠢事或坏事。大学生的情绪来得快，平息也快，常是暴风雨式的。所以，霍尔以及许多心理学家将青年期比喻为“疾风怒涛”（Storm and Stress）的时期。

6. 探索性

大学期间是学生的世界观、人生观和价值观初步形成的时期。随着学业的复杂化和深刻化，知识经验的积累，理论思维的形成，他们开始考虑个人、国家和世界的前途，充满着对未来的憧憬。他们渴望从理论上对人生的一系列重大问题进行论证，希望尽快打开科学的大门，更广泛地寻求真理。他们逐步形成了对世界、人生的比较稳定的看法。但他们尚未完全成熟，容易偏激，常有片面性和认识模糊的情况。当在求知欲与敏感性方面缺乏正确思想指导时，容易迷信错误的、自以为是的“新知识”或“新思潮”。

7. 创造性

进入青年期后，个体的智力发展开始达到成人水平，一般在20岁左右达到高峰。抽象逻辑思维高度发展，辩证性日益提高，发散思维有新的发展，加上想象力丰富，使大学生的创造性有了充分的智力基础。同时，大学生勤学好问，意志力增强，兴趣日益广泛，有一定的处理问题的能力，这又为他们的创造性奠定了个性心理方面的基础。他们不盲从，不轻信，思想活跃，敢于创新，厌恶因循守旧。但这时也容易脱离具体事物进行不切实际的假设和论证，以致得出错误的结论。

二、大学生的自我意识

（一）自我意识

自我意识是意识的一种，也是人的意识的一个重要特征。它是作为主体的“我”对于自己以及自己与周围事物的关系，尤其是人我关系的认识。自我意识实际是客体的自我关系、物我关系和人我关系在个体头脑中的自觉反应，主要包括自我观察、自我监督、自我评价、自我体验、自我控制等。自我意识往往是通过自我观察和反省、社会比较、分析自己的外部活动等多种途径获得的。自我意识是一种多维度、多层次的心理活动系统，它对人的心理和行为有巨大的制约作用和影响，在某种程度上决定着个体的行为风格和行为差异。

（二）大学生自我意识发展的具体表现

首先，由于独立感增强，青年大学生意识到自己已经成人，经常将自己当作成人看待。他们呼唤更多的自主和自立，渴望成人不再像对待小孩那样严格管教和控制自己，对成人严格的管教持否定态度，但却不是如同青春期那样有强烈的逆反心理。

其次，大学生已不像中学生那样过于关注自我，而是在外部世界和内部世界之间合理地分配注意力：在注视自己的同时也关心周遭环境和他人；渴望了解别人对自我的看法的同时也能对自我做出相对客观的评价；探索什么是真正自我、如何做回真正自我的同时也兼顾社会标准和伦理道德的约束。这些都表明大学生已经能在自我和外界之间找到动态的平衡。

再次，自我塑造和理想自我具有可实现性。不再有非常脱离实际、纸上谈兵的理想，而是结合自身的优势形成适当的理想自我，自我塑造更为可行和现实。

最后，学会了和自我进行对话。在自我表现方面，青年不再如同儿童那样坦率、天真和外露，而代之以含蓄内敛的方式表现自己的看法和态度，在行为表现上有掩饰现象，表现出行为和内心相反的情况，这表明他们有了更多内心的秘密。尽管增加了被他人了解的困难，却是其自我意识发展的飞跃——正因为他们能用内部语言和自我进行对话，他们的思维能力和适应水平产生了飞速提高。当然，负面影响就是这个时期的青年有不同程度的孤独体验，感到自己难以被别人理解。

三、大学生的个性特征

（一）个性

个性（Personality），也称人格，指一个人的整体的精神面貌，是一个人具有的心理倾向性和心理特征的总和。个性的结构是多层次、多侧面的，个性的这些因素相互渗透、相互影响、相互制约，有机结合成一个整体，对人的行为进行调节和控制。大学生的个性特征也是通过气质、性格、能力等方面反映出来的。

1. 个性倾向性

个性倾向性是个性的动态部分，是个性结构中最活跃的因素。它是一个人进行活动的基本动力，决定着人对现实的态度，决定着人对认识活动的对象的趋向和个性倾向性的各个成分并不是孤立的，而是相互联系、相互影响的。一般来讲，个性倾向性较少受生理因素影响，主要是在后天的社会化过程中形成的。其中，需要是个性倾向性乃至整个个性积极性的源泉。个性心理倾向性是以人的需要为基础的动机系统。只有在需要的推动下，个性才能形成与发展。

2. 个性心理特征

个性心理特征是一个人经常并稳定地表现出来的心理特点，集中反映了人的心理面貌的独特性。每个人的心理特征是不同的，个性表现也是千差万别的。个性心理特征主要包括气质、性格和能力。这些特征可以通过心理测验来了解和认识。有人学习起来往往是一鼓作气，能在短时期内集中精力把任务完成，这其中有明显的气质在起着作用；有人善于进行想象和抽象逻辑思维，能不断发现问题，并取得了不少发明创造的成果，这主要是能力特征起的作用；有人为人正直，不计较个人得失，见义勇为，助人为乐，这显然属于个性特征范畴。个性心理特征是一个整体。在人的活动中，气质、能力和性格相互联系、相互制约，在同一行为中表现各自的特征。

3. 个性的独特性

人的个性具有独特性、社会性、稳定性和完整性等特点。个性最突出的特点就是独特性，即一个人区别于他人的特征。比如，一个大学生由于其诚实、正直、乐观、坚忍、助人等特点而与周围的人不同。世界上没有个性完全相同的两个人。人的个性心理特征受个性心理倾向的调节，个性心理特征的变化也会在一定程度上影响个性倾向性。

（二）大学生的气质

1. 气质及其类型

气质是人典型的、稳定的心理特点，是个人心理活动动力特征的总和。这种动力特征主要包括以下三个方面：①心理过程的速度和灵活性，如知觉的速度、思维的灵活程度等；②心理过程的强度和稳定性，如注意力集中时间的长短、情绪的强度、意志力的强弱等；③心理过程的指向性，即心理过程是倾向于加工外部事物还是自身内部事件（如经常分析自己的言行等）。一般认为，气质是人的典型的、稳定的心理特征。这种稳定性，一方面表现为气质较多地受个体先天决定的高级神经活动类型的制约；另一方面表现在气质特点较少，因活动的内容、目的和动机而发生变化，即在不同活动中，同一个个体将会表现出相同性质的气质特点来。

气质主要是由人先天的高级神经活动类型决定的。一个人的气质类型，没有好坏之分。每一种气质类型都有其积极方面的特征和消极方面的特征。由于气质具有相对稳定的特点，因此，在生活中要了解自己的气质类型。另外，气质类型也有一定的可塑性。大学生可以通过环境、学校教育和自我教育等途径，克服气质中的某些消极特征。

早在古希腊时代，医生希波克里特就提出了体内四液说。希波克里特将人分为四种体液类型，并描述了四种类型的生理和心理特点。希波克里特的体液心理学只描述了不同体液类型的特点，并没有提出气质的概念。大约 500 年以后，古罗马医生盖伦发展了希波克里特的学说，提出了“气质”的概念。其实，气质与人的体液并无直接关系，希波克里特的体液学说也无科学依据。人们之所以一直沿用“气质”概念，就在于这四种气质类型在现实中的确是存在的。

苏联生理学家巴甫洛夫从科学的角度，用高级神经活动类型说揭示了气质的生理根源。巴甫洛夫认为高级神经活动分为兴奋过程和抑制过程，神经过程具有三个特性：强度、平衡性、灵活性。强度是指神经接受强烈刺激或持久工作的能力；平衡性是指兴奋过程与抑制过程的相对关系，两种过程强度相当则为平衡，某一过程占优势则为不平衡；灵活性是指兴奋过程与抑制过程相互转化的速度。

2. 气质与自我发展

认识自己是发展自己的前提。大学生要了解自己的气质特征，克服消极的气质特点，发扬积极的气质特点，并在此基础上形成良好的个性特征。

（1）要了解气质的基本特性。大学生要认识到：气质是受遗传因素影响较大的一个因素，在个体心理发展的早期阶段就已有明显的表现，随着年龄的增长而较少发生重大的变化，表现相对稳定；气质贯穿在人的心理活动和行为方式之中，对人的智力活动、学习活动及实践活动等都有一定的影响。因此，要从每个人的实际出发，充分发挥自己的长处。

（2）要认识到气质类型没有优劣之分。气质明显地影响着一个人的活动，甚至影响着人们的事业。那么，是否可以说，具有某种气质的人事业上一定成功，具有某种气质的人定然一事无成呢？气质没有好坏之分，每一种气质都有其积极和消极的一面，它只能影响人们智力活动的方式，不能决定人们智力发展的水平。任何气质类型的人只要合理发展，都可以达到理想的彼岸。众所周知，俄国文学家普希金、赫尔岑、克雷洛夫和果戈理就分别属于胆汁质、多血质、黏液质和抑郁质。

实际上各种气质类型没有绝对的优劣之分，每一种气质类型都有其积极方面的特征和消极方面的特征。

多血质的学生，活泼热情，能迅速适应新环境和新的学习、工作条件，但思想感情不够深刻和稳定，变化无常，办事不够沉着冷静；在智力活动中，他可能表现为发散性思维能力强，善于求异思维，思考问题灵活，也可能表现为动摇、易受暗示性。

胆汁质的学生，热情直爽，办事果断，有魄力，敢负责，但容易暴躁，控制不住自己的情绪；在智力活动中，他们可能表现为迅速、有广度、强度大，也可能表现为冒失、缺乏计划性。

黏液质的学生，冷静沉着，一旦形成某种想法，就比较坚定持久，但对人对事比较冷淡，也比较固执；在智力活动中，他们可能表现为有条理、镇定、也可能表现为呆板，思维不敏捷。

抑郁质的学生，容易疲劳，胆小怕事，畏首畏尾，但遇事谨慎，观察细致，思想敏锐，办事踏实，认真负责；在智力活动中他们可能表现为好思考，有深度，擅长分析，也可能表现为疑虑重，以自我为中心，退缩性强。

因此，大学生完全没有必要改变自己的气质类型，也不能因为不喜欢他人的气质而对其加以厌恶或疏远。任何气质类型的大学生，在克服自己的消极气质特征、发扬积极气质特征的基础上，都有可能形成良好的个性，在事业上取得各自应有的成就。

（三）大学生的性格

1. 性格

性格是一个人比较稳定的心理特征，它体现在个体对现实的稳固态度以及与之相适应的习惯化了的行为方式之中。性格在整个非智力因素结构中处于核心的地位，是一个人区别于他人的明显标志。

性格是一种比较稳定的非智力因素。这种稳定性，一方面表现在已有性格的改变需要一个长时期的过程；另一方面表现为在绝大多数场合下具有同样或类似的态度和行为方式。比如，一个诚实正直的人，他在对集体、对他人的态度上会表现出实事求是、公正无私的特点；对自己的缺点和观点也不会隐瞒，敢于并善于严格剖析自己；对工作和劳动也是严肃认真的。情境性、偶然性的态度和行为表现不能代表一个人的性格。例如，一个人只有在领导和权威面前才表现出谦虚，而在群众面前专横跋扈，那么，谦虚不是这个人的性格特点；同样，一个比较机敏的人，在某种情况下显得呆板，也不能说呆板是他的性格特点。

2. 大学生良好性格的塑造

大学生的性格特征处在塑造成型的关键时期。就大学生性格的发展来看，一方面，他们的性格已相对稳定，基本成型；另一方面，他们的性格仍存在一定的可塑性。

（1）树立科学的世界观、人生观和价值观。正确地对待社会、对待人生，是塑造一个人性格的重要基础，同时也是性格教育的一个核心成分，因为它是性格结构中态度特征的一个重要成分。因此，培养大学生的性格，首先应帮助大学生树立科学的世界观和正确的人生观、价值观。

（2）建立良好的学生集体。性格是在集体中形成和发展的，特别是一些优良的性格特征离开了集体就无法培养，如诚实性、自尊心、好胜心、责任心、自律性等。马卡连柯说过："只有当一个人长时间地参加了有合理组织的、有纪律的、坚忍不拔的和有自豪感的那种集体生活的时候，性格才能培养起来。"

（3）参加各种寓教于乐的活动。通过开展各种形式的活动，来培养学生的性格。活动的内容和形式要注意多样性、趣味性和教育性，还要适合大学生的心理发展水平。开展活动一般要达到以下三个目的：一是要通过活动使大学生认识到完成该活动的意义和重要性；二是要让大学生了解某种性格特征对顺利完成活动的必要性；三是通过活动帮助大学生树立正确的态度（包括对人、对事、对集体、对社会的态度等），掌握适当的行为方式，逐步养成良好的行为习惯。

（4）自我教育。自我教育是其他教育和环境影响的内化和深化，会提高大学生对自身性格形成和完善的主动性，对性格的形成和稳定有重要作用。性格的自我教育应包括如下一些环节。

①自我反省。一个人要经常地反省自己的思想言行。孔子曾讲过："见贤思齐焉；见不贤而内

自省也。”意思是说，看到一些好的行为或好的榜样就要马上学习，塑造同样好的性格；看到不好的行为或事情，要反省自己是否有同样的缺点和不足。

②自我认识与自我评价。一个人要学会客观地、全面地认识自己和评价自己，既不要自我膨胀，也不要自我贬低。要善于发现自己的长处，还要敢于承认自己的短处。

③自我调节。在正确的自我认识和自我评价的基础上，进一步发挥和提高自己的长处，因为这是一个人的优势；并勇于改正缺点和错误，因为这是一个人进步的前提之一。

在自我教育过程中，大学生要培养健康的生活情趣，保持积极、乐观的心境。一个人偶尔心情不好，不至于影响他的性格；如果经常地生气、发脾气，为一点小事也激动，那么，很容易形成暴躁易怒、神经过敏、冲动、沮丧的性格特征。因此，个人要乐观地去对待生活，丰富愉快地生活，培养幽默感。

（四）大学生个性的形成与发展

每一位渴望成功的大学生都希望自己拥有良好的个性。优化个性的前提是了解影响个性形成和发展的主要因素。个性是在先天遗传因素和后天社会环境影响下，在社会化的过程中形成和发展的，经历婴儿期、幼儿期、少年期、青年期、中年期、老年期，不断走向成熟。童年是个性形成的关键时期，青年期是个性塑造期和定型期。

1. 大学生良好个性的特征和表现

（1）良好个性的特征。良好的个性是指个性的生理、心理、社会、道德和审美各要素完美的统一、平衡、协调。马克思提出的“全面发展的人”就是良好个性的理想标准。人只有在自己所处的特定的历史条件下，不断进取、不懈努力，才能使自己的个性不断优化。个性的优化体现在人一生追求和发展过程中。从总体上看，个性良好的人应该是在推动社会进步的实践中充分发挥自己的全部才干，为人类、为社会做出自己力所能及的贡献，同时使自己的个性各方面得到协调、平衡发展的人。

（2）良好个性的表现。和谐的个性或正常的个性，在心理学上称之为“整合的个性”。其特征是在不同的空间和时间内，个人的思想、观念、目的及所表现的活动虽有不同，但能互相协调，无内心的冲突和矛盾。正常的个性具体表现在：①乐观向上的生活态度；②内心无冲突；③言行一致，容易得到别人的信任；④人际关系适宜，易与人合作；⑤有较强的义务感和工作责任感；⑥客观全面的自我评价；⑦稳定积极的情绪特征；⑧主动灵活的适应能力。

（3）大学生个性发展中常见的问题。个性缺陷是介于正常与个性障碍之间的一种个性状态，也可以说是一种个性发展的不良倾向，或是说某种轻度的个性障碍。常见的不良的个性特征有自卑、抑郁、怯懦、孤僻、冷漠、依赖、敏感、多疑、焦虑、悲观、羞怯、猜疑、急躁、嫉妒、对人敌视、暴躁冲动、破坏等。个性缺陷不仅影响活动效率，还妨碍正常的人际交往。

2. 大学生个性的优化

大学生良好个性的塑造与培养，一要服从个性健康发展的需要，二要服从社会进步的需要。具体而言，怎样优化个性呢？

（1）扬长补短。个性塑造是为了实现个性优化，以达到个性健全。个性优化包括个性品质的优化和个性结构的优化。扬长，即选择某些良好的个性品质作为自己努力的目标，如自信、开朗、勇敢、热情、勤奋、坚毅、诚恳、善良、正直等。补短，即针对自己个性上的缺点、弱点予以纠正或改正，如自卑、胆怯、冷漠、懒散、任性、急躁等。对于那些期望改善性格的学生，建议在充分了解自己的个性特征的基础上提出优化的方案。例如，对于外向型性格的大学生，可以考虑节制过于频繁的社交、不要学习工作过度、周到地注意细小的事情、对事物不要简单下结论、注意丰富内心世界、交内向型的朋友等。对于内向型性格的大学生，则可以积极进行社会交往、诸事应有自己的特色、培养决断能力、追根问底要适度、发挥内在的独特性、想象力应面向创造等。

（2）知识积累。人的知识面越广，人的本身也越完善。在知识经济时代尤其如此。正如培根所言："读史使人明智，读诗使人灵秀，数学使人周密，科学使人深刻，伦理学使人庄重，逻辑修辞学使人善辩，凡有所学，皆成性格。"学习知识、增长智慧的过程也是个性优化的过程。现实生活中，不少大学生的个性缺陷源于一些知识的贫乏。无知容易粗鲁、自卑，而丰富的知识则容易使人自信、坚强、热情、谦恭等。可见，知识的积累与个性完善是同步的。大学生不能只局限于自己的专业知识学习，还应该扩大自己的人文社会科学知识面，加强人文修养，用丰富的知识充实自己。

（3）合群。集体是个性塑造的土壤，也是个性表现的舞台。个性发展、塑造的过程，正是人社会化的过程，是与他人、集体、社会相互作用的过程。个性在集体中形成，在集体中展现。正如马克思所说，只有在集体中，个人才能获得全面发展其才能的手段。通过与他人交流，可以看到别人的长处、自己的不足，从他人那里获得理解、肯定的欢悦，及时调整个性发展的方向。

（4）把握适度。个性塑造过程中把握好"度"很重要。具体地说应该：坚定而不固执；勇敢而不鲁莽；豪放而不粗鲁；好强而不逞强；活泼而不轻浮；机敏而不多疑；稳重而不寡断；谨慎而不胆怯；忠厚而不愚蠢；老练而不世故；谦让而不软弱；自信而不自负；自谦而不自卑；自珍而不自娇；自爱而不自恋。把握个性优化的"度"还体现在个性优化的目标要立足于自己已有的个性基础上，实事求是地确立合理的、切合实际的个性发展目标。

（5）从小事做起。个性优化要从身边的小事做起。一个人的言行往往是其个性的外化，反过来，一个人日常言行的积淀成为习惯就是个性。许多人所具有的坚忍、正直、细致、开朗等优良的个性特征，其实都是长期锻炼的结果，是一点一滴形成的。从我做起，从小事做起，是每一个大学生努力的起点。为此，可以从以下几个方面努力：①对自己和生活有积极的看法；②有亲密的朋友，对人信任；③适时冷静地独处和反省；④在社会性、智力以及职业的各种技能方面取得成功；⑤接触新思想，和有独特见解的人交往；⑥有兴趣爱好；⑦培养独立性，减少对他人的依赖；⑧关爱、支持、帮助他人。

健全个性的培养和塑造是大学生成长发展的要求，也是时代的呼唤。只要坚持不懈地努力，就可以使我们的个性更加健康、完善。

第三节　环境的改变与适应

从中学到大学，环境的改变是一个客观的事实。但这并不意味着大学生的认识也能迅速跟上这种转变。尽管在适应环境的程度和难度上存在明显的个体差异，但所有的大学生都必须在以下三个方面完成适应过程，才能真正适应大学生活，即适应客观环境的变化、适应自我认识的变化，以及确立新的学习与生活目标。因此，了解这些变化，做出相应的调整，尽快地完成对新环境的适应，直接关系到在人生的新起点上能否迈出坚实的第一步，在成材的道路上能否有良好的开端。

一、适应新的环境

（一）大学生活的新变化

大学生活与中学生活相比，最显著的特点是要求学生必须自主独立，不论是衣食住行还是学习、交友乃至认识社会和人生，都需要更多地依靠学生自己的知识、能力去思考、判断、选择和行动，了解大学生活有哪些变化，有助于加速适应过程。

1. 生活环境的变化

生活环境的变化体现在生活方式、生活习惯、生活范围等方面。从生活方式看，中学生大多住在家里，拥有属于自己的独立生活空间，起居由父母安排，而大学生活是集体生活，住宿舍吃食堂，凡事要靠自己处理，这种改变对缺乏独立生活能力的学生是严峻的挑战；从生活习惯看，饮食方面的差异，气候与语言环境的变化，作息制度与卫生习惯的不同，都可能造成适应不良；从生活范围看，中学生生活领域较窄，基本上是从家门到校门，生活的中心内容是学习，课余时间很少，校园生活单一，而进大学犹如从“小天地”来到“大世界”，生活的领域大大拓展。

2. 学习状况的变化

学习状况的变化主要体现在学习任务、学习内容、学习方法等方面。从学习任务看，中学的学习任务主要是学习科学文化的基础知识，而大学是培养高级专门人才的专门场所，既要学习专门知识，又要掌握专门技能；从学习内容看，大学生不仅学习经典的、基础的理论知识，而且学习科技最新发展的成果，学习内容多、任务重、范围广、要求高；从学习方式看，中学学习的主要形式是以课堂教学灌输为主，学习巩固知识的主要方式靠做题，各个教学环节老师安排具体，督促检查严格，学生对老师依赖性较大，大学学习强调启发式教学，课堂教授时间相对较少，学生自己安排自习、阅读、钻研学问的时间相对较多，这就要求学生独立思考、融会贯通，举一反三。学习方面的变化带来学生适应不良的现象非常普遍。

3. 人际关系的变化

人际关系的变化主要体现在人际关系的交往方式和对象、人际交往的要求等方面。从人际交往的方式与对象看，中学时代人际交往的对象主要是同窗好友、父母亲戚、老师，尤其是班主任天天与学生见面，饥饱冷暖、学习成长样样关心，父母关怀体贴入微。但到了大学，从各地来的学生素昧平生，重新组成新的班级，生活在同一个宿舍，脾气习惯各不相同，常常难以适应，师生关系也不像中学那么密切，有时甚至几天见不到，远离父母难诉衷肠。从人际交往的要求看，中学生大多依赖性较强，不善交往，有父母的照顾和学习的压力，对友谊的渴望不那么强烈。进入大学，新的伙伴，新的环境，要求大学生独立自主地主动与各种陌生人交往，社会化要求急速提高，从大学生自身来讲对友谊的渴望强烈，但由于缺乏交往技巧等原因，难以建立友好的协调的关系，甚至发生人际冲突。

4. 管理制度的变化

管理制度的变化主要体现在教学管理、管理方法和管理系统方面。从教学管理看，中学生实行学年制，学生必须读满规定的学年，修完所有的课程，考试合格才能毕业；大学已开始实行学分制，学分是衡量学生是否完成教学要求的标准，学生不受学年限制，根据自己的实际情况，可提前修满学分提早毕业，也可以延长学习时间。从管理方法看，中学时代，学校、老师对学生采取直接管理，事事由老师安排，大学则更多强调学生的自我管理、自我教育、自我服务、自我约束。从管理系统上看，中学的管理都是通过班主任实施，而大学的管理属于“全面管理”“网络管理”，学校各个职能部门都可以参与学生管理，如思想教育管理、学籍管理、宿舍管理、课外活动管理等。

（二）适应环境中的问题

要顺利地适应新环境，不仅要熟悉它，更重要的是接受它。但是，对于多数大学生而言，由于大学环境与自己原来的生活环境差异太大，在适应新环境的过程中很难一下子到位，尤其是那些来自农村和边远地区到大城市读书的学生，由于所面临的环境变化更大，适应环境的压力也更强烈。大学生在适应环境中可能出现的问题主要有以下一些。

1. 自我地位改变导致评价失调

大学生中多数人中学时期是学习尖子，老师称赞，家长夸奖，同学羡慕，自我感觉良好。进入大学后，新环境中人才荟萃，不少人在学习上的优势将会削弱或消失，面临学习成绩重新排列组合的局面，从鹤立鸡群变成“平庸之辈”，这种地位的变化和心理落差产生了自我评价失调。

2. 理想现实差异导致失望迷惘

进入大学以前，许多学生对现实社会以及大学生活了解甚少，往往凭着想象，把大学描绘得过于理想化，抱有不切实际的幻想和过高的期望。一旦进入大学，就会发现现实生活中有许多不完善、不尽如人意的地方，与期望形成强烈的反差，从而使他们感到困惑、迷惘，产生失望感，情绪消极低落。

3. 人际适应不良导致孤独压抑

大学生以往与他人交往和相处的机会较少，经验相对少，进入大学后，马上面临重新结识他人、确立人际关系的过程。事实上，大学生对新的人际关系的适应性远比对学习和生活环境的适应困难，特别是在与周围同学的交往中，因缺乏经验技巧不善交往，因担心别人轻视自己不愿交往，因异性相处不敢交往，因性格内向孤僻不会交往等，由此造成与他人难以沟通，感到非常压抑，可能会被深深的孤独感所困扰。

（三）积极适应新环境

为了尽快适应新环境，缩短转变所需要的适应期，掌握大学生活的主动权，形成积极向上的心态，为整个大学阶段的成长奠定良好的基础，大学生应从以下几个方面积极适应新环境。

1. 尽快提高生活自理能力

大学生应该看到自身在生活自理方面的不足是由于过去的依赖心理和环境造成的。上大学后，应该从头做起，虚心学习，不怕失败，大胆实践，积累生活经验，自觉主动参与集体生活，学会自己照顾自己，独立处理生活与学习中的问题。还可以在辅导员、班主任的指导下，学习处理生活自理方面的一些具体问题和方法，要坚持从小事做起，反复实践，干中成长。另外，还要注意向高年级优秀学生学习，听取他们介绍自己成长的体会和经验。

2. 摸索适应大学学习的方法

对大学生学习的不适应最易产生情绪波动与自我评价偏差。首先，摸索适应大学学习的方法，除了向有经验的高年级同学请教、接受任课教师的指导和辅导员的帮助外，大学生自身首先要正确认识大学学习的特点；其次，应从个人实际出发，逐步摸索与自己水平、基础相适应的学习方法；最后，应注重自学能力的培养，学会管理支配时间，养成预习、复习的习惯，善于抓住学习中的重点和难点，学会应用工具书、利用图书馆等条件。

3. 学习掌握人际沟通技巧

面对来自各地性格、习惯各异的同学，如何建立起和谐、友好的人际关系，往往需要把握交往机会，学会沟通技巧。良好的人际关系首先来自交往双方相互尊重，相互理解，相互信任的态度；其次应采取积极的、主动的方式与他人交往，在交往中改善人际关系，如果过于拘谨畏缩，缺乏交流沟通，人际关系便无从谈起；最后应掌握基本的人际沟通技巧。

4. 升华理想，明确新的奋斗目标

适应环境最根本的因素是要有明确的奋斗目标。中学时代的理想常常带有不确定性，进入大学后，专业方向已定，可以把美好的理想与所学专业结合起来。同时应该从社会理想的高度来认识上大学的意义，增强社会责任感和历史责任感，把社会需要与自身条件相结合，确立新的奋斗目标。

二、树立新的形象

由于生活环境与社会角色的改变，大多数学生面临着在新的环境中尽快找到自己的位置、重新树立自己形象的问题。能否正确认识自己、客观评价自己，树立自信，扬长避短，将极大地影响新的适应过程。

（一）大学生的自我特点及变化

自我认识，包括对自己的身体条件、心理特征、行为能力等的认识，同时也包括对他人如何看待自己的期望，它是自尊、自信以及自卑等自我评价的基础。每个人的自我认识都是处在不断发展变化之中的。大学生对自我的认识较中学生更为全面、深刻，而且能够从较高的层次和理性水平上对自己进行观察分析。但由于大学生的自我发展尚不完善，在自我认识、评价方面常表现出一定程度的片面性。

作为同龄人中的佼佼者，大学生的自我特点面临着新的变化与挑战。首先，大多数学生都面临着成绩相对下降的问题。原来的尖子不再突出，原有的优势正在削弱或消失。其次，大学生中文体、艺术才能以及知识面的差异更加突出。最后，大学生的社会和交往方面的差异日益明显，这就对部分学生造成很大的压力，使他们在适应环境和自我确立过程中遇到困难。不少学生进大学前，主要关注学习成绩，对其他方面的事情很少关心，或因负担重压力大而无暇顾及，对自己的评价主要建立在学习成绩的自信上，通过成绩肯定自己的价值。进入大学后，周围高手如林，不仅学习的优势不复存在，而且会发现自己在很多方面与别人有很大距离，自我评价陷入两难境地。一方面，有一种自信和不服气，不愿接受现实的反应；另一方面，又担心别的同学会看不起自己，害怕暴露自己的弱点，过于担心自己的形象，对自己的总体评价缺乏应有的自信甚至怀疑自己的能力。如果大学生不能对自我在不同环境中予以恰当的评价，将难以适应新的生活。

（二）重新悦纳自我

在新环境中确立自我形象，必须要对自己有一个客观的估计。第一，应看到入学后部分学生成绩相对下降以及表现不如以前突出并非个人因素所致，而是环境发生了变化，比较对象不同于以前，没必要为此丧失信心；第二，要看到自己与他人之间由于原来的学习条件、环境的不同，存在差距是自然的；第三，要认真分析自己的优势所在，对自己的能力、性格、优缺点做客观的评价，做到有自知之明，扬长避短；第四，不过分追求完美、对自己提出过高的要求，避免理想自我与现实自我的差距过大，以形成悦纳自我的积极态度。每个人都有自己的长处和短处，正确的态度应当是，对自己的长处要发扬，对自己的短处要正确对待，对那些可以改变的不足应努力改正，对那些自己无法弥补的缺陷应泰然处之，有勇气承认，同时在内在修养、学业上狠下功夫，培养内在的心灵美。

（三）加强修养，确立自信

大学生的适应与发展，一靠教育作用，二靠实践中的自我修养。进行自我修养，首先遇到的是正确认识自己。怎样认识自己呢？一是比较法，通过与他人相比较认识自己，特别要与自己条件相同的人比，要敢于同强者比，取长补短；二是体察法，从别人对自己的态度中认识自己；三是成果分析法，借自己活动的实际效果来认识自己；四是交流法，通过与他人交流来认识自己，在交往中真实表现自己。在正确认识自己的基础上，把奋斗的目标确定在自己能力所及的范围内，这样可以经常体验到成功和满意，有助于自信心的确立。确立自信，不仅要在顺境中，更要在逆境时相信自己的能力。此外，还应该努力发展自身的潜能，不断提高自我完善的目标。

大学生应客观评价自己，确立自我形象的问题不仅仅在适应新环境过程中会突出地表现出来，其他发展阶段也同样存在，它将贯穿整个大学生活。

三、确立新目标

大学生活是人生道路上的新起点，要使大学的新生活有一个良好的开端，必须确立新的奋斗目标。中学生虽富于理想，喜欢憧憬未来，但其理想目标往往变幻不定，朦胧不清。高考的压力和就业的特定性，使大多数中学生只考虑近期目标，缺乏长远目标，眼睛盯着高考，不敢或极少考虑上大学以后的事情。进了大学，高中时期的奋斗目标已变成了现实，新的目标又未确立，不少学生感到茫然、空虚，进入“动力真空带”或称“理想间歇期”，出现松动情绪。没有一个明确的目标，学习就没有持之以恒的动力。可见，尽快确立新的奋斗目标，是大学生走向新生活、适应新环境的重要任务。

（一）目标及其功能

目标是人们生活所追求的预期结果，是激发人的积极性使之产生自觉行为的必要前提。没有目标就没有方向、没有力量、没有积极性，也就难以步入成功的殿堂，目标对人的行为具有定向作用、激励作用和维持作用。在人生的征途上实现了一个奋斗目标后，必须及时确定下一个奋斗目标，才能使自己有新的前进动力。那些进大学后能及时树立新的学习、生活目标的学生，热情不减，劲头不衰，生活充实，朝气蓬勃。但也有一部分人认为考上大学，大功告成，该松口气了，或沉溺于爱河，或迷恋于舞场，或热衷于搓麻将，这种不可名状的空虚感，正是由缺乏明确的奋斗目标所致。

目标有远大目标和具体目标、长远目标和近期目标之分。一个人所确定的目标越大、越崇高，他的行为动力就越强烈、越持久。理想是人生的奋斗目标。“理想是石，敲出星星之火；理想是火，点燃熄灭的灯；理想是灯，照亮远行的路；理想是路，引你走向黎明……引导着人生航船的方向；理想就像火箭，一程一程推向前进，才能达到最后的目标。”“千里之行，始于足下”，每一个立志成材的大学生都应该树立远大理想，同时确定具体的学习生活目标。

（二）确立新目标的依据

认识到目标的重要性，就应该着手确定自己新的奋斗目标。怎样确立新的目标？

第一，个人的奋斗目标必须与社会的需要相结合。现实社会的客观需要是大学生选择目标的基础。当代大学生应该根据社会主义现代化建设的需要来确定自己的目标，把个人目标与国家的发展目标紧密结合，自觉把社会的要求转化为自己的目标，建立合理的目标体系。

第二，个人的奋斗目标必须与自身的条件相结合。没有目标不行，目标太高也不行，人的能力有差异，优势劣势各不相同，选择目标必须考虑自身条件，全面分析自己的长处，不要人云亦云，随波逐流。

第三，个人的奋斗目标必须与现实的可能性相结合。选择个人的目标不能离开所处的具体环境和条件。比如，所在的学校、所学的专业、生活的地区、实现目标必须具备的条件等。离开了实现的可能性只能是盲目的自我设计，难以达到目的。

第四，长远目标和近期目标相结合。长远目标是在无数个近期目标实现的积累中得以实现的。长远目标可使方向明确，动力持久；近期目标则能使动力强度提高，效果直接。选择个人的奋斗目标应注意目标设置与现实的层次性，循序渐进。

（三）为实现新目标而努力

大学生一旦确立了远大的人生目标和具体的学习生活目标，就应该瞄准新目标，锲而不舍地为之努力，全力以赴地为之奋斗。

首先要从自我做起，从小事做起，任何一个理想目标的实现都与脚踏实地的努力分不开。必须立足眼前，从小事做起，一点一滴积累，不怕寂寞，严于律己。其次应及时调整和修正目标。经过时间的检验，我们也许会发现原定目标不一定完全合适，或过高或过低，故此应及时果断地调整，重新修订。最后须充满信心、不懈努力。前进的道路并非一帆风顺，实现理想目标的过程会有困难和障碍，必须不懈努力，用于排除障碍，增强自信心，满怀希望向理想目标攀登。

第四节　大学生职业生涯规划

职业生涯规划起源于西方。1908 年，美国波士顿大学教授帕森斯在波士顿成立职业指导局，迈出了使职业指导活动系统化的第一步。帕森斯提出了“选择一项职业”要比“找一份工作”重要的理念，并提出了职业辅导的步骤。因此，1908 年也就成为职业辅导的肇端。西方国家一直比较重视职业生涯的设计，职业生涯规划是许多大公司人事部门为员工服务的一项重要内容，许多国家的学校教育中也早就有职业生涯辅导这一课程。在美国，小孩从幼儿园开始就接受生涯教育，高中阶段更是请专家给学生们做职业兴趣分析。虽然高中生职业兴趣并没有定型，但通过职业设计、职业实践等活动，可以观察学生们表现出来的兴趣，并进行有效指导，达到根据其兴趣确定其职业取向的目的。

一、职业生涯规划

（一）职业生涯

“生涯”一词在汉语中的意思，我们可以拆开来看，“生”意为“活着”，“涯”为“边际”之意，合起来就是“一生”的意思。“生涯”在英文中为“career”，从词源上来讲，最初在希腊文中，这个词蕴含着疯狂竞赛的精神，最早常用作动词，如驾驭赛马，后来又引申为道路，或指个人一生的发展过程，也指个人一生中所扮演的一系列角色与职业。

在西方，“生涯”这个词本身包含有职业的意思，因此“生涯”与“职业生涯”用的都是一个单词，即“career”。而在我国，由于翻译的不同，有的翻译为“生涯”，有的翻译为“职业生涯”，但所指的意思是相同的。所谓职业生涯，是指一个人一生的工作经历，特别是职业、职位的变动及职业理想实现的整个过程。

职业生涯规划是指个体在对影响自己职业生涯的主客观因素进行分析和评估的基础上，进行职业定位，确定奋斗目标，进而选择实现这一目标的职业，编制相应的工作、教育和培训的行动计划，并对每一步骤的时间、顺序和方向做出合理的安排。职业生涯规划也需要做好设计。每个人要使自己的一生过得充实而有意义，就必须有自己的职业生涯规划。

（二）大学生职业生涯规划的作用

大学生不能很好地对自身的职业生涯进行规划，主要原因有三点：一是大学生对自己缺乏客观的认识，不知道自己想干什么、能干什么，想进行职业生涯规划，但又不知从何下手；二是对就业形势认识不够，不清楚社会到底需要什么样的人才，在职业取向上缺乏自己的判断，跟风随大流，具有很大的盲目性；三也是最重要的原因，很多大学生根本没有意识到要为自己做职业生涯规划，随意找工作，任意跳槽。

因此，目前在大学生就业指导工作中，加强大学生职业生涯规划意识的工作有着重要作用，其作用主要体现在以下几个方面。

1. 促进大学生进行自我定位

在进行职业生涯规划前，大学生必须对自己有一个客观的剖析，这是一个“知己”的过程，也是生涯规划的基础。但是现在许多大学生在找工作时，往往缺乏这方面的认识，他们考虑的常常是用人单位的情况，比如，单位所在的地域、工资待遇、单位的实力与名声等，对自身基本情况不做认真分析，不知道自己能做什么、适合做什么，结果在职场中屡屡碰壁，铩羽而归。而大学生职业生涯规划可以促使大学生对自我进行认真而全面的了解和分析，对自己的个性特征、兴趣爱好、能力水平进行综合评价，而不是一味地盲目从众、盲目攀比。要在充分认识自己在职业选择上的优势和不足的基础上，选择适合自己从事的职业领域，从而真正拥有自己特色的、合理的职业定位。

2. 明确自我的职业奋斗目标

在对自身的职业素质有一个清醒认识的基础上，职业生涯规划的下一步就是要确定自己的职业奋斗目标。西方有一句谚语说得好：如果你不知道你要到哪儿去，那通常你哪也去不了。同样一个不知道自己想干什么的人，通常什么也干不好。

大学阶段是人一生中价值观形成与知识储备的重要时期。“有志者立长志，无志者常立志。”人的一生因有无长远规划而不同。因此，大学生的职业生涯规划越早越好，每个大学生从他入校园起就应开始职业生涯规划，为自己的发展设定长远目标。与此同时，还要制订好大学生活中每学年的短期目标，让这四年过得充实而有意义。不仅要认真学好专业课，还要广泛涉足自己感兴趣的领域，拓展知识面，提高个人素质和竞争力。在实施计划的过程中还要注意根据影响自己职业生涯发展因素的变化，不断对自己的生涯规划进行评估与修订。明确了自己的职业奋斗目标，大学生在毕业时就不会在考研、留学还是就业的选择上有太多的犹豫和彷徨，就会根据自己既定的目标，坚定地走自己的路。

3. 确保大学生职业发展的有效性和可持续性

大学生职业生涯规划不仅表现在大学生对自己有了充分的认识和明确了阶段性职业目标，还表现在他有具体的行动方案，一步一个脚印，踏踏实实地朝前走，这样就保证了大学生职业发展的有效性。而长远目标的确定，也使大学生不会急功近利地为一些眼前的利益而盲目跟风，而是有条不紊地按自己的规划发展自己，这样就保证了大学生职业发展的可持续性，这样的发展也是每个大学生个性化的发展，是走具有自己特色的职业发展之路。

二、大学生职业生涯规划的实施

职业生涯教育是一门应用性的学问，不能仅停留在理论的层面，而应让大学生在学习和生活中加以运用，这样才能体现它的价值，也才能使这门学问自身得到发展。但是由于职业生涯教育在我国才刚刚起步，职业生涯规划并没有受到大学生应有的重视，这方面的工作还需要各高等院校大力加强。

（一）影响大学生职业生涯规划的因素

影响大学生职业生涯规划的因素很多，从大学生个人角度来说，主要有个人的兴趣爱好、个人的性格气质、个人的能力水平等。

1. 个人的兴趣爱好

兴趣是人们渴求认识，掌握某种事物，并经常参与该种活动的心理倾向。例如，你对某种职业感兴趣，就会对该种职业表现出肯定的态度，并积极去了解、思考、探索和追求。兴趣的产生和发展一般要经历这样一个过程：有趣—乐趣—志趣。有趣是兴趣过程的第一个阶段，也是兴趣发展的低级阶段，它往往短暂易逝，非常不稳定。处于这一阶段的兴趣常常与个体对某一事物的新奇感相联系，随着这种新奇感的消失，兴趣也会自然地逝去。乐趣是兴趣过程的第二个阶段，它是在有趣定向发展的基础上形成的，是兴趣发展的中级阶段。在这一阶段中，个体的兴趣变得专一、深入。志趣是兴趣发展过程的第三个阶段，当兴趣同个体的社会责任感、理想、奋斗目标结合起来时，乐趣便变成了志趣。志趣具有社会性、自觉性和方向性，是取得成就的根本动力，是成功的重要保证。兴趣对大学生职业生涯规划的影响主要体现在以下三个方面。

第一，兴趣是大学生职业生涯选择的重要依据——兴趣可以使人集中精力去获得自己所喜欢的职业的知识，并创造性地开展工作。当一个人对某种职业发生兴趣时，他就会积极地去感知和关注该职业领域的知识、发展动态，并且积极思考，大胆探索，增强克服困难的意志等。反之，是不会取得良好效果的，当然也就很难在该职业领域发挥个人的优势、做出巨大贡献了。正像一个人在日常生活中喜欢从事自己感兴趣的活动一样，具有一定兴趣类型的人更倾向于寻找与此有关的职业，特别是在外界环境限制较小时，个体更倾向于选择自己感兴趣的职业。

第二，兴趣可以提高个体的工作效率，充分发挥个体的才能——个人对某一方面的工作产生兴趣时，枯燥的工作也会变得丰富多彩、趣味无穷。兴趣使工作不再是一种负担，而是一种享受。它可以调动人的全部精力，使人以敏锐的观察力、高度的注意力、深刻的思维力和丰富的想象力投入工作之中，促进个体能力的超水平发挥。兴趣和能力的合理结合，更会大大提高个人的工作效率。曾有人进行过研究：如果一个人从事自己感兴趣的职业，则能发挥其全部才能的80%～90%，能长时间保持高效率而不感到疲劳；如果一个人对所从事的工作没有兴趣，则只能发挥其全部才能的20%～30%。

第三，兴趣是保持职业稳定、职场成功的重要因素——对某一职业有浓厚的兴趣，是个人智力开发的“孵化器”。对于一个人来说，对工作感兴趣，就愿意钻研，就容易出成果，这正是兴趣的作用所在。一般来说，兴趣是个人职业生涯稳定发展的一个基本方面，它可以用于预测个人的工作满意度和工作稳定性。工作满意是职业生涯稳定的一个标志，在其他条件相似的情况下，从事自己感兴趣的职业，不但能让个体感到满意，而且能够让周围的领导和同事感到满意，从而实现工作的长期性和稳定性。

因此，规划自己的职业生涯时，个体不仅需要知道自己有能力从事什么样的工作，更重要的是需要知道自己对哪类工作感兴趣。只有将能力和兴趣结合起来考虑，才更有可能规划好职业生涯并取得职业生涯的成功。

2. 个人的性格气质

人们常说“性格决定命运”。近年来，国外用人单位在选拔人才时提出了一种新的理念，即性格比能力更重要。因为一个人如果能力不足，可以通过培训提高，但其性格如果与职业不匹配，要改变起来，就相当困难。所以，他们在招聘新人时，将性格的测试放在首位，当性格与职业匹配时，才对其能力进行测试检查。

根据心理学的知识，气质是指一个人的典型心理特点。人的气质可分为四类：多血质、胆汁质、黏液质、抑郁质。

多血质类型的人表现出活泼外向、敏感易变的特点。对周围事物的变化反应快速，但不强烈，注意力容易发生转移，属于活泼型；胆汁质的人容易冲动、急躁，行动敏捷，性格也具有外向性，对周围事物反应迅速且强烈，属于急躁型；黏液质的人行动缓慢，反应迟钝，沉默寡言，情绪稳重，不易转移，具有内向性；抑郁质的人反应迟钝、孤僻，善于感受周围事物，情绪体验深，且不轻易表露，性格坚毅、沉稳。气质虽然分为四种，但现实生活中大多数人都是好几种气质类型的混合，气质特征比较明显的只不过是在这几种气质中更倾向于其中某一种。在选择职业上，不同气质特点的人适合从事不同的工作。

气质类型从本质上来讲，并没有好坏之分，任何一种类型都具有两面性。例如，多血质活泼型的人因为其情感丰富、活泼好动、社交能力较强、容易适应环境，比较适合从事文艺或公共关系性质的工作，如演员、记者、管理人员、律师、公关与人事工作人员。但由于其兴趣转移快，故不太适合从事科研工作；抑郁质稳重型的人由于其情感体验深厚、观察力敏锐、办事稳重，则比较适合从事科学研究或理论研究工作，又因为其反应速度缓慢、内向性明显，故不宜从事公共关系类的工作；胆汁质的人一般精力旺盛、待人热情爽快、情绪兴奋性高，能坚持较长时间的工作而不疲劳，此类气质的人从事行政管理比从事科学研究工作要好；黏液质的人情绪兴奋性低，但平稳难变、举止平和、行为内向、头脑清楚、做事有条不紊、踏踏实实，能严格遵守既定的生活秩序和工作制度，原则性有余而灵活性不足。黏液质人是最佳的合作者，也是最容易得到上司认同的下属，适合从事计算机、文秘、档案管理等工作。气质对一个人来说，没有选择的余地，重要的是了解自己，自觉地发挥气质中的积极方面，努力克服消极的一面。

3. 个人的能力水平

在大学校园里，大部分同学之间的智力并没有太大的差异，只是各自的特点不一样。每个人都有自己的特长，比如，一些人的语言能力较强，善于表达自己的思想和观点；一些人的数理能力较强，能够快速运算，进行推理，解决应用问题。因此，在职业选择时，还应注意个人能力与职业类型相匹配。需要强调的是，有些人将兴趣误认为就是个人能力，这一点一定要弄清楚，否则，将可能走入误区。

个体的能力一般可分为言语能力、数理能力、空间判断能力、察觉细节能力、书写能力、运动能力、动手能力、社会交往能力和组织管理能力九种能力。从现代多元智能理论来看，每个个体的能力各有不同，一种能力较弱，并不能说明其他的能力不行，一个人总有他的优势智能。作为大学生来说，其智能一般来说已达到了较高的水平，是同龄人中的佼佼者。但是个体之间的能力差异还是存在的。在大学这个相对自由、开放的环境中，他们有的在学习方面一枝独秀；有的在文娱、运动方面独领风骚；还有的则在人际交往和组织管理方面表现出众。对不同的能力水平有一个清醒的认识，扬己之长，避己之短，就能对自己的职业生涯进行合理的规划。

（二）大学生职业生涯规划的模式

职业生涯规划并不像某些书上所说的那样玄机无限，只要大学生对自己有一个基本认识，同时掌握一定的方法，就能对自己进行职业生涯规划，为自己的未来发展描绘一个美好的蓝图。

许多职业咨询机构和心理学专家在为别人进行职业咨询和职业规划时，常常采用的一种方法是“5W”的思考模式：从自己是什么样的人开始，然后顺着这个问题一直问下去。

回答了这五个问题，找到它们的最高共同点，大学生就基本有了自己的职业生涯规划。

对于第一个问题“你是什么样的人”，每个人都应该对自己有一个比较清楚的认识，要进行一次深刻的反思，优点和缺点都应该一一罗列出来。

第二个问题“你想要什么”，是对自己职业发展的心理趋向的一个检查。每个人在不同阶段的兴趣和目标并不完全一致，有时甚至是完全对立的。但随着年龄和经历的增长，则会逐渐固定下来，并最终锁定自己的终生理想。

第三个问题“你能干什么”，则是对自己职业能力和潜力的全面总结。一个人职业定位的高低要归结于他的能力，而他职业发展空间的大小则取决于他的潜力。对于一个人潜力的了解，应该从几个方面着手去认识，如对事物的兴趣、做事的韧性、临事的判断力以及知识的结构等。

第四个问题“环境支持或允许你干什么”。这种环境支持在客观方面包括当地的各种基本情况，如经济发展、人事政策、企业制度、职业空间等；主观方面则主要包括同事关系、领导态度、亲戚关系等，两方面的因素应该综合加以判断。大学生在做职业选择时，有时会忽略主观方面的因素，没有将一切有利于自己发展的人际因素综合起来考虑，从而影响了自己的职业切入点。而在国外通过同事、熟人的引荐找到工作是最正常也是最容易的。

明晰了前面四个问题，就会从各个问题的答案中找到有关对实现职业目标有利和不利的条件，列出不利条件最少的、自己想做而且又能够做的职业目标，那么第五个问题“自己最终的职业目标是什么”，自然就有了一个清楚明了的框架。

（三）大学生职业生涯规划的步骤

职业生涯规划的目的绝不只是协助一个人找到一份让别人羡慕的工作，更重要的是帮助个体真正了解自己，进一步详细估量内外环境的优势和局限，在“衡外情，量己力”的情形下，设计出符合个体情形的、合理且可行的职业生涯发展方向，为自己筹划未来事业大计，确定一个奋斗的目标。职业生涯规划基本上可以分为五个阶段。

1. 确定志向

确定志向可以成为追求成功的驱动力，古人云：“志不立，天下无可成之事。”志向是事业成功的基本前提，没有志向，事业成功也就无从谈起。没有目标，如同驶入大海的孤舟，四顾茫茫，不知该走向何方。立志是人生的起跑点，反映着一个人的理想、胸怀、情趣和价值观，影响着一个人的奋斗目标及成就的大小。所以，在进行职业生涯规划时，首先要确立志向，这是制定职业生涯规划的关键。

在确定职业生涯志向时，应根据社会发展的趋势，用发展的眼光、长远的观点来指导自己的择业。服从社会需要是职业选择的前提条件，劳动者要从事生产劳动的先决条件是社会对劳动力的需求。只有社会客观存在着劳动就业的可能性，才谈得上对职业的选择。因此，大学生应以社会利益为重，从社会需要出发来确定自己的职业志向。

2. 自我评估与环境评估

自我评估的目的是认识自己、了解自己。只有认识了自己，才能对自己的职业生涯做出正确的选择，才能选择适合自己发展的职业生涯路线，也才能对自己的职业生涯目标做出最佳选择。自我评估包括对自己的性格、兴趣、特长、学识、技能、思维、道德水准以及社会中的自我等进行客观的评价，要求自我认识与他人评价相结合。

环境评估主要是评估各种环境因素对自己职业生涯发展的影响，主要分析社会环境、职业环境和组织环境。在分析环境影响时应注意环境的特点、发展变化情况、自己与环境的关系、环境对自己有利与不利的影响等。每一个人都处在一定的环境之中，离开这一环境便无法生存与成长。所以，在制定个人的职业生涯规划时，要分析环境条件的特点、环境的发展变化情况、自己在这个环境中的位置、环境对自己提出的要求以及环境对自己有利的条件和不利因素等。只有把自身因素和社会条件做最大限度的契合，才能在现实中趋利避害，使职业生涯规划更具有实际意义。

3. 选择职业生涯路线，设定职业生涯目标

职业的选择正确与否，直接关系到人生事业的成功与失败。在选择职业的过程中，要考虑性格与职业的匹配、兴趣与职业的匹配、特长与职业的匹配、内外环境与职业的适应等。良好的职业选择是以自己的才能、兴趣、性格、环境等信息为依据进行的，适合自身特点是毕业生就业的着眼点。社会上的职业多种多样，不同的职业，对从业人员的知识、技能、素质要求不同，而且毕业生的自身条件也不一样。所以，大学生对职业的选择，一方面要从社会需要出发，另一方面也要考虑自身的实际情况，扬长避短，只有这样，才能做到人尽其才、才尽其用。

选择职业生涯路线应把握四条原则：择己所爱，择己所能，择世所需，择己所利。在保证了前三个原则的基础上，追求就业收益的最大化，也就是择己所利。在目标设定上，应根据主观条件来设计，目标不可过高或过低，还要把长远目标和短期目标结合起来，通过不断实现短期目标来最终实现长远目标。爱因斯坦是世界著名的科学家，以色列国会曾邀请他当总统，被他婉言谢绝。爱因斯坦认为，自己的性格适合当科学家，搞研究，不适合当总统，搞政治。如果一定要让他当总统，那就是总统当不好，科学研究也做不成了。因为谁也做不到又当总统又搞科研，且两边都能干出成绩来。爱因斯坦是伟人，伟人与常人的不同地方就在于他们比常人看得远、看得深，绝不随波逐流，绝不为尘世间的一点名利而轻易改变自己的志向，去干对别人来说也许是梦寐以求，但对自己却不太适合的工作。

4. 制订行动计划、考核措施

确定了职业生涯规划后，行动是关键。而在行动前，需要制订一套周密的行动计划，并辅以考核措施，以确保目标的实现。这里所指的行动主要是指落实目标的具体措施，主要包括教育、培训、实践等方面的措施。例如，在职业素质方面，计划学习哪些知识、掌握哪些技能、开发哪些潜能等。

5. 对生涯规划进行评估、反馈和调整

考虑到影响职业生涯规划的因素很多，对职业生涯规划的评估与修订也很重要。修订的内容可以包括职业生涯路线的合理调整、人生目标的修正、实施措施与计划的变更等。俗话说，“计划赶不上变化”，尤其是在现代职业领域，变化是永恒的主题。影响职业生涯规划的因素有的是可以预测的，而有些则难以预料。成功的职业生涯规划需要时时审视内外环境的变化，不断对自己的设计进行评估和修订。

三、大学生职业生涯规划的基本要求

大学是人生新的起跑点，大学生要想赢在起跑点上，理应从跨入校门时开始确定自己的未来职业生涯目标。在大学生进行职业生涯规划时，要注意以下几个方面的基本要求。

（一）职业生涯规划必须与社会发展、时代需要相结合

大学生只有将个人成材与社会发展紧密结合起来，适应时代的需要，才能成为真正的有用之才，也才有可能干出自己的一番事业。大学生要从社会理想的高度来认识职业生涯规划的意义，增强历史责任感，培养自己具有良好的道德情操、广泛的兴趣爱好和过硬的专业素质，努力使自己在为社会服务的过程中实现自己的职业理想。

（二）职业生涯规划与专业学习相结合

大学生的专业学习既是为未来的职业做准备，也是未来事业的开端。新时代需要知识广博、业务能力强、综合素质高的人才。在整个大学学习阶段，如果本着对自己前途负责的态度，就应该努力学习，刻苦钻研，不断增长专业知识，培养科学的认识问题、分析问题和解决问题的能力，全面提高自身的综合素质，为未来的事业积聚能量。

1. 构建合理的知识智能结构

构建合理的知识智能结构，需要广博与精深相结合、理论与实践相结合、静态与动态相结合、个人爱好与社会需要相结合。不但要对自己所学的专业知识和技能熟练掌握，而且要广泛涉猎其他学科或某些边缘学科的知识，努力把自己培养成复合型人才，适应知识时代的需要。

2. 加强基本技能训练

基本技能是各种职业都需要的技能。从目前的就业市场来看，有两种基本技能是用人单位

最为看重的：①语言技能。随着我国对外开放不断扩大，需要大量的外语娴熟、办事效率高、通晓专业领域知识、能参与国际文化交流、具有多种文化背景的复合型人才。为了未来的交流与合作，大学生不仅要掌握本民族语言，还必须熟练掌握一至两门外语，具有较强的听、说、读、写和准确简洁、熟练得体的双语口头表达能力，以及收集先进国家的科技资料及应用能力。只有这样，才能在未来职业舞台上纵横驰骋，立于不败之地。②网络技能。知识经济社会的信息化，使网络技术更加普及，个人的生存与发展将与网络密不可分。信息化使社会的发展更加迅速并使竞争日趋剧烈，尤其是我国加入世界贸易组织（WTO）后，需要大量懂专业、熟练掌握国际惯例、能利用网络进行全球交流沟通的人才，以提高获取信息以及处理信息的能力。

3. 职业生涯规划与提高自身综合能力相结合

大学生要全面发展，除重视学习外，还应根据个人爱好、自身特点，有针对性地参加各种内容丰富、形式多样的学术、科技、文体、社团和社会实践活动，应善于从图书馆、大众传播媒介和与社会的广泛接触中，获取大量的信息，汲取知识，增进对社会的了解，增添生活的乐趣，培养和锻炼自己的实际工作能力和适应社会的能力，全面提高自身综合素质，培养适应时代发展的基本能力。

（1）知识更新能力。在高科技与现代生活接轨的过程中，社会发展迅速，知识技术更新加快，使知识和能力成为一个动态的发展过程，于是终身学习便成为现代职业的必然要求。人才的基本素质是要善于学习，要树立终身学习的思想观念，不断更新知识结构，有针对性地“充电”，以适应瞬息万变的形势，跟上时代发展的步伐。

（2）开拓创新能力。知识经济时代是崇尚创新、充满创造力的时代，应养成追求创新和以创新为荣的意识，努力掌握创新知识，培养自己善于开拓创新的能力，注重个性发展，要用知识探索未知，解决问题，创造机会与财富。

（3）应变适应能力。对于新时代的大学生来说，要时刻准备和主动接受自己未曾经历过的新事物、新生活体验、新思想观念和行为方式；要思路开阔，能够吸收和处理各方面的不同信息，以适应环境，适应变化，求得生存；要具有良好的社会交往能力，愉快地生活和工作。

（4）团结协作能力。个人的智能再高，也是有限的，自我封闭只能束缚个人的发展，团结协作却能在与同事、朋友的交往中弥补自身的缺陷，增强自身力量，更好地应对知识经济时代的各种挑战。

（三）职业生涯规划必须与增强身心健康相结合

急剧变化、充满竞争的社会要求大学生要有健康的体魄和良好的心理素质。古希腊哲学家赫拉克利特曾指出：“如果没有健康，智慧就难以实现，文化无从施展，力量不能战斗，财富变成废物，知识也无法利用。”对于大学生而言，健康是学业成就、事业发展、生活快乐的基础。在德智体全面发展的职业生涯规划中，体是基础，智是条件，德是方向。21 世纪人才的身体和体能，要能适应快节奏、多变化的生活，就必须积极参加体育运动，增强自身体质。

良好的心理素质，有利于大学生充分开发潜能，陶冶情操，坚定信念，为自己点燃一盏希望的“明灯”。在职业的选择与实践过程中，大学生应注意培养和锻炼自己对挫折的承受能力和情绪的调控能力，以正确的人生态度对待困难和挫折。面对知识经济时代职业内涵的发展与变化，大学生要时刻关注就业市场，了解社会对职业的需求，参照社会对人才的素质要求，不断修订自己的职业生涯规划，调整自己的发展目标，在动态和多样性中实现自己职业的发展目标。

随堂演练

一、思考题

1. 大学生的身心发展有哪些特点？
2. 大学生的个性特征有哪些？如何塑造自己良好的个性？
3. 大学生活有哪些新变化？怎样适应大学生活？
4. 职业生涯规划对大学生成长、成材有什么重要作用？大学生如何进行职业生涯规划？

二、课堂实践活动：课堂演讲

题目：1. 我理想中的大学

2. 我怎样度过大学四年

要求：授课班级同学人人参与，每人限时 3 分钟。

三、阅读文章

胡锦涛在庆祝清华大学建校100周年大会上的讲话

老师们、同学们、同志们、朋友们：

4月的北京，春风送暖。在这个美好的时节，我们在这里隆重集会，庆祝清华大学建校100周年。首先，我代表党中央、国务院，向清华大学全体师生员工和广大校友，表示衷心的祝贺！向参加庆祝活动的海内外嘉宾，表示热烈的欢迎！向全国高等学校的师生员工和广大教育工作者，致以诚挚的问候！

100年前，在中华民族内忧外患、风雨飘摇的历史背景下，清华大学的前身——清华学堂建立了。那个时代，外国列强的侵略欺凌，封建统治的腐败黑暗，使我们的祖国和人民蒙受了水深火热的苦难。中国人民和大批仁人志士在苦难中觉醒、在压迫下奋起，决心改变民族积贫积弱的命运和人民苦不聊生的状况。也就是在这一年，中国爆发了震惊世界的辛亥革命，为中国进步打开了闸门，推动全民族更加自觉地走上了振兴中华的奋斗历程。

90年前，在中国人民改变民族命运如火如荼的斗争中，中国共产党应运而生。90年来，中国共产党团结带领全国各族人民前仆后继、顽强拼搏，经过长期浴血奋战和艰苦奋斗，建立了新中国，进行了社会主义革命和建设，实行了改革开放，成功开辟了中国特色社会主义道路，为中华民族伟大复兴打开了前所未有的光明前景。

建校以来，广大清华师生始终与民族共命运、与时代同步伐，形成了优良文化传统和光荣革命传统，在中国人民为实现中华民族伟大复兴而奋斗的史册上写下了自己的隽永篇章。

建校伊始，清华秉持科学救国理想，倡导“中西融会、古今贯通、文理渗透”，一批学界泰斗在清华园里潜心治学、精育良才，形成了名师荟萃、鸿儒辉映的盛况，很快发展成为我国最好的大学之一，填补了我国现代科技的诸多空白。抗日战争期间，清华同北大、南开一道，在极其艰苦的条件下，共创了西南联大的办学成就。梁启超、冯友兰、陈岱孙、费孝通、钱钟书、吴晗、曹禺、季羡林等一大批我国人文社会科学学术大师，叶企孙、茅以升、竺可桢、华罗庚、钱三强、钱学森、邓稼先、钱伟长等一大批我国自然科学学科和工程技术领域奠基人和开拓者，还有获得诺贝尔物理学奖的杨振宁、李政道，都是清华人中的佼佼者。广大清华师生始终满怀强烈的爱国情怀，积极投身“五四”运动，坚定走在“一二·九”运动等爱国民主运动前列，奋勇参加民族救亡和人民解放斗争，涌现出闻一多、朱自清等一大批革命先烈和民主志士，为新中国的诞生做出了重要贡献。

新中国成立以后，广大清华师生满怀豪情投身祖国教育、科研、建设事业，全面贯彻党的教育方针，实行教学、科研、生产三结合，坚持又红又专、全面发展的育人理念，重视因材施教、实践锻炼、能力培养，努力建设高水平的社会主义大学。清华大学创办了原子能、无线电等一批国家急需的新技术专业，积极参与“两弹一星”等重大工程，完成国徽、人民英雄纪念碑、密云水库等重要设计，成为我国培养高层次人才和发展先进科学技术的重要基地。我和很多同龄人在这一时期进入清华大学学习，清华园里蓬勃昂扬的青春理想、严谨勤奋的治学氛围、艰苦朴素的优良作风、生动活泼的文化生活深深熏陶了我们。当时，蒋南翔校长富有创造性的教育思想，刘仙洲、梁思成、马约翰、张光斗等大家名师执教讲坛、垂范学子的风采，令我们受益匪浅、终生难忘。

改革开放以来，广大清华师生牢记科教兴国、人才强国的使命，主动适应社会需求，深入进行教育改革，加快建设综合性、研究型、开放式的一流大学，清华大学办学总体实力大为增强，人才培养质量、学术研究水平、社会服务能力不断提高。清华大学坚持以人才培养为根本任务，强化厚基础、重实践、求创新的育人特色，大力培养高素质、高层次、多样化、创新型的人才，广大毕业生踊跃到国家重点行业和基层施展才干。清华大学紧紧围绕改革开放和社会主义现代化建设的战略需要开展科研，取得高温气冷堆等一大批先进科技成果和优秀人文社会科学成果，社会影响和国际声誉不断提升，在创建世界一流大学的征程上迈出重大步伐、取得显著成绩。

水木清华，钟灵毓秀。在一个世纪的发展历程中，清华秉承“爱国奉献、追求卓越”的传统，恪守“自强不息、厚德载物”的校训，弘扬“行胜于言”的校风，培养了17万名优秀人才，涌现出一大批学术大师、兴业英才、治国栋梁。在国家表彰的23位“两弹一星”勋章获得者中有14位是清华校友，460位清华校友当选中国科学院院士和中国工程院院士。100年来，一代又一代清华人在革命、建设、改革中顽强拼搏、真诚奉献，为祖国、为人民、为民族建立了突出功绩。清华百年历史又一次表明，坚持解放思想、实事求是、与时俱进，坚持以实现国家富强、民族振兴、人类进步为己任，坚持正确办学方向，坚持以人为本，遵循高等教育规律，全面实施素质教育，不断推进改革创新，我们的大学就能获得事业发展的强大动力，就能源源不断培养出德才兼备的优秀人才。

老师们、同学们、同志们、朋友们！当今世界正处在大发展、大变革、大调整时期，世界多极化、经济全球化深入发展，世界经济格局发生新变化，综合国力竞争和各种力量较量更趋激烈，世界范围内生产力、生产方式、生活方式、经济社会发展格局正在发生深刻变革。特别是创新成为经济社会发展的主要驱动力，知识创新成为国家竞争力的核心要素。在这种大背景下，各国为掌握国际竞争主动，纷纷把深度开发人力资源、实现创新驱动发展作为战略选择。

对我国来说，当前和今后一个时期是全面建设小康社会的关键时期，是深化改革开放、加快转变经济发展方式的攻坚时期。综合判断国际国内形势，我国发展仍处于可以大有作为的重要战略机遇期，既面临难得的历史机遇，也面对诸多可以预见和难以预见的风险挑战。我们既要充分认识我国发展取得的举世瞩目的伟大成就，也要清醒地看到，我国仍处于并将长期处于社会主义初级阶段的基本国情没有变，我国仍是世界上最大的发展中国家，全面建成小康社会、基本实现现代化依然任重道远。我们决不能骄傲自满、固步自封，必须谦虚谨慎、埋头苦干，更加奋发有为地推进改革开放和社会主义现代化建设，继续在中国特色社会主义道路上向着中华民族伟大复兴的光辉目标奋勇前进。

推动经济社会又好又快发展，实现中华民族伟大复兴，科技是关键，人才是核心，教育是基础。我们必须深入实施科教兴国战略和人才强国战略，全面贯彻落实国家中长期教育改革和发展规划纲要，加快从教育大国向教育强国迈进。高等教育作为科技第一生产力和人才第一资源的重要结合点，在国家发展中具有十分重要的地位和作用。新中国成立 60 多年特别是改革开放 30 多年来，我国建成了世界上规模最大的高等教育体系，培养了数以亿计的高层次专门人才和高技能人才，取得了一批具有世界先进水平的科研成果。同时，从总体上看，我国高等教育还不完全适应经济社会发展和人民群众接受良好教育的要求，同国际先进水平相比还有明显差距。不断提高质量，是高等教育的生命线，必须始终贯穿高等学校人才培养、科学研究、社会服务、文化传承创新各项工作之中。我们必须适应实现经济社会又好又快发展、促进人的全面发展、推动社会和谐进步的要求，坚持走内涵式发展道路，借鉴国际先进理念和经验，全面提高高等教育质量，不断为社会主义现代化建设提供强有力的人才保证和智力支撑。

——全面提高高等教育质量，必须大力提升人才培养水平。高等教育的根本任务是人才培养。要坚持把促进学生健康成长作为学校一切工作的出发点和落脚点，全面贯彻党的教育方针，坚持育人为本、德育为先、能力为重、全面发展，着力增强学生服务国家服务人民的社会责任感、勇于探索的创新精神、善于解决问题的实践能力，努力培养德智体美全面发展的社会主义建设者和接班人。要注重更新教育观念，把促进人的全面发展和适应社会需要作为衡量人才培养水平的根本标准，树立多样化人才观念和人人成材观念，树立终生学习和系统培养观念，造就信念执着、品德优良、知识丰富、本领过硬的高素质人才。要注重培养拔尖创新人才，积极营造鼓励独立思考、自由探索、勇于创新的良好环境，使学生创新智慧竞相迸发，努力为培养造就更多新知识的创造者、新技术的发明者、新学科的创建者做出积极贡献。

——全面提高高等教育质量，必须大力增强科学研究能力。高等学校特别是研究型大学，既是高层次创新人才培养的重要基地，又是基础研究和高技术领域创新成果的重要源泉。要积极适应经济社会发展重大需求，开展国家急需的战略性研究、探索科学技术尖端领域的前瞻性研究、涉及国计民生重大问题的公益性研究。要积极提升原始创新、集成创新和引进消化吸收再创新能力，瞄准国际前沿，加强基础研究，推动学科融合，培育新兴学科，建设重大创新平台和创新团队，以高水平科学研究支撑高质量的高等教育。要积极推动协同创新，通过体制机制创新和政策项目引导，鼓励高校同科研机构、企业开展深度合作，建立协同创新的战略联盟，促进资源共享，联合开展重大科研项目攻关，在关键领域取得实质性成果，努力为建设创新型国家做出积极贡献。

——全面提高高等教育质量，必须大力服务经济社会发展。要紧紧围绕科学发展这个主题，加快转变经济发展方式这条主线，不断增强服务经济社会发展能力。要自觉参与推动战略性新兴产业加快发展，促进产、学、研紧密融合，加快科技成果转化和产业化步伐，着力推动“中国制造”向“中国创造”转变。要自觉参与推动区域协调发展，积极参与推进西部大开发、振兴东北地区等老工业基地、促进中部地区崛起、支持东部地区率先发展的进程，以服务和贡献开辟自身发展新空间。要自觉参与推动学习型社会建设，适应全民学习、终身学习的时代需要，加快发展继续教育，广泛开展科学普及，为社会提供形式多样的教育服务，深入开展政策研究，积极发挥思想库和智囊团作用，努力为党和国家科学决策、民主决策做出积极贡献。

——全面提高高等教育质量，必须大力推进文化传承创新。高等教育是优秀文化传承的重要载体和思想文化创新的重要源泉。要积极发挥文化育人作用，加强社会主义核心价值体系建设，掌握前人积累的文化成果，扬弃旧义，创立新知，并传播到社会、延续至后代，不断培育崇尚科学、追求真理的思想观念，推动社会主义先进文化建设。要积极开展对外文化交流，增进对国外文化科技发展趋势和最新成果的了解，展示当代中国高等教育风采，增强我国文化软实力和中华文化国际影响力，努力为推动人类文明进步做出积极贡献。

总之，我国高等学校要把提高质量作为教育改革发展最核心最紧迫的任务，完善中国特色现代大学制度，加强领导班子建设，创新教育教学方法，强化实践教学环节，形成人才培养新优势，努力出名师、育英才、创一流。各级政府要加大财政投入，引导更多社会资源支持教育，形成优先发展教育的良好社会环境，让所有受教育者学有所教、学有所成、学有所用。

建设若干所世界一流大学和一批高水平大学，是我们建设人才强国和创新型国家的重大战略举措。要以重点学科建设为基础，以体制机制改革为重点，以创新能力提高为突破，加大支持力度，健全长效机制，鼓励重点建设高校成为知识创新的策源地、深化教育改革的试验田、扩大开放的桥头堡。清华大学作为国家重点支持的大学，要坚持“中国特色，世界一流”的发展道路，改革创新，奋勇争先，在加快建设世界一流大学的进程中取得新的更大的成就。

老师们、同学们、同志们、朋友们！青年是民族的希望、国家的未来，青年学生是国家的宝贵人才资源。党和人民对包括广大青年学生在内的全国青年寄予厚望。在这里，我想给清华大学的同学们和全国青年学生提三点希望。

第一，希望同学们把文化知识学习和思想品德修养紧密结合起来。青年人朝气蓬勃，善于接受新事物，正处于学习的黄金时期，应该珍惜美好青春年华，以只争朝夕的精神，刻苦学习科学文化知识，认真学习中华优秀文化和人类文明成果，夯实理论功底，提高专业素养，努力用人类创造的一切文明成果丰富自己。同时，要积极加强自身思想品德修养，认真学习中国特色社会主义理论体系，牢固树立正确的世界观、人生观、价值观，胸怀远大理想，陶冶高尚情操，培育科学精神，立为国奉献之志，立为民服务之志，牢牢把握人生正确航向，把个人成长成材融入祖国和人民的伟大事业之中，以实际行动创造无愧于人民、无愧于时代的业绩，谱写壮丽的青春乐章。

第二，希望同学们把创新思维和社会实践紧密结合起来。科学理论、创新思维来自于实践，又服务于实践。同学们要做到勤于学习、善于思考、勇于探索、敏于创新，激发求知欲和好奇心，在打好知识根基的前提下，提高创新思维能力，不断认识和掌握真理。同时，要坚持理论联系实际，积极投身社会实践，在基层一线磨炼品质，在同人民群众的密切联系中锤炼作风，在实践中发现新知、运用真知，在解决实际问题的过程中增长才干，不断提高实践能力、创新创业能力，切实掌握建设国家、服务人民的过硬本领，为走上社会、成就事业打下坚实基础。

第三，希望同学们把全面发展和个性发展紧密结合起来。全面发展和个性发展相辅相成。同学们要坚持德才兼备、全面发展的基本要求，在发展个人兴趣专长和开发优势潜能的过程中，在正确处理个人、集体、社会关系的基础上保持个性、彰显本色，实现思想成长、学业进步、身心健康有机结合，在德智体美相互促进、有机融合中实现全面发展，努力成为可堪大用、能负重任的栋梁之材。

教育大计，教师为本。广大教师和教育工作者是推动教育事业科学发展的生力军。广大高校教师要切实肩负起立德树人、教书育人的光荣职责，关爱学生，严谨笃学，淡泊名利，自尊自律，加强师德建设，弘扬优良教风，提高业务水平，以高尚师德、人格魅力、学识风范教育感染学生，做学生健康成长的指导者和引路人。要把加强教师队伍建设作为教育事业发展最重要的基础工作来抓，充分信任、紧紧依靠广大教师，提升教师素质，提高教师地位，改善教师待遇，关心教师健康，形成更加浓厚的尊师重教社会风尚，使教师成为最受社会尊重的职业，努力造就一支师德高尚、业务精湛、结构合理、充满活力的高素质专业化教师队伍。

老师们、同学们、同志们、朋友们！海阔凭鱼跃，天高任鸟飞。全面建设小康社会，建设社会主义现代化国家，实现中华民族伟大复兴，为我国广大有志青年提供了创造精彩人生的广阔舞台。生长在我们这样一个伟大时代，我国青年一代应该大有作为，也必将大有作为。让我们紧紧携起手来，志存高远，脚踏实地，共同为我们伟大祖国、伟大民族更加美好的明天奋斗、奋斗、再奋斗！

（选自《人民日报》2011 年 4 月 25 日第 2 版）

第二章　大学学习特点和技巧

青年人正处于学习的黄金时期，应该把学习作为首要任务，作为一种责任、一种精神追求、一种生活方式，树立梦想从学习开始、事业靠本领成就的观念，让勤奋学习成为青春远航的动力，让增长本领成为青春搏击的能量。

——习近平

未来的文盲不再是目不识丁的人，而是那些没有学会怎样学习的人。

——阿尔温·托夫勒

在科学上没有平坦的大道，只有不畏劳苦沿着陡峭山路攀登的人，才有希望到达光辉的顶点。

——马克思

第一节　学习概述

一、学习的定义

广义的学习是动物和人所共有的心理现象。人和动物的行为有两类：一类是本能行为，另一类是习得行为。本能行为是通过遗传而获得的种族经验，是生来就有的。例如，鸭子会游泳、母鸡会孵蛋、婴儿会吸奶等。习得行为是在后天环境中通过学习而获得的个体经验。例如，狮子滚绣球、老鼠走迷宫、熊猫骑自行车等。人的语言的习得，知识技能的掌握，生活习惯的养成，宗教信仰、价值观念的获得，甚至人的情感、态度和个性无一不是后天学习的结果。人类处于生命发展的最高阶段，其本能行为已经极其有限，人类的行为绝大部分是学习的结果。学习使人类具有了塑造自身和周围环境的巨大潜力，这种潜力为我们同环境保持动态平衡提供了可能。

与动物学习相比，人类的学习不仅在量上有巨大的差别，在质上的差别尤其显著。人类的学习是在生活实践中，在与其他人的交往中，通过语言的中介作用进行的。人类的学习又是有目的的、自觉的、积极主动的过程。我国著名心理学家潘菽对人类的学习下了这样的定义："人类的学习是在社会生活实践中，以语言为中介，自觉地、积极主动地掌握社会的和个体的经验的过程。"

二、学习的特征

学生的学习是整个人类学习的重要组成部分。但是，学生学习与一般意义上的人类学习是有差别的。它通常具有以下一些特征。

（一）计划性

学生的学习活动是在教育情境中进行的，而教育是有目的、有计划地培养人的活动，因此，学生的学习必须根据培养目标的要求，在教师的指导下，按照一定的教育的具体要求来进行。学习安排具有严密的计划性。

（二）间接性

按照马克思主义认识论的基本观点，人的认识可分为直接认识和间接认识两大类。直接认识是指人们在亲身参加变革现实的实践活动中直接获得的认识，这种认识的特点是不经过任何中间环节的。间接认识则是指人们虽然没有亲身参加变革某种现实的实践活动，但却通过某些中间环节（如书刊、传闻、讲授等）获得了有关变革这种现实的认识。根据学校教育的特点，学生要在有限的时间内掌握人类最基本最主要的知识、技能和技巧，因此学生的学习活动，既没有必要也不可能时时事事都直接参加实践，而应以学习间接知识为主。尽管学生在学习过程中，也可能有所发明创造，但主要还是学习、继承前人积累起来的间接经验。

（三）高效性

学生的学习活动是在教师的指导下进行的，教师在学生的学习过程中起着极其重要的作用。教师是经过教育和训练的专职教育工作者，他们按照一定的教育目的和要求，根据一定的计划，有系统、有组织地进行教育工作，这样就使学生的学习比在日常生活中的学习有效得多。教师的指导和传授，可以使学生的学习避免反复探索的曲折道路，而能够在较短的时间内取得更有效的学习成果。

三、学习的动机

（一）学习动机的含义及分类

学习动机是指直接推动一个人进行学习活动的内驱力。它对学习活动起到激发和指向作用，它和人的智能一起，成为影响学习效果的主要因素。学习动机的类型有不同的划分方式，一般把学习动机分为外部动机、社会动机、成就动机和内部动机四类。

1. 外部动机

外部动机是指学生的学习动机指向“学习结果带来什么”，例如，获得物质奖励，或可以避免因不学习而带来的惩罚。这种动机不指向学习过程，甚至也不指向学习结果本身。这种动机是不稳定的。

2. 社会动机

社会动机是指学生学习的目的是为了让自己身边的某类重要人物高兴。这类重要人物的意见对学生来说是重要的。因此，如果这类重要人物十分重视学习过程和学习结果的价值，那么，这个学生会因此而重视学习。这时的学习动机不是指向物质后果，而是指向一种人际关系的和谐或情感的和谐。

3. 成就动机

学生可能因为期望通过和其他同学的竞争并击败对手来提高自我而重视学习的价值。努力学习可以使他们对自己和所承担的任务“感觉良好”。他们可能对学习过程很“投入”，但严格说来，处于他们心中中心地位的是学习结果和成功的兴奋与激动，而不是任务本身。他们可能对过程感兴趣，也可能不感兴趣，但是，学习结果却永远是自豪和地位的来源。

4. 内部动机

内部动机是指学习就是想了解与理解要掌握的知识、要阐明和解决的问题的欲望。学生仅仅是对学习任务或活动本身感兴趣，而不是因为学习之外的什么东西令人感兴趣。他们完成作业，仅仅是因为解题过程的智力活动带来愉悦，而不是因为习题解答结果的重要性。他们的兴趣在旅途之中，而不在旅途的目的地。

从学习的第一种动机到第四种动机，使事物本身变得越来越处于中心地位。外部动机完全指向任务以外的东西，内部动机则完全指向任务本身，而社会动机和成就动机则处于两个极端之间。从学习的第一种动机到第四种动机，个人投入程度一个比一个高，只有到达第四种动机的境界，才能真正树立良好的学习习惯。

在课堂学习过程中，学生能够不断地获得成功的学习经验，而成功的学习经验又会使他们期望在随后的学习中获得进一步的满足。由此可见，内部动机对学习起推动作用，成功的学习又转而增强内部动机。研究表明，对获得知识本身感兴趣的内部动机在学习中是一种最被需要和最稳定的动机，它能使学习变得更加深入并取得令人满意的效果。如果动机指向学习结果带来的东西，那么重要的就不是学习活动本身，而是获得的奖励或惩罚，学习变成消极被动的活动，学生可能只付出能够达到目的的努力。因此，教育的主要职责之一是让学生对获得有用的知识本身发生兴趣。

心理学家强调内部动机头等重要，但是不应片面地排斥其他动机的作用，其理由是：第一，很少有人始终能表现出充分的内部动机（对所学习的内容不一定全都有兴趣）。第二，与学业上的失败相联系的丧失自尊的威胁可以促使学生付出艰苦努力，正如有的心理学家指出的那样："考试的动机力量，更多的是在于失败的威胁而不是在于成功的希望。"以物质奖励和精神奖励的方法引起学习的动机，会使人体验到荣誉感、自尊心。体验学习的"成功"和"失败"，同样能激发人学习的热情，但不能过分强调这些动机的作用，它不会产生持续而深入的学习愿望。

（二）如何激发自己的学习动机

1. 树立正确的理想和信念

动机、理想、信念都属于一个人的个性心理倾向，其中信念和理想属于个性心理倾向的高层次部分，对于动机具有制约和调节作用。学生如果树立了正确的信念和远大的理想，就会转化为强大的学习动力。现在有些学生之所以缺乏学习动机，根源就在于没有形成正确的人生观、价值观，丧失了理想，看不到学习的意义。

2. 唤醒求知方面的好奇心，发展学习兴趣

兴趣是人力求认识和探索事物或从事某种活动的心理倾向，这种倾向伴随着良好的情感体验。一个对学习充满兴趣的学生，具有良好的内在学习动机，能主动地、积极地进行学习，并能从学习中体验到快乐。兴趣来源于好奇心，但并不等同于好奇心。好奇心比较广泛，没有明确的方向，而兴趣有明确的方向，比好奇心更为稳定。因此，应及时把好奇心引导到对文化科学知识的探索上，这样好奇心就会升华为求知欲，就会形成一种稳定的学习兴趣。

3. 促进动机迁移

在知识和技能的学习过程中，有所谓的迁移现象，即一种学习对另一种学习的影响。其实，在态度、动机上也有迁移现象。所谓学习动机迁移，是指把对其他活动的动机迁移到学习上来，或者把对这一科目的学习动机迁移到另一科目的学习中去。充分利用已有的兴趣与动机，但不要

局限于此，还要将其有效地迁移和辐射到其他学科中去，使之进一步获得健康发展。

4. 学会对自己的学习成败正确归因

维纳（B. Wleiner）提出的归因理论分析了一个人对其活动成败原因的看法以及这种看法对动机的影响。维纳认为，能力、努力、运气和任务难易是个人分析成败的主要因素。一般来说，追求成功的人把成功归因于自己的能力，而把失败归因于自己的不努力。相反，避免失败的人往往把成功归结为运气好、任务容易等外部原因，而把失败归结为自己的无能。我国台湾学者郑慧玲等的研究表明，学生若倾向于将其学习成绩归因于自己的能力和努力，而不归因于运气和课程难度时，则高成就动机会对其学习成绩发生积极作用。

5. 谨慎地利用外部动机

与学业上的失败相联系的自尊的丧失，可能促使学生在学业上做出长期而艰苦的努力，单靠内部动机不足以克服人的惰性。但不能过分强调外部动机的作用，连续的失败会使人产生过强的焦虑，过强的焦虑可能引起回避和退缩，以至于丧失学习的信心。另外，过分强调外部动机的作用，还会助长功利主义思想。学习的目的着眼于取得外来的利益，当考试通过后，就失去进一步深入学习的渴望。

四、非智力因素对大学生学习的重要作用

（一）非智力因素的含义与特点

非智力因素有广义和狭义两种理解。广义的非智力因素是指智力因素之外的一切身心因素和环境因素。狭义非智力因素指直接影响和制约智力发展的“意向性心理因素”，或称内在动力因素。一般所讲的非智力因素都是指狭义的非智力因素。“意向性心理因素”主要包括动机、兴趣、情绪、情感、意志、性格等个性心理倾向和心理特征。

1. 动机、兴趣

动机是推动人按一定目标进行活动的心理倾向，它是人的需要的表现。动机可发展为人的信念、理想、价值观、人生观。动机同目的、目标紧密相连。兴趣也是一种心理倾向，它是人的需要得到满足时在情绪上的表现。实际上兴趣也是一种情感，往往由好奇心开始。兴趣进一步发展就成为爱好。

2. 情绪、情感

情绪、情感两者都是人在客观事物符合其需要时所产生的态度体验，本质上一致且相互关联。不同的是，情绪比情感更广泛；情绪由当时一定的情境引发，具有不稳定性，情感则较少受情境的影响，比较稳定持久；情绪具有更明显的冲动性和外部表现，情感则比较深沉和含蓄。

3. 意志

意志是人自觉地确定目的、支配行动去克服困难、实现目的的心理倾向。它是人的意识能动性的表现。它在调整客观事物与人的需要之间的关系方面具有特殊作用。

4. 性格

性格是人对现实比较稳定的态度和习惯化了的行为方式所表现出的个性心理特征。它是以先天气质为基础，在后天各种主、客观条件长期作用下形成，是客观事物与人的需要之间的复杂关系在心理上和行为中烙下的难以磨灭的痕迹。

各种非智力因素彼此联系，相互作用。研究表明，在这些因素中，情感起着纽带和中介作用，联系着其他因素，以组成有机整体。动机如果仅仅停留在理性认识上，不能转化为情感，便不能充分发挥作用。兴趣实际上是一种肯定的情感。意志和性格，如不屈不挠、勤奋、谦虚、无私奉献等，对学习的影响力，不是表现在抽象的认识上，也不只是表现在个别时候、个别事例上，它们作为一种习惯力量，以情感的形式，在意识状态和潜意识状态下，都起着普遍的、持久的作用。

上述非智力因素，与我们常说的观察力、记忆力、思维力、想象力等智力因素有什么不同？简单地说，智力因素决定人“会不会学”，而非智力因素决定人“爱不爱学”。它们都对学习有影响，而非智力因素影响学习的特点是：①间接性。非智力因素对学习品质、学习成绩的作用是间接的，而智力因素的作用是直接的。例如，学习英语，记忆力越好，记住的单词越多越牢，可是一个人有学习英语的良好动机，不一定记住的英语单词就多。这是因为学习动机、学习态度等非智力因素只能影响学习的积极性和主动性，它必须通过强化智力，才能达到提高学习品质和学习成绩的目的。②差异性。不同非智力因素对学习的作用方式不尽相同。作用时间的长短、作用力的大小，因不同人、不同对象、不同情况有显著的差异。例如，有人说“天才就是勤奋”，有人说“天才就是毅力”，有人说“天才就是忘我”，可见，不同非智力因素对不同人的意义和作用不同。③两极性。非智力因素对学习的作用既有积极的一面，又有消极的一面。过于焦虑对学习是不利的，但没有一点压力，对学习也不利；保持愉快的心态对学习是有利的，但高兴过度，又对学习有害；坚韧不拔，朝着既定目标奋进，是所有成功者的经验，但是也有人固执偏激，不能根据变化了的形势调整目标，最终难免失败；兴趣爱好广泛既可以成为学习的积极动力，也可以成为转移学习的中心兴趣、影响学习进步的消极因素。

（二）非智力因素的作用

非智力因素对学习的主要作用可以概括为以下三个方面。

1. 激发学习动力

首先，这种动力作用表现为它的始动作用，它能使主体产生想要学习的愿望。各种非智力因素都可以起始动作用。对于不同的人、不同的智力活动，哪种因素或哪几种因素起始动作用，情况各不相同。67 岁的爱因斯坦在谈到他探寻狭义相对论的过程时说，16 岁那年他无意中想到了一个很矛盾的现象：“如果我以速度（真空中的光速），追随一条光线运动，那么我就应该看到，这条光线就好像一个在空间里振荡着而停滞不前的电磁场。可是，无论根据经验，还是按照麦克斯韦方程，看来都不会有这样的事情。”于是强烈的好奇心和探求科学奥秘的浓厚兴趣，推动他开始探索这一不解之谜。经过 10 年的努力，他终于找到了答案，创立了狭义相对论。在这里，兴趣是萌发强烈愿望的主要原因。李时珍学医愿望的产生与此不同。他童年时体弱多病，在长期与疾病的斗争中，他深深体会到病人的痛苦，并培养了他对治病救人事业的深厚情感，于是他立志学医。在这里，情感成为主要动力。学习的始动因素，或称诱因，总是同人的某种需要相关的，当这些需要同某种目标相联系，就产生了要达到这种目标的动机，并激励人们开始积极行动。

其次，表现为定向作用。定向是指引导和确定学习活动沿着正确方向去达到既定的目标。有了学习动机，不一定有正确的学习方向；有了大致的方向，不一定有具体目标。因此，还需要选择方向和具体的学习目标。从大的方面说，就是要立志，树立崇高的理想、信念、价值观；从小的方面说，就是要树立学习的阶段性目标，例如，争取成为先进、模范，争取通过英语四、六级考试等。良好的非智力因素有利于找到正确的学习方向。相反，不良的非智力因素，会使学习迷失方向。

最后，表现为调控作用。非智力因素能调节、控制学习过程，克服前进中的阻力，使学习达到预定目标。意志、兴趣、情感、自信心都具有显著的调控作用。学习是十分复杂的认知活动，必然会遇到很多困难，甚至要经历一次次的失败后才能获得成功。爱迪生为了寻找适合做灯丝的材料，经过了1200次试验的失败。这时，有人对他说："你已失败了1200次了，还要试验下去吗？"爱迪生回答："不，我并没有失败，我已发现有1200种材料不适合做灯丝。"他的坚强意志使他从失败中奋起。

2. 开发学习智力

兴趣、情感、自信心等非智力因素都具有调动人的心理和生理潜能、开发人的智力的作用。我们常说的"勤能补拙"就是这个道理。孔子的学生曾参智力水平不高，但他特别刻苦努力，正是这种精神使他在整理孔子言论和学术思想，使儒家学说得以发扬光大方面做出了巨大贡献。非智力因素对智力的开发作用，最突出的事例是X射线的发现过程。伦琴因发现X射线成为第一个诺贝尔物理学奖的获得者。

但在伦琴之前，英国科学家克鲁克斯就发现了放在阴极射线管附近的照相底版被感光的现象。此外，德国和美国的一些科学家也发现了这种现象。可是他们没有像伦琴那样寻根究底、坚持不懈地进行一系列的研究，结果错失良机。伦琴的成功就是因为他有一种探求自然奥秘的顽强精神，正是这种非智力因素，促使他连续发表三篇论文，最后揭示出这种现象的本质。

3. 激励学习创新

学习的最高境界是创新。人们研究发现，有些智商水平很高的人，创造力却很平庸；智商水平中等的人却有高水平的创造力。吉尔福特对智商在70—140的学生进行的创造力测验的结果说明了这一点。现代心理学研究也证实，智力的某种片面发展，会抑制人的创造力，人的创造力同非智力因素有极为密切的关系。人的兴趣、情感是启动创造活动的决定因素。创造活动是一个艰苦的过程，一般都要经历多种挫折。因此，没有自信心、勇气和毅力等非智力因素的作用，创造活动便难以达到创造的目的。

第二节　大学教学形式的基本特点与学习

学校的教学任务是通过教学过程来实现的，而教学过程是按照一定的教学内容，通过一定的教学形式与教学方法来进行的。从课堂教学、现场教学及自学指导等主要教学形式来看，其所依据的基本原理从中小学到大学大体上是一致的。但由于教育目标、教学内容和教育对象的重大差异，大学的教育形式具有自己的特点。

国内学者把高等教育的基本特点概括为两点：研究高深学问和培养高等专门人才，简称为"一高二专"。从这一观点出发，便派生出大学教学形式的两个基本特点：一是专业针对性。尽管高等教育在人才培养方向上有所谓"专才"与"通才"之争，但总体上还是培养符合社会需要的按学科、专业分类的各种专业人才，也可以把"通才"看作是一个类型的专门人才。专业针对性就要求在组织上充分体现理论与实际紧密联系的原则，充分反映社会上各专业、行业、学科发展的现实对人才培养方面的需求。教学过程需要社会有关方面的参与和配合，因而产生了产学合作等多种教学组织形式。二是研究探索性。大学不仅有文化传承的任务，而且负有整合创新、探索创造新科技、新文化的使命。因此，大学教学工作要在研究的气氛下进行，要把教学引导到学科的前沿阵地。高等教育的“研究高深学问”这一基本特点必然使得其教学形式具有研究探索性。比如，在教学中安排学年论文、毕业论文、课程设计、毕业设计、设计性试验乃至专题科学研究等教学环节。

一、课堂教学的学习方法与要领

课堂教学是当前学校教学的基本形式，因而课堂学习也是学生学习的基本途径。由此可见，学会课堂学习是学生学会学习的一个基本环节，那么，如何才能搞好课堂学习呢？

（一）认真预习

心理学研究表明，学习者能够进行有效学习的内部条件有两个：一是要有适当的知识准备；二是要有强烈的求知欲望和学习的主动性。由此引导出的预习的直接目的有两个：一是检查面对新知识自己的有关知识储备是否充分；二是强化问题意识，激发求知的欲望，增强学习的主动性。概括地说，就是通过预习达到带着问题上课堂的目的。

实践证明，做好预习是跳出“恶性循环”、争取学习主动、提高学习效率和质量的重要方法。所谓“恶性循环”，在学习过程中表现为：课堂听不懂，课后花很多时间还是不行，结果习题做不出，下一堂课更听不懂，越来越糟，十分被动。因此，听好课是关键，为了听好课，就要找出听不懂的原因，消除“拦路虎”，而预习的目的正在于此。预习做好了，课堂效率提高，复习、完成习题很顺利，一切就变成了“良性循环”，学习效率、质量就会不断提高。坚持预习的长远目的还在于养成良好的学习习惯，有利于自学能力的培养。

（二）积极思考上好课

课堂教学效果主要取决于教师讲授水平、师生的良性互动及相应的教学条件和环境。在教师及其他教学条件一定的情况下，学习效果便取决于学生的学习积极性、自觉性，其中的关键又在于积极思考。

1. 听课要勤学好思

韩愈在《进学解》中说：“业精于勤，荒于嬉；行成于思，毁于随。”勤学好思不仅适用于日常学习，也适用于课堂学习。为此，要从以下几个方面努力：①要全神贯注，排除思想杂念和外界干扰，全身心投入。②在听课过程中应当积极思考，学与思结合。就是说要对问题的阐述、解释在思想上多问几个为什么，同时还要紧跟老师的思路，而且最好能超前思考。老师在讲授过程中常在一些发展思路的转折点或关键点上做一下停顿或设问：“下一步应当怎样？”如能做到正确的积极超前思考就应当在脑子里适时做出正确回答。即使老师并未发问，自己也应想到下一步该怎么办。如果这种情况经常出现，说明自己的积极思考和老师讲课的思路合拍了。如果相反，就要进一步思考为什么不合拍。③重视与教师的思想、观念的交流。我们是主张在认真预习的基础上来听课的。当发现教师讲授思路或对问题的理解和自己预习过程中的思路、理解不一致时，就应当给予高度注意，找出问题所在。通过对比分清是非，或纠正自己原来理解的错误，或进行补充，使之更趋完善。这种分析对比和思考多数情况是在自己头脑中进行的。有时也可以在课堂或课后向老师提问，通过讨论、交流，解决疑点，加深理解。④注意力和思维要集中。当自己的思考脱离了教师讲课，甚至光顾自己想，老师在讲什么都“听而不闻”，那就必须把自己的思想拉回来。当有的地方没有听明白或没有理解，不妨在书上或笔记本上做上记号，接着往下听，不要陷在这里而影响继续听课。

2. 学会记笔记是学会学习的一项基本功

要学会记的笔记主要有两种：一是读书笔记，二是课堂笔记。列宁的《哲学笔记》是读书笔记的经典之作，是1914—1916年列宁在读各种哲学著作时所做的内容丰富的札记，是在学习批判中创造性地发展唯物主义辩证法的典范。美国著名物理学家、诺贝尔奖获得者费因曼（R. P. Feynman）的3卷本《物理讲义》就是由他助手的听课笔记整理而成的，所以又称《物理学讲演集》。记课堂笔记，好处甚多。首先，由于记笔记需眼、耳、手、脑多种器官并用，可以使听课者思想集中并积极思考。其次，笔记是一个永久性的记录，对随后的学习、复习均是非常宝贵的资料，同时也是一份学习评价的重要资料。最后，记笔记是一项重要的学习技能、学习策略，能训练人的思维敏捷性、判断能力、抽象概括能力等，也是对未来工作能力的一种培养。练就了记笔记的本领将终身受益。

3. 重视其他课堂环节，认真做好总结

授课之外，还有习题课、讨论课、辅导答疑课等其他课堂教学环节。根据课程性质，还会有不同类型的课后作业要完成，如习题、小论文、读书报告、小型专题调查、编写案例等。这些辅助课堂教学环节都是十分必要的，应当积极参加并完成相关作业。参加这些教学环节的重要性有以下三点：一是加深对讲授主题的理解；二是扩大视野，启发思路（包括同学、师生之间通过讨论、答疑而进行的深入交流）；三是理论联系实际，初步进行运用，以深化理解，把知识活学活用。

二、实践教学的学习方法与要领

实践观是我国新世纪高等教育人才观的一个重要方面。我们强调树立实践观，重要的是培养学生的独立自主意识，培养其将知识转化为力量、思想转化为行动的意识和能力，培养其创业意识和创业能力以及改造社会、变革现实和为现代化建设做贡献的实际本领和才干。《国家中长期教育改革和发展规划纲要（2010—2020年）》指出“坚持能力为重。优化知识结构，丰富社会实践，强化能力培养。着力提高学生的学习能力、实践能力、创新能力，教育学生学会知识技能，学会动手动脑，学会生存生活，学会做人做事，促进学生主动适应社会，开创美好未来”。这些重要思想为大学实践教学改革指明了新方向，也为大学生参加实践教学学习提出了新要求。

（一）实验课

1. 实验课的特点和新要求

实验在科学技术及现代生产中占有重要地位，实验课在教学计划中的地位和作用也更为突出，中国科学院原院长路甬祥院士曾写文指出：“教育方法应从课堂灌输—课后复习—考试检查的传统的方式，改变为自学—课堂辅导—计算机分析与仿真/实验研究—论文设计或实验—社会实践等方式，使学习过程转变成学习、应用、发展知识的过程。”

实验课是在老师的指导下由学生独立完成的一种教学活动。学生借助仪器、用品和装备，对某些自然现象、技术过程、工艺流程，在人为控制某些因素、条件的情况下观察其演化状态、变化规律，从而培养学生观察现象、验证理论以及分析和解决实际问题的能力，树立实事求是的科学态度、严肃认真的工作作风和探索创新的精神。

在深化教育改革中对实验教学提出了一些新要求和新措施，主要有以下几点：①改变按理论教学进程、以验证理论为主设置实验课的传统做法，单独设置实验课。②建立比较系统的以培养学生实验思想、实验技术和能力为主线的实验系列课程，构成实验教学的体系。有的专业还单独开设“测试技术”“实验方法”和“实验设计”课程。③从因材施教、人才培养个性化、教学计划弹性等原则出发，建立多样化、多层次的适应各种需求选择的实验教学体系。实验教学也实行“选课制”，分为必做实验和选做实验（基本部分和提高部分）、单项实验和综合实验等多种形式。④改进实验指导方法，使实验过程逐步成为学生自己研究探索的过程。

2. 实验课的学习方法

在基础实验教学阶段，一方面要重视实验操作能力的培养，另一方面要关注实验技术理论的学习和积累，如实验原理、实验设计、调试技术、测试方法、数据处理、误差分析等。学习方法要注意以下各点。

（1）认真做好实验前的预习。阅读实验讲义，明确实验目的，掌握实验原理即弄清楚为了达到实验目的所依据的是什么理论，运用什么样的实验方法，需要测定的项目与哪些因素有关。进而分析实验要点，其中包括实验步骤、需要观察的现象以及保证实验成功必须控制实验误差的关键等。要熟悉所使用的仪器、仪器调试和校准的方法、测量范围、注意事项等。最后要认真填写实验预习报告。

（2）手脑并用，严格按程序操作。首先，要认真听取指导教师的实验讲解，要记下讲解中提出的注意事项，以往做该实验时出现的种种问题以及取得试验成功的关键。其次，要仔细地做好实验准备检查，主要是仪器、备品是否齐全并符合规范要求，进行实验系统组装合成。最后，在动手实验前要再一次用心思考实验的基本程序、操作步骤和方法。有些实验还要经过指导教师检查同意后再开始进行。

实验过程中每一个步骤都要认真观察与思考，有意识地培养自己的观察能力。其中包括持久而稳定的注意力、细致敏锐的观察力。观察力与思考力是共生共存的，要用科学的思考指导观察，要观察与思考在实验的不同阶段应当出现的现象是否呈现，这样才能把握实验现象的本质特征和内在联系。观察中还可能出现一些新现象和新问题，应仔细加以记录，如不影响实验的进程可继续操作，留待试验后在实验报告中进行分析讨论。如果新出现的现象影响实验正常进行，则应暂停实验，待问题排除后再继续操作。手脑并用，观察和思考紧密结合是做好实验、提高实验技能的关键一环。实验操作中要有条有理、从容谨慎，切记杂乱无章、草率从事，要避免无意识操作，有些基本操作要力求规范，不断提高实验技能。

（3）注意实验安全。在实验中要十分注意增强环保意识、重视人身安全。例如，化学实验要注意通风设施是否完好。易燃易爆物品、有毒物品的领取、使用、残留清除、人身防护等都必须严格遵守有关规定。用电安全、消防设施的使用等都应在密切关注之中，以免发生意外时惊慌失措。虽然这些主要是实验室管理人员的职责所在，但所有参加实验操作的人员都应当了解并掌握排除意外的常识和技术。实际上，这也是在实验课中应当学习的重要内容。

（4）做好实验报告。如实验结果基本正常，确认无须重做便可进行实验课的最后一环，完成实验报告。各实验室的实验报告书一般都有固定的格式。其内容大体都包括实验目的、实验原理、实验步骤、实验现象、数据处理及误差分析等内容，最后还应有讨论分析，反映出实验者对本次实验的看法、建议和需要进一步研究的问题等，反映实验者自己的见解。做好实验报告的基础是在实验过程中的详细观察和认真的实事求是的记录，要正确处理数据，获得合理的结论并进行恰当的抽象、概括分析。认真做好实验并写好实验报告不仅是为了培养实验能力和技巧，而且会为进行科学研究、撰写论文打下良好基础。

大学生的实验能力训练，不应停留在只会按成熟的实验设计重复进行。在经过基础性实验课训练后应多参加一些综合性、设计性、探索创新性实验，培养学生的实验设计和创新能力。这些有更高要求的实验，实验项目由学生提出，实验方案由学生拟定，实验方法由学生设计，实验过程由学生独立操作，实验结果由学生总结分析，教师只起咨询监督的作用，这样能够培养学生更强的实验研究能力。

（二）实习和社会实践

由于专业类别的不同，实习的内容、次数安排等也有很大的差别。工科专业有认识实习、生产实习、社会调查、毕业实习；理科有认识实习和毕业实习；文科类有结合课程的教学实习、社会调查、毕业实习。

实习是本科教学中非常重要的教学环节，目的在于使学生通过亲身参加生产实践、社会活动，对生产过程有所了解，认识社会、了解国情，熟悉自己所学专业在国民经济、社会发展中的作用，增强事业心、责任感，提高为人民服务的自觉性。

同时，运用自己所学知识，去分析一些社会现象及生产中的实际问题，尝试提出解决这些问题的方法，为以后从事岗位工作打下一定的实践基础。社会实践有很多形式，如社会调查、“三下乡”“智力扶贫”、社区服务等。

尽管实习和社会实践的任务、要求、条件各不相同，但学生在实习和社会实践活动中应当采取的学习方法和注意事项还是有共性的，主要有以下几点。

（1）根据学校有关实习和社会实践活动的目的、任务和要求制订实习或实践小组及学生个人的学习计划。在计划中明确自己在实习及社会实践中要怎样干，要达到什么目的，要特别强调如何在干中学，在学的基础上干。实践教学环节更需要发挥学生的自主学习精神，需要学生具有强烈的求知欲望。

（2）在实习及社会实践过程中不仅要勤学好思，还需要勤学好问。要像做好课堂笔记那样认真地做好实习日记。假如你的实习日记什么也写不出，那就说明你在实习中什么也没有学到。即使在专业对口的实习和实践场所，现场的实际情况和课堂教学中讲的理想情况还是有很大差别的。因此，善于观察、善于提问是搞好实习和实践的关键，不好问便无法着手完成实际工作任务，不好问更无法了解生产和实践过程中的深层次问题以及学到现场工人、工程技术人员、干部等的长期实践经验。同样的社会现象和生产现象，是否能对其进行深入观察、分析、思考，收获会大不相同。通过学、思、问的结合，再加上细心观察，联系过去所学的理论，就可能发现问题，提出问题，找出解决问题的思路，使实习和社会实践得以深入下去，进而体验到从实践中学习的“甜头”，增强从事实际工作的信心，提高工作能力。

（3）做好实习或社会实践总结，写好实习或社会实践报告。这项工作比完成课程学习小结，实验报告具有更大的难度。因为鲜活的生产和社会实际要比课堂教学条件复杂得多。总结报告不应是现象的罗列，也不应是资料的堆砌，而应在分析研究上下功夫。在总结中要把生产和社会实践中的问题和过去所学理论（政治理论和专业理论）联系起来，加深理论认识。水平较高的总结报告，常常是毕业设计、论文的良好基础，有些还对社会和生产实践工作有重要的实用价值。在总结实践中“学会学习”的同时，还要进一步总结“学会做事”“学会共处”“学会做人”等方面的收获和体会。

三、论文写作和专题设计

大学的专业论文写作训练，是高等专门人才理论知识素养、科学素养和实践能力培养的重要环节。一份工程设计说明书，一篇毕业论文或学位论文，不但体现了撰写者的科学研究成果及学术水平，而且反映了撰写者的科学态度、科学方法、思维方式、写作能力等人文素养与科学素养。论文写作和专题设计是本科教学中综合性实践和专业能力训练的教学环节。

（一）论文写作

1. 论文写作的类型与目的

各类专业教学计划中一般都安排了专业论文写作这一教学形式，作为对学生进行综合训练的独立作业，其主要类型有课程或课题论文、学年论文和毕业论文。调查报告的写作、实习报告的撰写也可列入论文写作范围。

学生专业论文写作的目的在于：促进学生掌握专业知识；培养学生的思维能力，使其掌握研究方法；促进学生关心社会、了解社会；提高学生的论述表达能力以及增强学生为社会做贡献的信心。同时专业论文写作还有评价功能。专业论文质量的高低，是学生自己对掌握专业知识的深浅、运用专业知识解决实际问题能力大小的自我考核，也是对学校教育学生专业论文除与一般学术论文一样应具有学术性、创见性、专业性之外，还有练习性的特点，主要是：第一，要按规定的质量要求和时间要求完成；第二，在教师和教材（包括文献资料）的指导、提示下进行；第三，紧密联系所学专业知识、理论，并在写作运用中进一步学深学透；第四，要大胆探索、创新，抱着认真练习的态度，不怕不成熟；第五，写作者应有虚心学习的态度，向老师、专家请教，改正缺点，弥补不足，培养自己严肃认真的工作作风，老老实实的科学态度。

2. 写好论文的具体要求

首先，要树立正确的写作指导思想，以认真虚心的态度，用理论联系实际的精神，运用唯物辩证法，从本专业学科实际出发，努力探索本专业学术领域的有关问题，提出自己的见解和建议。

其次，要把握专业论文写作的基本要素及要求。专业论文写作的基本要素是论点、论据和论证，然后是论文的结构和语言。具体要求如下：

（1）论点必须明确、新颖、方向正确，而且要鲜明地、集中地表现出来，即围绕主要论点展开论述。

（2）论据要真实、充分。论据是论文的基础，论据有事实论据和理论论据两种。对事实性论据要鉴别其真伪，理论性论据要有一定的权威性，要正确理解其意义。

（3）论证要符合逻辑。论文要以理服人，靠的是逻辑力量，即在概念、判断、推理的使用上遵循思维规律，符合辩证逻辑。

（4）要合理地安排文章的结构。对论文的格式国家制定了标准，其基本结构一般由引言、正文和结论三部分组成。在引言中要说明问题提出的背景和现实意义，界定问题范围，阐明基本要领和全文的中心论点。结论应成为本论文部分分析的必然结果，对论证的全部内容加以综合、提炼并展望未来。

（5）行文用语要平实准确，简练通顺，严谨规范。

（二）专题设计

专题设计是工科专业、农林部分专业、应用艺术专业、新闻传播类专业采用的一种综合实践课形式，一般分课程设计、毕业设计等多种形式。

1. 课程设计

课程设计是一种综合性的实践课。一般在学习了本专业主要技术基础课以后安排这一环节。要求运用所学基础理论及相关的实验技能初步练习解决一些局部性的工程实践问题。通过课程设计使学生初步树立正确的设计思想，掌握正确的工程技术方法和科研方法。具体要求是：①培养学生运用所学课程理论知识解决工程问题的能力，以及正确进行工程运算和使用技术文献资料的能力；②培养学生树立正确的设计观点和掌握零部件设计、工艺过程设计、工艺装配设计等方面的设计方法；③培养学生使用工程语言简明精确地表达设计思想绘图、编写说明书和答辩的能力等。

课程设计的内容视课程的不同而异，课题不同则课程设计的程序不同。要根据课程设计指导书严格按要求进行。

2. 毕业设计

毕业设计是对大学生进行科学教育、强化工程基本训练和提高综合工程实践能力的重要阶段，是对大学生进行综合素质教育，培养严肃认真的科学态度、优良的思维品质和严谨求实的工作作风的重要途径。

毕业设计的主要特点：①毕业设计任务的确定首先要考虑专业教学基本要求，同时也要结合社会实际，这也是毕业设计选题的原则之一。②毕业设计具有时间的限定性及学业的规定性。毕业设计任务规定为学生毕业前必须完成的综合训练必修科目。③毕业设计是在教师指导下由学生独立完成的。指导教师可以是学校教师，也可以是厂、院、所的工程技术人员。

毕业设计应满足工程设计的基本要求，即设计思想的科学性、设计内容的新颖性、设计表达的规范性、设计约束的严密性、设计过程的综合性以及设计结果的实用性等。毕业设计的步骤和工作重点如下：

（1）确定设计题目，明确设计要求。

（2）毕业调查实习，查阅文献，收集有关资料。在调查实习中要向生产实践学习，向生产一线工人学习，向使用者学习，同时还要学习技术资料。以上所学内容应概括写入调查实习报告并在调查实习报告中提出设计的基本思路。

（3）设计阶段。以机械产品设计为例，一般包括方案选择设计和论证，总体设计以及详细设计，局部结构设计计算、试验或编程三个步骤。方案选择及总体设计必须做到周密慎重，以免进入局部设计时发现原则性错误而造成返工。设计环节环环相扣，必须前后呼应。

（4）编写设计说明书。要在教师指导下严格按规定的格式编写。说明书撰写大体上要经过拟写提纲、完成初稿、修改、定稿等步骤。

（5）毕业设计答辩。答辩成功与否首先取决于毕业设计的实际成果水平，但也与答辩准备是否充分有关。答辩是一次口头考试，一次锻炼口头表达能力的机会。

艺术类专业一般用毕业创作、毕业演出作为毕业前的综合训练独立作业。

第三节 大学学习的特点和基本规律

一、大学学习的特点

（一）学习安排的自主性

与中学相比，大学学习需要更多的自主性。中学的学习，学习进度、学习时间一切都有教师安排，教师甚至对每一位学生的优势和弱点都了如指掌，会及时对学生进行针对性的指导和教育。而学生进入大学后首先遇到的问题就是学分制。学分制带来很多机遇，就是学生学习的自由度增大了，可以较主动地安排学习计划，根据自己的志趣、特长，在较大范围内选择课程、上课时间和授课老师。这就使得学生从原来被动地由学校安排一切的模式下解放出来，根据自己的情况，比较广泛地接触较多的学科，从而提高自己学习的主动性和积极性。但学分制也给学生带来挑战，从某种意义上说，学分制断绝了学生步入大学以后继续依赖学校和老师的后路，直接将学生推上了自己决定自己未来的道路。因此，在大学新生入学以后，学生必须尽快了解学分制的含义、学校的专业和课程设置、学生的选课方法、学分的计算方法等一系列内容，尽快解决如何正确选择自己的专业方向、合理安排自己的学习时间和学习进程等一系列具体问题。全面实施学分制，绝不意味着学生就可以不考虑专业，任意选择自己想上的课。学校以学科为基础制订教学计划，学生选修必须以指导性教学计划为依据来选定课程、选修时间和顺序。选课时要首先选择必修课，其次再选后继课。未修完必修课，一般不得选修后继课。另外，学校对学生每学期选修学分的多少也有规定，学生只有修完规定的全部学士学位课程（包括教学实践环节）并取得学分，才可以毕业。因此，学生应尽快培养自己的自我选择、自我负责、自我教育的能力，由原来的“被抱着走”变为“自己走”。

（二）学习目标的定向性

中学教育是一种基础教育，它是让学生学习在社会生活中所必须掌握的一般性知识和技能，并为学生进一步深造作一般性的基础文化知识准备。而高等教育是专业教育，是面向未来社会发展的实际需要，向学生传授各种专业知识和专业技能，把他们培养成为经济建设的专门人才。因此，大学教学中传授的知识既有基础知识，又有专业知识，大学生的学习活动具有一定的专业方向性。对大学生来说，进入某一专业学习，通常只是确定了大致的专业方向，而更具体、更细微的专业目标是随着学习过程的深入而逐步明确的。各高校根据培养目标的总要求和各专业科类的差异性，通过分门别类的专业化教学内容和相应的学习课程组织教学，进行专业训练，使学生在校期间掌握基本的专业知识和技能，初步奠定未来职业的理论基础。

（三）学习内容的专业性

中学教育的教学内容是多学科性的、全面的、不确定专业方向的。大学教学则是一种基本定向的专业化教学，在深度上大大扩展开来，比中学教学更透彻、更科学、更严谨、更准确地揭示事物发展变化的规律。大学随着教学深度的发展，涉及的相关学科的知识更加广泛且更加深刻。大学教师不仅要讲授与专业知识有关的基础知识，还要向学生传授高、精、尖的理论和最新的科学成果，追踪本学科专业国内外学术前沿动态；不仅要讲授学科发展史上已有的结论，还要向学生介绍尚在探索和争论的问题。教师常常留下一些问题不给出结论，引导学生分析、探讨、思考，并启迪思维，试图把学生引进本学科研究前沿，使学生为以后的研究工作做好必要的基础知识、专业知识和专业理念等多方面的准备。

（四）学习方法的广泛性

大学生的学习活动具有多层次的特点。虽然课堂教学仍是大学学习的主要途径，但不是唯一途径，大学生在学习过程中可以通过各种途径来学习、探索和研究。由于大学生有较多自由支配的时间，学校各职能部门也提供各种学习途径，因而学生有条件广泛地学习。例如，听取各类知识讲座、学术报告、专题研讨；参加命题辩论会、理论交流会；进行专业实习、社会调查、考察参观、咨询服务等，独立钻研问题，开展科学研究。因此，大学生完全可以而且应该超出教师课堂讲授的范围去遨游知识的海洋，争取“青出于蓝而胜于蓝”。

二、大学学习的规律

（一）广博与专深的统一

现代学科发展有两大趋势，一方面，学科高度分化，学科划分越来越细，学科门类越来越多；另一方面，不同学科之间又不断借鉴其他学科的研究成果和方法来充实本学科的内容，并形成许多交叉学科和边缘学科。因此，一个21世纪的大学生，如果只懂得自己的一门专业，那就难以适应科技发展和时代对复合型人才的要求。但在一部分大学生中存在着重专轻博的倾向，他们过分看重考试和考证，没有时间来看考试以外的书籍，大学生不读书，难当大任。虽然目前高等学校从“精英教育”向“大众教育”发展，但社会的发展对整个社会的从业人员也提出更高的要求。大学教育不只是为学生的就业做准备，也是为创业做准备，同时还能提高整个国民的素质。良好的读书习惯应成为人生修养的重要组成部分，读书可以净化人的心灵。

早在20世纪30年代，吴宓在清华大学开设了一门“文学与人生”课程，试图引导学生用那些人类历史上不朽的经典著作来滋润心灵。美国芝加哥大学教授艾伦·布鲁斯认为，“应该让学生重新阅读从苏格拉底到卢梭等的著作，他们必须从中寻找到生命的价值和意义所在”。读书可以启迪智慧，引发人的联想，博览群书在一定程度上能做到融会贯通，激发创造。

如何看待广博与专深的关系？首先应是专深。大学生应认真扎实地学好专业课程，形成较为稳定且有一定基础的专业研究方向，并掌握一定的专业技能，同时围绕自己的专业方向和学习兴趣，根据当时社会发展的需要，来选择扩大自己知识面的领域和方式，亦求广博，因此它们之间的相互关系是在专深的目标下求广博，在广博的基础上更专深。控制论的创始人，美国科学家维纳认为科学工作者应当成为这样的人，“他们每个人都是自己领域中的专家，但是每人对相近的领域都有十分正确和熟练的知识”。

（二）继承与创新的统一

继承与创新的辩证统一，是人类文明发展史上的一条客观规律，曾有人称赞牛顿，认为他成绩斐然。牛顿却说："那是因为我站在了巨人的肩上。"是啊，正是因为有继承才会有创新，也正因为这样，伟人才能成为伟人。继承不是简单地肯定或墨守成规、原封不动，它包含否定中的肯定。对于知识的学习，要在思考的基础上继承优良的东西，但不能就此止步，继承是为了发展，创新就是继承的发展。邓小平说："干革命，搞建设，都要有一批勇于思考、勇于探索、勇于创新的闯将。没有这一大批闯将，我们就无法摆脱贫穷落后的状况，就无法赶上更谈不上超过国际先进水平。"在科学发展历史上也存在着正反两方面的教训。例如，哥白尼之后的丹麦天文学家第谷（1546—1601年），他对天体进行了长期的观测，积累了丰富的数据和资料（他所测定的各个行星的位置误差不超过0.067，是那个时代出色的观测家，被称为"星学之王"）。但是，他精于观测而疏于理论研究和创新，又不敢突破地心学说的禁区，因而不能概括出应有的正确结论，反而得出行星围绕太阳转，太阳围绕地球转的折中体系。而他的助手开普勒在第谷所积累的资料的基础上进行探索，经过科学抽象的概括，发现了行星的运动规律，总结出行星运动的三大定律，真正为人类提供了科学知识。继承和创新的依存关系告诉我们，继承是创新的基础、条件和准备，而创新是继承的目标、超越和升华。大学学习首先是对前人科学文化成果或知识的一种继承，在学习继承的过程中，还要努力培养创新能力和创新精神。

（三）知识与能力的统一

知识是人类认识世界和改造世界的实践经验总结，是人们对事物的系统认识，而如何有效地将所掌握的科学文化知识用于解决实际问题，则是我们的能力。

知识与能力的辩证关系：掌握知识是以一定的能力为前提，能力又是在掌握知识的过程中形成和发展的，离开了学习和训练，任何能力都不可能发展。知识的掌握，促进了人们的能力发展，知识贫乏必然限制着能力的提高和发展。能力的高低和知识的掌握程度并不完全一致，知识多并不意味着能力高，知识转化为能力需要有一个实践过程，这就要求大学生在学习的过程中除了要掌握一定的知识，还要培养与专业有关的技术与能力。在学习实践中，我们既要重视基础理论，又要重视现代技术；既要注重知识的积累，又要注重能力的训练；既要培养思维能力，又要培养动手能力。手脑的并用，可以使一个人在专业上达到更高的水平，这已经是被科学文化发展的历史证明了的事实。19世纪法国著名化学家巴斯德一生都十分重视亲自动手做实验。他曾说过："实验室是将来的圣庙，是一切财富之源，也是人类幸福之源。"1864年，他精心设计了有名的"曲颈瓶实验"，通过当众演示，推翻了生命起源问题上的"自生论"，在科学史上传为佳话。努力做到学习知识和培养能力两不偏废，是每个大学生在学习生活中都必须十分注意的一个问题。学生在学习书本知识的同时，要多问几个为什么，带着问题去学习、去研究、去实践。

（四）智力因素与非智力因素的统一

智力因素主要指人的观察力、记忆力、思维力和想象力等，它是参与学习活动的基本要素。非智力因素主要指理想、动机、需要、兴趣、意志、情感、个性等，这些因素虽然并不直接参与学习活动，但它们具有启动、定向、引导、维持和强化等功能，起着激发学习积极性、调节学习活动的节奏等功能。可见智力是学习的必要条件，但不是充分条件。

在学习和工作中，要想取得成功，除了要以智力因素做保证外，还要培养坚忍不拔的意志品质、坚定的自信心和敢为天下先的科学精神。例如，牛顿是物理学发展史上一位伟大的科学家，17世纪下半叶，牛顿等提出光的"粒子说"，他认为光是由一道直线运动的粒子组成的。在当时的社会里，权威思想盛行，牛顿的威望很高，他的光"粒子说"没有人敢质疑，因而光"粒子说"统治了光学领域100多年。直到19世纪初，这种沉闷的局面终于被英国一位年轻的物理学家托马斯·杨突破。1802年，托马斯·杨经过多次实验，提出了"光的干涉"概念，并且在他的论文中用光的波动说解释了很多光学现象。由于波动说触动了权威，因而受到了牛顿粒子学派的猛烈抨击。但托马斯·杨不畏阻力，坚持自己的观点。他说："尽管我仰慕牛顿的大名，但我并不因此非得认为他的观点是百无一失的。我遗憾地看到他也会弄错，而他的权威也许有时阻碍了科学的进步。"托马斯·杨以坚强的自信心和严谨的科学实验，不迷信权威，而是敢于独树一帜，提出自己的新观点。经过实践检验，光的波动说被证实是正确的。可见，大学生在学习生活中，应十分重视意志品质等非智力因素的培养，使自己在以后的事业中留下成功的足迹。

三、掌握科学的学习方法

学习方法是学习活动的重要手段，良好的方法往往可以收到事半功倍的效果。而大学低年级时许多学生的学习方法不适当，也是由于不了解大学学习方法特点的缘故。因此了解和掌握大学的学习方法对完成大学学习生活具有重要意义。下面简单介绍一下大学的学习方法。

（一）有效记忆的方法

记忆是学习活动的重要组成部分，如果没有记忆，就无法有效加工和处理信息，思维变成了无源之水，学习也就失去了意义。根据研究，提高记忆的方法有以下几种。

1. 改进学习方法，巩固记忆

第一，提高加工水平。人们既可以对学习材料做表面加工，也可以做深入加工。研究表明人们对学习材料加工越深，记忆保持得就越好。同时，记忆越深的材料对后续相关材料的学习也有促进作用。

第二，双重编码。心理学家认为，我们必须对学习材料进行编码，才能有效地保持和提取。而编码有形象编码和语义编码两种形式。如果一个材料不仅有形象编码，而且有语义编码，则成为双重编码。双重编码的理论认为，双重编码的材料能持久保持，从哲学的高度来说，我们必须把抽象的理论与感性的具体经验结合起来，才能有效地保持。

第三，超额学习。超额学习又叫过度学习，指在学习达到刚好成诵以后的附加学习。如读一首短诗，某人学习十分钟则能背诵。在能够背诵之后增加的学习（如再读五分钟或再读五遍）便是超额学习。研究表明，如果我们学习需要长期保持的材料，适当的超额学习是必要的。超额学习的量以比刚能达到成诵的学习量增加50%为宜，过少不足以阻止遗忘，过量又有可能引起厌烦情绪。

第四，适当运用记忆术。记忆术是将没有意义的材料赋予某些意义以帮助记忆的方法。

2. 适当安排复习，巩固记忆

第一，及时复习。对于机械记忆的材料，据艾宾浩斯揭示的"遗忘先快后慢"的规律，应在对材料尚未出现大量遗忘之前及时安排复习，这样的复习可以收到及时巩固的效果。如果材料是有意义的，学懂以后就不易遗忘，复习时间可以适当延后，即可以在对所学习的知识开始出现某些遗忘之后复习。这样可以防止学习产生厌烦，从而有助于提高复习的效率。

第二，合理分配复习时间。复习时，时间过分集中容易发生干扰，过于分散容易发生遗忘。机械记忆材料和技能学习，分散练习优越性比较明显；而学习复杂的需要思考的材料，每次需要较长时间来学习。材料越容易，兴趣就越浓，动机也就越强，应该用集中的方法进行学习。

（二）阅读理解的方法

1. 提高文献检索能力

善于利用图书馆和互联网获取有关信息，是当代大学生提高学习效果和拓展知识的必要条件。资料文献检索是一门科学，不仅是图书专业人员的必修课，也是大学生不可缺少的一门知识。大学生掌握检索方法，是获得开启知识宝库的钥匙。培养检索能力的主要途径：了解检索的要求（如寻找学习参考书或课题参考文献）；选定检索工具（人们用以查找和积累文献线索的手段）；确定检索方法（可从书名、篇名、作者、分类、主题等来检索）。通过检索，查到一批资料后，还要分析研究、去伪存真、决定取舍。

2. 充分利用有效的阅读方法

这里介绍的“SQ3R”学习法是由罗宾逊提出来并盛行于美国大专院校的一种方法。

第一，浏览（Survey）。浏览就是对全书进行快速的浏览，弄清这本书的基本内容，对作者的基本观点有一个初步印象。一般来说，先阅读作者的序言（前言）或后记，了解作者写这本书的意图，继而仔细查阅其目录和索引，如有可能，略读各章的提要或小结，确定全书阅读，或取其某些章节精读。浏览往往可以了解到最新信息，启发自己的思路。

第二，提问（Question）。大学生在学习过程中，不仅要学会解决问题，更重要的是要学会提出问题。在读书时，要透过书中的表面字句去捕捉问题，敢于在无疑处生疑，提出自己的设想。同时，要认真琢磨其中的某些观点，并把它和自己所掌握的有关观点相对比、相联系，然后进行评论，提出问题。有了问题，就会进一步去探索，从而可能提炼出新观点。

第三，阅读（Read）。阅读的目的是正确理解和深入掌握文章的精髓，对重点章节学深吃透，做到融会贯通，使其成为自己知识结构的牢固基础。读书要能看出书本的含蓄之处，也就是书本的言外意、弦外音，这要靠读者自己去思考、捕捉和体会。要能从过去的书本中看到现在，从现在的书本中想到将来。书本知识是一定时代人们认识水平的记录，因而带有时代的烙印。看出或指出书本中的谬误、漏洞，并非只有专家、权威才能做到，每一位进行深入思考的读者都能发现。因此，要养成思考的习惯，边读边想，必有所得。

第四，背诵（Recite）。不是指逐句地复诵或默记，而是指在理解的基础上，集中精力把有关章节的中心思想和基本观点牢记在脑中，当然，不排除把某些重要的基本概念背诵出来。

第五，复习（Review）。需要长时间保留在记忆中的材料必须反复复习。注意每次复习要在内容上有所开拓，有所发展。

3. 做好读书笔记

读书笔记分为后批、摘录、问答、提要、心得等形式。在做笔记时应注意，要规范缩写符号，便于日后回忆；要讲究格式，条理清晰，便于理解和记忆；要注明作者、书名、页码、出版单位和出版日期，便于将来查找。制作卡片的优点是便于保存、分类、查找，有利于积累和扩充知识。卡片一般分为摘录卡片、索引卡片和心得卡片三种，可以灵活运用，但每张卡片上需注明类别和出处，并及时分类存放，以备查阅。

（三）科学思维的方法

1. 培养独立思考的习惯

很多科学家和教育家都提倡从小培养独立思考的能力，培养发现问题、提出问题的优良心理品质。爱因斯坦曾经说过："应将发展独立思考和独立判断的能力始终放在首位，而不应当把获得专业知识放在首位，如果一个人掌握了他的学科的基础理论，并学会了独立的思考和工作，他必定会找到自己的道路，而且比起那种主要以获得细节知识为其培训内容的人来说，他一定会更好地适应进步和变化。"

2. 敢于质疑

质疑是创新思维的现实起点和开端。质疑，就是对现有事物持科学的怀疑态度，以促使自己进行更深入的思考、分析、研究、改进和创新。质疑思维，是一种以审视的目光、科学的态度、求真的精神进行科学探索的科学思维方法。敢于质疑是培育和开发创新思维的前提，敢于质疑才能发现问题、提出问题，才能激发创造热情，进入创造性思维的过程。

人们总是羡慕发明创造者，其实，许多创新就在我们身边。捕捉创新的机遇，取得意想不到的创新成果，往往取决于我们有没有捕捉问题的敏锐头脑，有没有善于从人们司空见惯的现象中发现问题、捕捉疑点的慧眼，有没有敢于在权威下过"结论"、做过"论断"的所谓"终极真理"的面前提出质疑的勇气。

3. 善于思考

在思维过程中要注重事物间的差异性和特殊性，探究现象与本质的矛盾，发现现有事物和知识的局限性。在思考时，注重从多方面、多角度思考问题，也就是说，想问题的思路要灵活，要突破传统思维定式的束缚，敢于转换思维的视角，要不断地把思路由一个方向转移到另一个方向，想到事物各方面的问题，提出多种设想和多种解决办法，以便比较、选择新颖独特、先进合理、科学可行的方案。逆向性思维是最典型的多维思维形式之一。在探索问题的过程中，应用逆向性思维有时会收到意想不到的效果。例如，法拉第通过对电产生磁的想象进行逆向思维，大胆提出磁能产生电的设想，然后通过反复试验来验证自己的设想，终于取得了突破性成果，取得了具有划时代意义的创新成果。法拉第的成功，应归功于逆向思维的巧妙运用。

4. 善于抓住意外发现，认真思考意外发现

灵感常常是在受到某些事物或因素的刺激和启发的情况下产生的，它的产生是人们事先难以预料的，往往由意想不到的意外因素诱发，这些意外因素或刺激物，既可能是人们事先从未碰到过的，也可能是早已熟知的日常现象。但在灵感闪现之前，这些熟悉的现象却被忽略了。例如，阿基米德对鉴别王冠真伪这一难题煞费苦心，百思不得其解。有一天，当他躺进澡盆洗澡时，看到水从澡盆溢出来，这时他突然醒悟，从而解开了真假王冠之谜，并由此进一步发现了浮力定理。牛顿则是在长时间观察思考树上的苹果落地的原因而诱发出灵感，发现了万有引力定律。

第四节　培育良好的学风

一、良好的学风是大学生成材的重要保证

心理学研究和大学生学习活动的实践证明，大学生优良的学习成果，不仅取决于他的生理素质和心理素质，以及他是否掌握了适当的学习方法，在很大程度上，还取决于他的学习作风，也就是学风。学风是指学习的风气，包括学习态度、学习精神、学习风格和学习方法等内容。一所学校有一所学校的学风，一个班级有一个班级的班风，一个学生有一个学生的学风。对于集体来说，良好的学风体现了良好的学习氛围和积极向上的集体风貌，它是一种无形的指导力，潜移默化地催人奋进。对于个人，良好的学风是其精神风貌和各种人格因素在学习过程中具体的体现和反映。良好的学风，不仅能有力地促进和保证学习任务的完成，而且还能弥补大学生在智力方面的某些不足，使人的潜力得到最有效的发挥，从而取得最佳的学习效果。良好的学风还能丰富充实人的精神世界，有利于推动人格向着更加高尚的方向发展，也有利于美好心灵的塑造。良好的学风，在以后的工作岗位上，还能转化为良好的工作作风。所以，良好学风的形成是大学生有效地完成学业和成材的重要保证。

二、树立良好学风的具体要求

（一）培养严谨求学的学习态度

科学上来不得半点虚伪，常言道“差之毫厘，谬以千里”。科学与严谨求实互为一体，可以说，没有严谨求实的科学态度，就没有现代科学，科学上的每一次进步，都是和科学工作者严谨求实的治学作风分不开的。学习同样需要有严谨求实的作风，要认真严肃地对待学习活动的全过程，对于每一个概念、原理和论证，不但要知其然，而且要知其所以然。要坚持实事求是，理论联系实际，一切从实际出发，不唯上、不唯书、只唯实。在学习活动中不能以想当然代替事实，更不能弄虚作假，抄袭别人的作业，在实验中凑数据来蒙骗老师，欺骗自己。只有这样才能切实有效地掌握所学知识，学到真正的本领，并在学习过程中学到有效的学习方法。

（二）培养勤奋刻苦的学习毅力

科学上没有平坦的大道，只有不畏艰险，沿着陡峭山路勇敢攀登的人，才有可能达到光辉的顶点。勤奋是学生学习自觉性、主动性、积极性的表现。勤奋刻苦可以弥补个人先天上的不足，能超越自我。古人云：“书山有路勤为径，学海无涯苦作舟。”学习必须以“勤”字当头。但凡敢于创新的人物和有伟大成就与突出贡献的科学家、思想家，无不经过“苦其心志，劳其筋骨”的痛苦磨难历程，即勤与苦的过程。马克思花了毕生精力，写出了不朽的著作《资本论》，为人类社会做出划时代的贡献。他为了写这部著作，在大英图书馆以惊人的毅力，数十年如一日，阅读了难以计数的文献资料，全身心投入对资本主义社会的研究。他座位下的地板被踩出一个凹处，这

已成为佳话。可见，成材需要刻苦与踏实。勤奋刻苦的学习作风要求学生努力学习、刻苦钻研，有毅力、有恒心，在困难面前不畏缩，在失败面前不气馁，不断攀登新的高峰。

（三）养成良好的学习习惯

学习是一项艰苦的复杂劳动，除了需要顽强的意志品质外，良好的学习习惯也是必不可少的。良好的学习习惯除了可以克服人的学习惰性外，还能缓解人情绪上和精神上的压力，变被动学习为主动学习，从不自觉学习到自觉学习，从要我学到我要学，从学习的他律性向自律性转变，使学习成为我们日常生活中不可或缺的一部分，直至我们能享受学习。

随堂演练

一、思考题

1. 什么是学习？非智力因素在大学学习生活中有什么作用？
2. 大学学习特点有哪些？如何培育良好的学风？

二、阅读文章

三种学习方法

英国唯物主义哲学家培根曾用蜘蛛、蚂蚁和蜜蜂来比喻三种不同的学习方法。他说，一种人的学习方法类似蜘蛛，他们读书不多，愿动脑筋却只在狭小的天地里耕耘，虽然取得一些成果，但由于知识领域狭窄而使其借鉴不足，往往容易一叶蔽目、钻进牛角尖不能自拔。另一种人的学习类似蚂蚁，他们朝夕勤奋攻读，读书很多，但是只是满足书本上的结论，不肯越雷池一步，更不敢提出质疑，人云亦云。他们的成果只能是一些因循守旧、七拼八凑的东西，就像蚂蚁只把它们在路上遇到的东西搬进窝里一样。还有一种人的学习类似蜜蜂，他们读书既求博览、又求精深，他们以积极主动的姿态，有目的、有针对性地学习，大胆探索、勇于创新，不断提出新问题、新设想，并通过实践来验证和丰富这些思想，再加以创造性的提炼、升华，从而得到崭新的成果，就像蜜蜂飞进万花丛中，广采花汁、提炼加工，酿出甘美的蜂蜜一样。

三种学习方法，三种不同的结果。只有第三种——广采百花酿好蜜，才是创造性的、有无限广阔前途的方法。

第三章　大学生的人际交往

岁寒，然后知松柏之后凋也。

——孔子

得不到友谊的人将是终身可怜的孤独者。没有友情的社会则只是一片繁华的沙漠。

——培根

人际交往是大学生活的基本内容之一。同学之间、师生之间、个人与集体之间错综复杂的社会交往，构成了大学生人际交往的网络系统。大学生处于一种渴求交往、渴求理解的心理发展时期，良好的人际关系，是他们心理正常发展、个性保持健康和具有安全感、归属感、幸福感的必然要求。古希腊哲学家亚里士多德说："一个生活在社会之外的人，同人不发生关系的人，不是动物就是神。"这就是说，人总是在与他人的联系和交往当中生存、发展的。《礼记·学记》中说："独学而无友，则孤陋而寡闻。"孟子曰："天时不如地利，地利不如人和。"可见，人离不开社会，离不开人际交往。

第一节　人际交往概述

一、人际交往的心理实质

人，作为万物之灵，既是自然的人，又是社会的人。所以，人既具有自然性，也具有社会性，而人之所以为人，区别于其他动物，就在于他的社会属性。社会交往就是人体现其社会性的基本途径。人际交往是指人与人之间进行信息交流和行为沟通的互动过程。

一定的人际交往产生相应的人际关系。人际关系指人们在交往过程中形成的心理关系，表现为个体所形成的对其他个体的某种心理倾向及其相应的行为。人们在交往中彼此的物质需要和精神需要不一样，因此产生了喜欢和亲近、厌恶和疏远等心理状态。所以说，人际关系实际上又反映了交往双方寻求满足其社会需要的心理状态，也反映着人与人之间的心理距离的远近。如果交往双方的社会心理需要都能获得满足，就会导致交往双方心理距离的接近，双方将会保持一种亲近、信赖、友好的关系；如果一方对另一方因某种原因表示不友好、不尊重，则另一方就会产生疑虑和不安，就会拉大心理距离，使原来的亲密关系变成疏远关系，甚至有可能发展成敌对关系。

社会心理学家认为，任何人际关系都离不开认知、情感和行为三个方面的因素。认知是人际关系的前提条件，人与人的交往首先是通过感知、识别、理解而建立一定的心理关系；情感是人际关系的重要的调节因素，人们在交往过程中，心理上总是存在着一定的情感状态，如果没有情感因素的参与和调节，人际关系是不可想象的；行为是形成人际关系的手段，在人际关系中，不论是认识因素，还是情感因素，都要通过行为表现出来，如语言、举止、表情、手势等一切表现个性的外部动作，以此达到人际交往的目的。认知、情感和行为是人际关系中相互联系、相互促进的心理因素。任何人际关系的发生、发展与变化，都是这三者相互作用的结果。

二、人际关系的类型

从不同角度看，可将人际关系划分为不同的类型。

（一）按最基本的交际范围分类

人际关系可分为个体与个体、个体与群体、群体与群体三种最普遍的基本类型。个体与个体之间的人际关系，如父子（女）关系、母子（女）关系、师生关系、同学关系、朋友关系等；个体与群体之间的人际关系，如个体与家庭、学生与寝室、学生与班级、工人与企业等；群体与群体之间的人际关系，如班级与班级、寝室与寝室、学校与学校等。

（二）从人际关系的社会角度分类

人际关系可分为血缘关系、地缘关系、业缘关系与趣缘关系四种。

1. 血缘关系

血缘关系是指以自然的血缘为基础形成的关系，如父母与子女的关系、兄弟姐妹之间的关系以及由此衍生出来的亲戚关系。人的一生中约有 2/3 的时间在家庭中度过，处理好家庭中的人际关系是十分重要的。

2. 地缘关系

地缘关系是指由于居住在共同的区域并具有较大的交往范围而形成的人际关系，如邻居关系等。地缘关系在人际交往过程中的作用范围远比血缘关系更深、更广。

3. 业缘关系

业缘关系是指以从事共同的职业或兴趣爱好为基础而形成的人际关系，如同事关系、师生关系。这种关系打破了血缘和地缘的界限，主要是以事业和志趣作为联结的纽带。

4. 趣缘关系

趣缘关系是指人们在社会生活中因情趣相投而交往建立的人际关系。人们常说“物以类聚，人以群分”。有共同兴趣爱好的同学相互结成好朋友，相互切磋，共同提高，如棋友、球友等。在大学生中，志趣型的人际关系是相当常见的交往类型，也是丰富多彩的校园文化生活的体现。

三、大学生人际交往的特点及功能

大学生人际交往是指大学生之间以及大学生与其他人之间传递信息、沟通思想和交流情感的互动过程。大学生是一群特殊的群体，其人际交往也具有独特的特点。

（一）大学生人际交往的特点

社会的发展，使人际间的交往不能只局限于亲缘群体之内，人际交往的范围随之扩大，人际关系的社会性也被大大地强化了。这种交往方式的变化，在当代大学生中得到了明显的体现。

1. 从交往心理看，一般主动追求开放式交往

在中学阶段，学生的注意力都集中在学习上，没有时间和精力进行很多的人际交往。进入大学后，学习压力减轻，他们迫切需要走出家门，走进公共场合，结交更多的朋友，交流更多的信息，接受更多的思想。在这种心理的作用下，大学生的人际交往呈现出前所未有的开放式交往趋势，表现在以下几个方面。

第一，交往范围扩大。交往对象由以前的亲戚、邻居、成长伙伴转向大学同学和在社交场合认识的其他人，其中又以同学为主。同学交往不局限于同班同学，已发展到同级、同系甚至是同校的可认识的所有同学。不仅是同性之间的交往，异性交往也很多。

第二，交往频率提高。交往由偶尔的相聚、互访发展成为经常地聊天、社团活动、聚会、文体活动、娱乐、结伴旅游以及其他一些集体活动。

第三，交往手段增多。由原来的互访、通信等转向现代化的通信设备、交往工具、公共场所等。交往手段的发展，使大学生的人际交往变得更方便、更快捷，交往距离更远，交往范围甚至可以扩展到全世界。

大学生的人际交往虽然比较广泛，但由于现在大学生大多是独生子女，自我保护意识比较强，在人际交往中通常小心翼翼，多数情况是“广泛交友，谨慎交心”。这种交往只有广度而没有深度，多是些“点头之交”。

2. 从交往方式看，大多以寝室为中心，工作和网络社交占主导

大学生虽然主动追求开放式的人际交往，但由于时间、精力、生活环境、经济条件等方面的限制，交往的主要场所仍然在校园内，中心是学生的寝室。尽管微信和微博等新兴社交方式正逐渐被大学生接受并渗入到他们的生活中，但新兴社交方式所发挥的作用并不被学生们看好。不少学生表示：“在网上交流再怎么也没有面对面交流那样让人感到亲切与真实。”

3. 从交往目的看，一般是情感型交往和功利型交往并重

随着社会的发展变化，大学生在社交目的上也趋于“理性化”，选择什么样的人交朋友，并不纯粹是出于情感和志同道合，交往的动机已变得很复杂。可以说，大学生的人际交往在注重情感交流的同时，越来越注重与自身社会利益相关的务实性，呈现出情感型交往与功利型交往并重的趋势。例如，有的大学生在社会中结交一些“大款”，以能把朋友的车开到校园里来为荣，在同学面前炫耀。

4. 从交往效果来看，大学生对自己社交能力和人际关系环境评价不高

现在的大学生虽然从心理上积极主动地去与他人交往，并且很注意学习社交知识，但实际效果并不理想，与自己的预期要求还有很大差距。原因在于有相当一部分学生不懂得怎样尊重他人，怎样与他人交往，缺乏与人交往的基本知识和技巧。

（二）大学生人际交往的作用与意义

戴尔·卡耐基总结了大多数人成功的经验后说：一个人的成功，15%靠专业知识，85%靠人际交往。由此看来，无论我们乐于交往还是惧怕交往，都不能避开它。对于绝大多数人而言，交往的成功在很大程度上决定着我们生活和事业的成败。然而，有许多人并没有认识到人际交往的重要性，不愿意与人交往，甚至认为独处挺好，这其中并不排除有一部分同学是人际交往障碍者。只有我们充分认识到人际交往的作用和意义，在观念上、思想上消除模糊看法，在行动上积极主动，才能为解决各种交往障碍扫清道路。

1. 人际交往促进大学生的社会化进程

社会化是个体获得态度、价值、需要、交往技能及其他能使个人参与社会生活的品质的过程。通过社会化，个体学会以社会所允许的方式行动，从一个生物个体变成一个社会成员。人的社会化进程是在与人交往中进行和实现的。人际交往是社会化的起点。随着人的成长，交往范围不断扩大，交往内容逐步深化，交往形式日趋多样。大学生的交往性质和交往水平，直接影响着他们社会化的水平。

2. 人际交往促进大学生深化自我认识

人对自己的认识总是以他人为镜，需要通过与他人进行交流、比较，把自己的形象反射出来加以认识。在交往过程中，大学生往往以同龄人作为参照物，从他人对自己的反应、态度和评价中发现自己的长处和短处，找到适合自己的社会位置，从而选择更为恰当的行为，为自我的设计、发展、完善创造有利条件。因此，大学生有必要多方位、多层次的与更多的人交往，来获得更多可靠的信息，达到更清楚地认识自己的目的。

3. 人际交往是大学生个性发展与完善的条件

一个人的个性除了受先天遗传因素的影响外，还要受到后天环境的影响。如果长期生活在友好和睦的人际关系中，人的个性就会变得乐观、开朗、积极、主动。相反，一个人如果长期生活在充满冲突的人际关系中，则可能会出现压抑、暴躁、猜忌等不良个性特征。大学是人的个性定型的关键时期，积极的、和谐的人际关系有助于大学生个性的发展和优化。

4. 人际交往是维持大学生身心健康的重要保证

有研究表明，与一般家庭的儿童比，长期生活在孤儿院的儿童缺少关爱、缺少良好的交往条件，生活单调、孤寂，因而表现出智力水平和语言水平较低、社交能力较差、社交愿望缺乏、对人冷淡等特点。

所以，从小到大都不能缺少人际交往活动。人际交往的空间越大，人的精神生活就越丰富，得到支持与帮助的机会就越多，就越能保持心理平衡。特别是青年学生，通过交往，获得友谊、增强自信，实现自我价值，同时有助于降低挫折感，缓解内心的冲突与苦闷，宣泄愤怒、压抑与痛苦，减少孤独感、失落感。

如果人际交往的需要得不到满足，会增加大学生的挫折感，引起一系列的不良情绪，如孤寂、惆怅、空虚等。不良的情绪会降低人体免疫力，影响人体的正常生理机能，从而导致疾病的生成。

5. 人际交往是大学生获得知识的手段

大学生在与他人的交往中，随时可吸收别人的优点。取长补短，以此扩大自己的知识积累，发展与完善已有的知识体系，更新思想观念，追踪新鲜信息。

6. 人际交往是大学生获得事业成功的重要条件

一方面，一个人的能力是有限的，只有通过共同合作，把每个人的知识、专长和经验融合在一起，才更有获得成功的希望；另一方面，一个人的能力、才华、品格等，只有通过与他人交往，让别人了解到、认识到，才能逐渐被社会所认可，达到自我实现的境界。

四、大学生人际交往的影响因素

大学生人际交往的影响因素主要是人际吸引。所谓人际吸引是指人与人之间彼此产生注意、欣赏、倾慕等心理上的好感，进而彼此接触以建立感情关系的过程。

人际吸引是人与人之间建立感情关系的第一步。一个人如果毫无吸引别人之处，就不能引起别人的注意；如果两人之间不能彼此吸引，也就建立不起人际关系，更谈不上亲密的感情关系了。可见，我们要想改善人际关系，充分利用人际吸引的影响因素是至关重要的。

（一）邻近性吸引

俗话说，“远亲不如近邻”。人与人的交往在空间距离较近、交往频率较高时，就容易彼此吸引。在人际交往初期，邻近性吸引往往起很重要的作用。

美国心理学家费斯廷格（L. Festinger）等在 1950 年调查研究了麻省理工学院 17 幢学生公寓的友谊模式。这些公寓都是二层楼房，每层有 5 个单元住房。住户住进哪个单元，完全是随机的。调查的对象是所有住户的主人，调查的问题：“在这个居住区中，和你经常打交道、最亲近的邻居是谁？”调查结果表明，居住距离越近的人，交往的次数越多，关系就越密切。在同一楼层中，和一墙之隔的邻居交往的概率是 41%，和隔一户的邻居交往的概率是 22%，和隔三户的邻居交往的概率只有 10%。多隔几户，实际距离增加不了多少，但其亲密度则大不相同。

由此可见，距离的远近程度与交往的频率有直接关系，较近的空间距离有利于建立密切的人际关系。但在现实生活中，也经常会看到这样的现象：由于距离的接近，如近邻、同宿舍的同学、同科室的同事等，反而人际关系比较紧张。可见，距离因素只是建立良好的人际关系可利用的因素，但不是主要的影响因素。

（二）相似性吸引

俗话说，“物以类聚，人以群分”。社会心理学认为，相似性是人际吸引的重要因素，它包括年龄、性别、社会地位、经济状况、教育水平、职业、籍贯、兴趣、信念、价值观、态度等的相似，其中以态度、信念和价值观最为主要。

为什么彼此相似的人更容易互相吸引？不同的社会心理学家根据不同的理论，做出了不同的解释。归纳而言，有如下一些原因。

第一，相似的人，比如，兴趣爱好相似的人，愿意多参加类似的活动。在这些共同喜爱的活动中，交往的机会自然较多，既能接近又能相悦，从而使人际间的吸引力增强。

第二，由于彼此态度一致，情投意合，在一起交往能正确反映自己的能力、感情和信仰，对对方会产生相当大的社会强化作用，维护双方的自尊心，所以，自然会加强相互间的人际吸引力。

第三，对相似的人来说，相互沟通比较容易，误会和冲突比较少。即使本来并不熟悉，也会比较容易消除陌生感，从而形成较强的人际吸引力。

（三）互补性吸引

在日常生活中我们经常看到这样的现象：脾气暴躁的人和耐心随和的人能友好相处；活泼健谈的人和沉默寡言的人能成为要好的朋友，甚至发展成终生的伴侣。有人研究后认为，互补性对人际吸引的作用，大多发生在友谊深厚的朋友之间，特别是异性友人或夫妻之间。

心理学家科克霍夫等，研究了影响已存在恋爱关系的大学男女学生相互吸引的因素，结果发现：对短期的伴侣来说，吸引的动力主要是彼此相似的价值观念，而驱使长期伴侣发展更密切的关系的动力，主要是需要的互补。

由此，科克霍夫提出择偶过滤假设，两个不相识的男女要结成终身相托的婚姻伴侣，必须经过四道关卡：一是时空距离的接近；二是当事人的社会经济地位、教育水平和信仰等重要因素的参考；三是相似性，主要是态度与观念的相似；四是需要的互补。

（四）个性吸引

大学生的能力、性格、品德等个性特征，是构成人际吸引的重要因素。心理学家奥尔波特（G.W.Allport）经过研究发现，人际吸引力最重要的成分首先是人的内在属性，如涵养、幽默、礼貌等；其次是形体的特点，如体魄、服装、仪表等；再次是个人表现出的特殊行为，如新奇和令人喜欢的动作等；最后是个人的角色地位，它会引起他人的爱慕与尊敬。

（五）外表吸引

爱美之心，人皆有之。“窈窕淑女，君子好逑”。亚里士多德也曾说过：“外表包括人的外貌、身高、风度等。这些因素也会影响人与人之间的关系。美丽比一封介绍信更具有推荐力。”可见，一个人的仪表也是构成人际吸引力的重要因素，尤其是人们初次见面时。

为什么外表能影响人际吸引力呢？从心理学的角度看，外貌能产生晕轮效应。特别是对不熟悉的人，这种效应容易使人产生以点带面、以偏概全的不正确认知。比如，某人长得漂亮，就容易使人以为他还具有其他一系列优点和美德，如心地善良、品德高尚、性格良好等。事实上，相貌美丑与心灵美丑并不存在必然的联系，如《巴黎圣母院》中的敲钟人就是一个容貌丑陋，但却有一颗金子般的心的人。随着交往的深入，容貌对人际吸引力的影响会逐步减弱直至消失。交往越深入，人们越会忽略相貌的因素，而更重视内在美。

当然，除了外貌之外，仪表因素还包括穿着、体态、风度等，它们都对人际吸引力有影响。因此，为了增强自己的人际吸引力，我们根据自身的特点花工夫“包装”一下，使自己变得更漂亮、更得体、更有风度，也是无可非议的。

（六）才能吸引

社会心理学家阿伦森（L.E.Aronson）在1969年做过一个实验：将不同的四卷访问录影带分别播放给四组被试者观赏，四卷录影带的内容虽有所不同，但都是由同一个访问员访问同一个大学生而录制的，希望被试者看完录影带后凭主观的感觉评分，以表示他们对录影带里的大学生的喜欢程度。第一卷录影带的内容是，访问员在介绍受访者的时候，将他描述成一个能力杰出的大学生，他是荣誉学生，是校刊编辑，是运动健将。在访问的过程中，模仿者的表现也很优秀，对访问员提出的所有问题都能对答如流，表现得自然大方。第二卷录影带的内容与第一卷大同小异，唯一不同的是受访者在采访中因紧张而打翻了桌上的咖啡，并弄脏了一身新衣服，形成相当尴尬的局面。第三卷录影带的内容是，访问员将受访者说成是一个普通的大学生，在采访过程中也表现一般。第四卷录影带的内容与第三卷大同小异，不同之处是包含了第二卷中的插曲。实验结果发现：大家最喜欢的是第二卷中的受访者，其次是第一卷中的受访者，再次是第三卷中的受访者，最不喜欢的是第四卷中的受访者。

实验说明了什么呢？首先，一个有才华、有能力的人，容易获得人们的喜爱，才能平庸者不容易受人喜欢。其次，全无缺点的人，也未必讨人喜欢。因为与这种“完人”交往，人们主观上会认为他是不可轻易亲近的，从而产生自卑感，对其敬而远之。最后，最讨人喜欢的人是精明能干而略有缺点的人，因为这种人才是真正现实生活中的人，我们不会认为自己太差而不敢与之交往，也不会因为他太差而认为与之交往降低了自己的身份。

第二节　大学生人际交往能力的培养

人际交往能力是现代社会人才的重要素质，是一个人能否适应现代社会的重要标志之一。大学生要有所作为，必须了解人际交往的基本原则，掌握了解人际交往的技巧，努力提高人际交往能力。

一、人际交往的基本原则

（一）平等待人原则

平等待人是建立良好人际关系的基础，没有平等就没有人际交往。平等也是人际交往中最基本的原则。古语云："敬人一尺，人敬一丈。"在人际交往中，要想受到别人的尊重，首先就要学会尊重他人，把他人放在与自己平等的位置上，以礼相待。大学生具有相同的年龄、文化水平，无论来自城市、农村均应彼此以诚相待，自觉做到平等待人。实践证明，凡是恃才傲物、目中无人、盛气凌人的人，人们一般不愿与其打交道，他们也就变成了孤家寡人。

（二）诚实守信原则

友谊这种亲密关系表现为对朋友推心置腹，以诚相待，没有真诚换不来的友谊。在人与人的交往中，只有以心换心，表里如一，以诚相见，才能使双方相互理解，建立信任感。真诚是打开人心灵大门的一把神奇的钥匙，也就是人们常说的"精诚所至，金石为开"。信用原则，即所谓的"一诺千金""君子一言，驷马难追"。

（三）把握分寸原则

友谊不是无原则的一团和气，那种不分是非的哥们义气只能破坏朋友关系。真正的朋友，应该是把握分寸，讲求原则，正确的就支持、鼓励，错误的就反对、批评。

孔子曰："益者三友，损者三友。友直、友谅、友多闻，益矣；友便僻、友善柔，友便佞，损矣。"有人曾说：如果你周围皆是鹰的话，那么，你自己亦会成为一只鹰；如果你是在一群山雀中间的话，那么，你就看不到海阔天空。

（四）互谅互让原则

友谊需要以谅解的态度来维持。人非圣贤，孰能无过？朋友之间难免产生矛盾，发生分歧，只有本着互谅互让的原则，不在小事上纠缠，友谊才能渡过难关，长存下去。如何做到呢？一般要求：①将心比心；②大事清楚，小事糊涂，也就是说善于宽容、原谅别人小的过错；③严于律己，不能"看自己是一朵花，看别人是豆腐渣"，高高在上，目空一切；④角色转换，学会换位思考。

（五）互助互利原则

互助，表现为交往的双方相互关心、相互帮助、相互支持、相互理解，既满足交往双方各自的需要，又促进相互间的联系，深化相互间的感情。人作为社会的人，需要别人关心、帮助、支持、理解，不管其地位多高、成就多大、能力多强，都有自己不能为而别人能为之事。只有我为人人，才可能人人为我。

二、人际交往的艺术与技巧

人际交往是一种复杂的艺术。人际交往艺术和技巧的形式、内容、方法很多，我们无法做到全部了解和掌握。要想有良好的人际关系，关键是在掌握一定的交往艺术和技巧基础上多参加社会交往实践，在实践过程中摸索、总结和提高。

（一）培养成功交往的个性品质

成功交往的个性品质包括真诚守信、热情大方、谦虚谨慎、理解宽容、助人为乐等。具备良好的个性品质，能增加人际吸引力。这是成功人际交往的基础。

（二）树立良好的第一印象

“良好的开端是成功的一半。”这句话对成功的交往有很大的启迪作用。可以这样说，在人际交往中，如果交往双方都能给对方留下一个良好的第一印象，交往的成功也就有了一半的希望。要想确立良好的第一印象，应该从言谈举止、仪表装束等方面做起，做到衣着整洁，仪表大方，言语不俗，举止得体。

（三）尊重对方是友好交谈的开始

尊重包括自尊和尊重他人。自尊是指在各种场合自重自爱，维护自己的人格；尊重他人则是指重视他人的人格、习惯与价值，承认人际交往双方的平等地位。在人际交往中，只有首先尊重他人才能得到他人对你的尊重。尊重他人可以体现在许多方面。下面以谈话为例来说明如何做到尊重。

谈话时，双方都应该相互正视，相互倾听，不要看书看报，不要东张西望，应避免呵欠连天，也不要做一些不必要的小动作，如剪指甲、弄衣角、手指敲打桌面等，这些动作很不礼貌。在交流时，应该与说话人交流目光，适当地点头或做一些手势，或发出“哦”“嗯”声等，表示自己在注意倾听，以引起对方继续谈话的兴趣。

要尽量让对方把话说完，不要轻易打断他人或抢接他人的话题，扰乱人家的思路。需要插话时，可委婉地说，“请允许我打断一下”“请等等，让我插一句”，这样可避免对方产生被轻视等不必要的误解。

在交谈时，不要自己滔滔不绝地说个没完，要留给对方讲话的机会。否则，会显得自高自大，蔑视他人。同时，不要触及别人的短处，如不要和残疾人谈运动。

如果是许多朋友在一起交谈，讲话的人不要把注意力只集中在其中的一两个熟悉的人身上，要照顾到在场的每个人；倾听的人除了要特别注意谈话的人之外，也应该偶尔顾及一下其他人。

对于比较沉默的人亦应设法使他开口，比如，问他“你对这件事怎么看”，等等。

在他人谈话时可以思索，但不要过于严肃。听着应轻松自如，应随着谈话人情绪的变化而伴之以喜怒哀乐的表情。否则，对方会感到你冷漠，没有情绪说下去。

（四）正确运用语言的艺术

语言是社会交往的工具，在交往中起重要作用。讲究语言的艺术，是培养交往能力的重要内容，尤其是在一些比较特殊的交往场合中灵活运用语言往往能收到非常好的效果。

第一，在与他人谈话时，有些人可能离题太远，如果你想引回正题或转换话题，不妨采取如下办法。

（1）暗示。例如，通过一些简短的插话或展示一下与谈话正题有关的物品等。

（2）提问。提问是引导话题和转换话题的好方法。首先，提问可以把对方的思路引导到某个话题上来，同时还能打破冷场局面，避免僵局。但是，发问要事先有所准备，不要问对方难以应付的问题，如超乎对方知识水平的学术、技术问题等；也不要询问别人的隐私，如夫妻感情、对方爱人的相貌以及大家都忌讳的问题。其次，要注意发问的方式。不要像发射炮弹似的连续发问，让对方难以应付，也不要问一些对方用“是”或者“不是”就能简单回答的问题。

第二，在谈话中，难免有令人尴尬之时。尴尬有时是有意导演的，有时是无意产生的。如何利用语言来应付尴尬局面呢？

（1）自我解嘲。如果别人不是用恶劣的口气来讥讽你而是无意中使你处于尴尬境地，你大可不必在乎，用幽默的语言自我解嘲是应付这种尴尬局面的最好办法。例如，有位古希腊哲学家，有一天，他的一个朋友来他家做客，这时他妻子正在对他发脾气，大声吵闹。过了一会儿，他妻子把一盆水泼向他。这位哲学家笑着说：“我知道雷声响过之后必有大雨。”他的朋友和妻子都大笑起来。

（2）以退为进。当别人的发问使你不好回答，甚至使你生气时，你可以用婉转的方式予以反驳。婉转的应付方式常常是装糊涂，或谈一些与他问的话完全不相干的事。

（3）因势利导。当某些场面使你尴尬时，你不妨顺着事物的发展趋势，加以引导，引导到消除尴尬的境地。据说，第二次世界大战期间，英国首相丘吉尔访问美国，向美国总统罗斯福请求一批军火援助。罗斯福举棋不定，丘吉尔闷闷不乐地回到宾馆。他刚刚跳进浴盆里，罗斯福不期而至。丘吉尔赤身裸体，嘴里还叼着那个难舍的大烟斗。当时的场面是多么使这两个大人物难堪啊！只见这时，丘吉尔灵机一动，耸耸肩膀说：“瞧，我这个大英帝国的首相可没有丝毫的隐瞒啊！”罗斯福一听，不禁捧腹大笑，从而也使这次会谈取得成功。

（4）逻辑回敬。当别人有意使你难堪时，可以用逻辑回敬的方法解除尴尬局面。例如，后汉末年的神童孔融，他10岁那年，有一次到别人家做客，登门者都是名流，他表现突出，被人盛赞。但有一位名叫陈韪的大夫却讥讽道：“小时候聪明，长大未必聪明。”孔融立即回答说：“我想先生小时候一定十分聪明吧？”将陈韪弄了个大红脸。

（五）排除交往中的心理障碍

常见的交往中的心理障碍有羞怯心理、嫉妒心理、猜疑心理等。这些不良的心理严重影响正常的人际交往。

1. 羞怯心理

羞怯心理是指害怕和人打交道的一种心理。其表现：在与人面对面交谈时，感到紧张、拘束和尴尬，甚至面红耳赤、局促不安。羞怯心理，人皆有之，只是程度不同而已。

怕羞使人很难与陌生人打交道，它也使人由于拘谨而不能清楚、充分地表达自己的见解。怕羞的人常常让他人和环境来支配自己的行为，因而常使自己陷于被动地位。大多数怕羞者在事业和爱情上容易遭受失败。羞怯的人感到主动接受新朋友很困难，因此，他们的孤独感往往很强烈。这种心理易导致闭关自守、与人隔绝、孤陋寡闻。

克服羞怯心理的几种方法：

（1）松弛训练法。当心里感到紧张，心跳加快时，可以转移一下视线，变换一下姿势，说两句寒暄之类的话，这样可以克服心情上的紧张。

（2）认知平衡法。羞怯大多由自卑等心理不平衡的状况所导致。在由自卑而导致胆怯的时候，可以在内心进行认识的自我平衡；不要否定自己，相反，多想想如何去纠正别人的错误，类似于阿 Q 的精神胜利法。

（3）气氛转换法。在与他人交往时，人们可能由于某些原因而难以启齿，从而紧张、脸红。这时可以迅速转换话题，使气氛得到缓和，待气氛有利于你说出实情时，你就可以心情平静地向他人说明你的来意。许多谈判高手就是采用这种方法。

（4）模仿法。经常注意观察和模仿一些泰然自若、善于交往、活泼开朗的人的言谈举止和风度，对照自己的弱点加以克服，并根据自己的气质养成自己的风格。

当然，怕羞有时使某些人显得更可爱、更讨人喜欢，因为他们在群体中往往不爱出风头，从不抢人话题，于是就显得谦逊而又富有涵养。

2. 嫉妒心理

嫉妒是人际交往中的又一个心理障碍，它会限制人的交往范围，压抑人的交往热情，甚至导致化友为敌。

英国哲学家培根说："嫉妒这恶魔总是在暗地里，悄悄地去毁掉人间的好东西！"奥地利著名作曲家施特劳斯的父亲老施特劳斯，便是一个患有"嫉妒狂"的人。这位号称"圆舞曲之王"的作曲家，由于嫉妒儿子的才能，竟发展到欲置儿子于死地的地步。

社会心理学认为，嫉妒是以多种形式表现出来的一种情感。它包含着忧虑和疑惧、羡慕和憎恶、愤怒和怨恨、猜疑和失望、屈辱和虚荣。从本质上说，嫉妒是看到与自己有相同目标和志向的人取得成就时而产生的一种非正当的不适感。这是一种缺陷心理。以下是克服嫉妒心理的几种方法。

（1）自我认知法。就是通过自我认识，调整自己的意识与行为，从而自觉地控制自己的动机与感情。同时，要有自知之明。

（2）自我转换法。嫉妒可以使一个人萎靡不振，然而，如果经过合理的自我转换，也可以转变为发愤。长久以来，人们就用发愤的方法来把嫉妒转变为比赛和竞争。例如，有的学生因家庭条件、个人长相方面不如人，便在学习、体育等方面争取胜利。

（3）相互接近法。嫉妒常常产生于彼此缺乏帮助、缺少较深感情的人中间。因此，彼此主动接近、帮助和协作，有利于增进双方的感情，也会逐渐地消除嫉妒。

3. 猜疑心理

羞怯心理大多存在于与陌生人的交往中，嫉妒大多存在于与自己相似或相近的人的交往中，而猜疑心理则大多存在于恋人、夫妻、好朋友等非常亲密的人之间。

猜疑心理的产生，有客观的原因，也有主观的原因。猜疑心理产生的客观原因，一方面可能是被猜疑者本身的可疑行为引起的；另一方面可能是由其他无意的传闻或有意的挑拨离间引起的。如果交往双方都能做到光明磊落、以诚相待的话，猜疑心理就不会发生。产生猜疑心理的主观原因则主要是猜疑者缺乏真正的认识和冷静的态度。

一般而言，害羞心理，女性高于男性；嫉妒心理，女性高于男性；猜疑心理，女性高于男性。

第三节　正确处理友谊与爱情

一、友谊概述

（一）友谊的含义

友谊是在两人之间发展起来的一种充满感情色彩的关系。友谊作为同伴关系的一种，表现为以个体为指向的双向结构，反映的是个体与个体之间的情感联系。

（二）友谊的功能

1. 友爱

友谊是一种相互充满深情的友好关系，在友谊中被一个人所喜爱与在同伴接纳中被许多人所喜爱的体验有本质的不同。沙利文（Sullivan）特别强调了青年初期，给青年带来真挚的爱的这种体验的重要性。亲密感是青年初期友谊的特点之一，青少年通常愿意与亲密的朋友分享个人的秘密，而有亲密朋友的个体常会感到自己被接纳、认同，表现得更有自信心、安全感，同时也愿意去帮助对方，提供支持。

2. 安抚和陪伴

当遇到困难或情绪低落时，朋友的安慰非常重要。在被安抚的过程中，个体能够减少失落感和挫败感，从而增进个人的能力感、自尊感和被他人需要的感觉，也有利于个体做出客观的自我评价。陪伴是指与他人共同参与活动，通常朋友的陪伴比一般的玩伴更富积极的感情色彩和社会性反应。在共同活动的过程中，朋友之间对同一事物、活动进行体验，则拥有了更多分享感受的机会，相互的赞许、对事物相似的看法能增进双方的满足感，使朋友之间的交往更具有奖励性。

3. 肯定价值

肯定价值是指一个人的能力或价值被另一个人所证实或肯定。作为一种正向评价，肯定价值能够促进个体的自豪感、自尊感和自我接纳，尤其青少年在青春期时正处于道德规范的形成阶段，同伴评价对其的影响有时可能会大于父母、老师的教育。在同伴交往过程中，个体更容易从同伴那里模仿、学习行为模式和态度，同时，同伴给予的积极评价也会强化个体的行为和态度，并逐渐内化成为自我概念的一部分。

4. 人格适应

人格适应是友谊的一项重要功能。研究表明，友谊对人格适应的作用主要表现在社会性、情感和认知三个层面。首先，作为个人的社会背景，友谊使个体获得更多的机会去学习和使用人际交往的技能，体验社会规范，这些实践为建立良好的人际关系、顺利完成社会化奠定基础；其次，作为情感发展的背景因素，友谊提供情感表达的途径，使个人得到情感表达和控制的经验，尤其是友谊的亲近性和忠诚性，使个体获得安全感，愿意与友伴分享自己内心的快乐与痛苦，使情绪得以及时的调节，这种友好的感情能促进朋友之间的分享、合作，互相支持，加深对彼此的情感体验，增进了解；最后，作为认知发展的背景因素，友谊能促进个体之间的交流，分享情感，为个体的社会认知发展和社会经验获得提供独特的机会，并且在冲突解决和共同的任务活动中，能够使个体更容易交流经验、协调一致，寻求应对问题的方法，使问题解决和共同的任务活动更有效率，从而促进社会认知能力的发展。总之，友谊通过对个体和社会、情感和认知的共同作用，促进个体人格的适应发展。友谊在人生发展的各种转换期，都可以发挥作用，例如，学龄前儿童如有朋友的陪伴则更容易适应学校环境；处于青春期的青少年如果在异性交往方面能顺利进行，则对今后爱情关系的处理也会比较容易。

二、大学生的友谊

（一）大学生的友谊的类型

1. 相似型

相似性是友谊的一个重要特征。人际吸引理论认为相似性增进了人与人之间的吸引，增进了彼此认可、赞许的机会，有助于减少友伴之间发生冲突的可能性，是友谊得以形成和发展的重要因素。因此，当交往双方在距离比较接近，年龄、社会经济地位相当，或有相似的成就动机、行为模式、性格特征、兴趣爱好等相似点时，就容易形成友谊。如大学宿舍的室友、老乡关系都是因为交往双方空间距离较近结成的。

2. 互补型

当交往双方的性格恰好互补时，双方之间的喜爱程度也可能增加。如交往的一方是支配型，而另一方是顺从型，双方相互满足，就可能发展成友谊。互补也有另外一种情况，即交往的一方未能实现的理想需要在另一方身上得到体现，也会增加人际吸引。例如，一个人想从事医生的行业，但是由于某种原因没有成功，因此可能尤其看重行医的朋友，对其充满积极的评价，喜爱与之交往。

3. 支持型

属支持型友谊的交往对象，在交往的过程中通常会相互关心、相互肯定，能提供对方情感上的支持和帮助，使对方获得安全感。在大学生活中，这种友谊类型作用十分重要。大学生活要求大学生不但能独立安排好学业，还要有独立生活的能力。许多学生在进入大学之前，升学是唯一的目标，除学习之外很多的能力都没有得到充分的发展，进入大学，离开家长的庇护，面对学习、生活等一系列事务变得不知所措，难免会产生紧张、烦躁情绪和挫败感。此时，寻求能相互支持的朋友就显得极为重要。

4. 功利型

功利型友谊主要以利益为出发点，抱着“友谊就是对我有利”的态度，希望在友谊中能得到好处。例如，某大学一位同学喜欢玩计算机游戏，但是却没有计算机，恰好同宿舍一位同学有计算机，他就经常和这位同学在一起玩，借用这位同学的计算机玩游戏。但是经过一段时间，他对游戏不感兴趣了，又将注意力转移到打篮球上，于是开始和有计算机的同学疏远。功利型的友谊稳定性很差，缺少精神层面的交流，与人沟通缺乏真诚，不利于建立良好的人际关系。虽然在大学生中存在这样的友谊类型，但数量较少。

（二）影响大学生的友谊的因素

1. 友谊观

友谊观是指对人与人之间亲密关系的认识和见解。对于友谊概念的理解将直接导致友谊行为的发生与维持。一项针对大学生友谊观的调查显示，当代大学生普遍看重信任、忠诚、理解、尊重、真诚、关心、帮助等情感亲密的成分，强调情感亲密成分的相互性。在友谊中获得情感的支持，满足尊重的需要是大学生寻求友谊的主要目的。

2. 交友动机

交友动机往往决定了人们对友谊的选择。进入新环境，寻求友伴，建立新的人际关系，是大学生的迫切要求。选择何种类型的人作为朋友，和兴趣爱好、个性特征、以往的生活经验以及家庭背景等因素有关系。

三、大学生的爱情

（一）爱情的概述

1. 爱情的含义

“爱情是什么”可以说是古今中外的一个永恒的话题，也是大学生所关注的一个热门话题。古希腊哲学家柏拉图认为人类的灵魂是永生不灭的，是可以从肉体中分离出来的；灵魂受理性支配，肉体受情欲支配，因而性和爱是相互分离的。他赞赏理性的高贵、灵魂的纯洁，贬低人的肉体、欲望，提出“精神恋爱”，这种恋爱观也称为“柏拉图式恋爱”。18 世纪英国哲学家休谟认为，爱情是由美貌、性欲、好感三者相结合而引发出来的两性之间的真挚情感。奥地利精神分析学家弗洛伊德提出，人的潜意识中储存着性本能，爱情就是性本能的一种表达。虽然各个学者对爱情的理解不同，但都承认爱情包含性和爱两种成分，只是各自强调的重点不同。保加利亚伦理学家基里尔·瓦西列夫在《情爱论》一书中对爱情的论述可能更具客观性，他认为“爱情是人类精神上的一种最深沉的冲动”，其本质是“在传宗接代的本能基础上产生于男女之间、使人能获得特别强烈的肉体和精神享受的倾慕之情、交往之情”。他还做出生动的比喻，认为“爱情就是，像一道看不见的强劲电弧，在男女之间产生的那种精神和肉体的强烈的倾慕之情”。可见，爱情是一种强烈的内心体验，具有深刻的社会内涵，爱情是性和爱的融合体。

2. 爱情的类型研究

加拿大社会学家 John Allen Lee 对爱情的类型进行研究，提出了爱情类型理论。这一理论认为，爱情可以区分为六种类型。

（1）爱欲型。爱欲型也称浪漫式爱情，特征是追求肉体和心灵融为一体的感觉，情感方面激荡起伏，或意乱情迷，或温情脉脉，既忘我利他又满心嫉妒，这种恋爱状态一般持续时间不会长久。

（2）游戏型。这种类型爱情视爱情如游戏，当事人只想得到个人满足而不愿承担由此带来的责任，经常更换恋爱对象却不以为然。

（3）痴迷型。这种类型以占有对方、依赖对方为主要特征的爱情，渴望与对方全身心的融合。但有时表现极端，不考虑对方的感受，占有欲极强，对方稍有怠慢就心存猜疑和妒忌。

（4）稳妥型。稳妥型也称伴侣式爱情，一般是在缓慢的友谊中逐渐演变为爱情，虽然平和但却长久不衰。恋爱的双方既相互了解，在感情上又深厚而稳定。

（5）现实型。这种类型被称为购物单式的爱情，以能满足彼此的现实需要为前提，而将双方的感情基础放在次要位置。

（6）无私型。这种类型爱情也称奉献式爱情，特征：认为爱情是付出而不需要讲求回报，愿意为恋爱的对象付出一切，很少在乎自己的情绪体验。

（二）爱情的心理效应

从社会心理学的角度来看，在恋爱关系中常会出现一些显著的心理效应，这些效应或者有益于恋爱关系的建立和巩固，或者有碍于恋爱关系的发展。了解它们，对于调整恋爱心态，建立稳固的恋爱关系都是很有帮助的。

1. 光环效应

光环效应是指在人际知觉中，人们常将对方所具有的某个特性泛化到其他相关的一系列特性方面。“情人眼里出西施”是对这种效应的形象的描述，陷入恋爱状态时，一方就会产生一种扩散了的喜爱，只能看到对方的优点，而忽视缺点。但是，当恋情结束，对方的缺点就有可能被扩大，而掩饰了其优点。

2. 去个性化效应

如果一旦爱上对方，坠入情网，有时为讨得对方欢心，变得百依百顺，一味迎合对方而失去了自己的个性，魅力渐失。

3. 定式效应

定式效应是指人们在知觉事物之前预先具有的心理倾向和准备状态，表现在恋爱关系上，双方常常会按照某种思维定式从对方的某种品质推断出其他的品质，如若事前有人评价男孩很聪明，女孩就会推断他可能比较机敏、有能力，并以此作为评价标准。此外，受传统观念影响，认为女性应该贤淑温柔、善解人意，男性应该勇敢、刚强等，恋爱双方可能以此来判断对方是否适合自己。一旦形象与定式中的构想不同，就会感到失望。

4. 投射效应

投射效应是指在交往过程中的一方形成对另一方的印象时，总是假设对方与自己有相同的倾向，即把自己的特性投射到对方身上。例如，当某同学对班上的一位异性产生好感时，则对方一个很平常的眼神或微笑在他（她）看来都是在向自己传递信号，表示好感。

5. 睡眠者效应

相爱的人往往要经历热恋阶段，此时双方彼此欣赏、赞美、难舍难分，而且都非常重视对方的表现与反应。但热恋过后，感情趋于平静，彼此间变得非常熟悉，对待对方已经没有那么敏感，赞美、关心的程度下降，爱情的吸引力逐渐淡化，这种状态显然会影响恋爱关系的持久和深入。

6. 排他和嫉妒心理

恋爱的亲密性决定恋爱的双方具有排他性。排他性分为“外排他”和“内排他”。“外排他”

是指不允许自己的恋人与其他异性发生感情关系，“内排他”则是一种自律，即拒绝其他异性求爱而干扰自己的恋爱生活。排他性有助于维持爱情的持续稳定，但如果发展到极端的排他就成了一种病态，会带来双方的紧张心理。嫉妒是对喜爱对象的有关的同性表现出相互排斥、厌恶的心理，感性判断大于理性判断，是一种认知出现偏差的情况，不利于恋爱双方情感的正常发展。

7. 爱的逆向转化效应

恋爱不成，“由爱生恨”，反目成仇，有时也会发生。出现这种现象，通常是因为不能处理好失恋后的痛苦、失落的情绪，有时还会因为好胜心和荣誉感而产生孤独和悔恨，甚至耻辱感，陷入负面情绪不能自拔，最终导致态度、行为的转变。

8. 斥力—引力转化效应

如果一方求爱不成，被另一方拒绝，反而引发了追求一方的热情，锲而不舍，这样的精神可能会感动被追求的对象而最终赢得爱慕之情。与此相对，如果求爱一方过度追求，纠缠不放，反而引起了斥力，减少了吸引力。

9. 罗密欧—朱丽叶效应

罗密欧—朱丽叶效应是指恋爱中的逆反心理，指外来干扰和阻挠反而会增进恋爱双方恋情的现象。美国心理学家德瑞斯考尔等对恋爱和已婚男女的相爱程度和其父母对他们干涉程度之间的关系进行了考查，发现父母干涉的程度越大，恋人们爱得越深。

（三）大学生的恋爱心理和行为

恋爱作为一种高级的情感交往是人在成长中所必经的过程。尤其是在青春期，青年在生理、心理上都发生了飞跃性的变化，产生了爱的萌发和爱的需求，促进了性意识和异性观的发展。

1. 大学生恋爱心理的发展阶段

有关心理学的研究认为，青春期性心理的发展主要经历三个阶段：性疏远期、性亲近期、恋爱期。在第一阶段，由于性成熟的开始，出现了一系列的生理变化。使男女感到好奇、恐惧、不安和害羞；继而产生新鲜感和好奇心，异性观表现为对异性发生兴趣，却以反常的行为表现出来。在第二阶段，男女情窦初开，相互有一种情感的吸引，有了彼此接近的需要，在异性观上比第一阶段表现得更明确、直接。但此时，异性间的性亲近感总的来说比较广泛，注意的对象也容易转移，稳定性比较差。在第三阶段，男女情感上的相互吸引力大大增强，对异性的接近开始积极主动起来，能与异性自然地建立友情；对待爱情也显得慎重和专一了，能根据自己的意愿追求异性，建立相互倾慕、诚挚热烈的爱情。在这一阶段，异性观得到较充分的表现，而不同于前两个阶段。

大学生处于青春期发展的中后期，恋爱心理的发展主要集中在第二、第三阶段。他们的性机能迅速成熟，容易对异性产生好奇和特殊的好感，同时，大学的氛围相对来说比较宽松、自由，摆脱了高考的压力，大学生更渴望追求属于自己的美好感情。

2. 大学生恋爱心理的特点

大学生作为青年的一个群体，生活在一个较为特殊的环境中。校园使他们既与社会相接，又与社会相离，处于半封闭状态，所受社会环境的影响有限，同时他们又有着自己的生活氛围、思想意识。所以，大学生在恋爱心理上有自己的独特性。

（1）恋爱的动机较单纯。有研究表明，大学生恋爱的目的较为简单，主要注重的是两个人的情感，以是否拥有爱情为最重要的标准，浪漫色彩比较浓重，因而对结婚、家庭等现实问题极少讨论。这一特征是由大学生的自身特点所决定的。学生进入大学的主要目的是学习专业知识和技能，为其今后步入社会做准备，但对未来的目标可能还不十分明确。因此，这一阶段对情感的追求也显得比较单纯。一项对大学生恋爱状况的调查发现，“排除孤独、寂寞”“对方长得漂亮”“为了寻找爱情”“看到别人谈恋爱自己也想谈”等，都可以成为恋爱的理由。可见，大学生的恋爱动机比较单纯，恋爱更多的是从自身的需要出发。

（2）择友标准理想与现实兼顾。首先，大学生在选择恋爱对象上浪漫色彩较浓重，如对外貌、身高、个性气质有较高的要求，对待感情也更重视，强调彼此的融洽，心心相印，认为爱情是神圣而伟大的，幻想的成分更多、更理想化。其次，由于大学生的生活不可能完全脱离社会，所以恋爱过程也体现出一定的现实性。对于人品、学识这类内在素质的要求较高，尤其在女大学生中比较突出。大学生完成学业即将进入社会，对于恋爱对象的家庭背景、经济条件等外在因素也有现实的考虑，在一定程度上体现了“中庸”“实惠”的特征，认为恋爱不能只是空中楼阁，它必须建立在一定的物质基础上。此外，大学生虽然在“性”这一问题上观念比较开放，乐于接受某些西方的思想，但仍受中国古老传统文化的影响，仍有一部分人在择友时还是很看重童贞，且男生比女生更为重视。

（3）恋爱的独立性、自主性增强。大学生由于知识程度较高，因此在恋爱问题上的独立性和自主性程度也比较高。从独立性上看，大学生普遍看重自己的事业，不愿意因恋人而放弃自己的兴趣、职业。但是，女生对恋人未来的职业和收入还是表现出高度的重视。一项调查显示，有74.2%的女生对此持肯定态度，男生仅为32.5%。可见，将男性作为未来家庭的支柱的思想并未消失，即使在高知识阶层的女性中也普遍存在。从自主性上看，大学生普遍进入成年期，且已形成了一定的世界观、人生观，对待问题均有自己独特的见解，因而在对待恋爱问题上，家长的影响力趋于减弱。他们更乐于坚持自己的想法，调查显示，持这种意见的人占42.5%，完全服从家长的人仅为2.3%。不过，大学生在坚持自己意见的同时，还是乐于和家长进行沟通，交换意见，寻找问题的焦点，然后加以解决。这也表现出大学生较为成熟的心态。

（4）恋爱行为公开化。目前，在高等院校中，大学生谈恋爱已不再是一个隐秘话题。与之相对，恋爱行为也已逐渐公开化，在校园中最常见的是“携手散步”“一起进餐”，“拥抱亲吻”这类亲密情形也时有发生。由于大学生在思想上认同这类行为，因此他们往往对此表现出比较平淡的反应，极少加以指责，也极少排斥。

3. 大学生恋爱心理的影响因素

（1）生理因素。从生理方面看，青春期是性发展成熟的关键期。在青春期初期，性器官和第二性征（女孩的乳房发育、男孩胡须的生长等）逐渐发展，青少年对自己身体的变化感到不安和羞涩，对伴随而来的性冲动感到迷惑、彷徨；同时，对异性也变得关注但不知如何有效地表达，性意识开始觉醒。进入青春期后期，性冲动日益激烈，对异性的态度也从疏远转变为亲近，渐渐脱离群体化的两性活动而单独约会，进入恋爱期。可见，生理需要对恋爱的产生十分重要，性意识、性冲动引发青年对异性交往的向往，渴望与喜爱的对象结成亲密的私人关系。

（2）心理因素。依据马斯洛的需要层次理论，人人都有寻求爱和归属的需要，发展亲密关系就是满足这种需要的一种方式。在中学阶段，虽然在性意识的作用下，青少年开始关注异性，并产生与之交往的渴望，但此时的青少年还不能很好地调控自己的情感与行为，有时，对情感的认知也不是很明确，一般大多是朦胧的情感需要。进入大学后，随着自身阅历的增加，青年无论是在对异性交往方式的把握方面，还是对自身情感的认知方面都有了很大的提升，渴望与喜爱的对象建立亲密的关系、寻求两人在精神层面的相互认同等愿望日益强烈。

（3）环境因素。中学阶段，学习、高考是学生非常重要的目标。虽然在这一时期，青少年开始有性意识、性冲动的出现，但他们的自我概念发展得还不完善，对自己的行为和情绪还不能很好地调控，加之学校和家长对男女之间的恋情都持保守甚至抵制的态度，因此，中学阶段发生恋爱的情况还是比较有限。进入大学，青年们面对的是一个宽松、自由的生活氛围，学习、生活的自主性大大提高，同时随着社会环境的变化，学校对大学生在校期间的恋爱行为有了相对宽容的态度，大多数学生家长对待子女的恋爱问题也不再反对，表现出更大的接受性，以往压抑在心中对异性的情感需要在大学中更容易得到释放，也更容易碰撞出爱情的火花。

四、健康的友谊观和爱情观

（一）培养健康的友谊观

1. 科学地认识友谊的内涵与功能

友谊是一种相互充满深情的友好关系，对大学生的发展具有重要的作用。在同伴中发展友谊关系，能从中获得朋友的接纳、包容与赞许，能增加彼此的亲密感和安全感；同时，在与朋友的交往中，他们也学会了如何与人交往，从而促进个体社会化和自我概念的发展。因而，科学地认识友谊的内涵与功能，对于大学生的成长十分重要。

2. 学习人际交往的知识与技巧，保持良好心态

要想被同伴群体所接纳，与同伴个体建立亲密的友伴关系，学习一定的人际沟通知识、掌握一定的人际交往技巧就显得尤为重要。人际交往的规律能够帮助个体处理交往中普遍遇到的问题，控制交往的节奏，更容易与人相处，从而使大学生学会更多社会生存的能力。此外，在交往的过程中，保持良好的心态也十分关键。若想健康、顺利地交往，尊重、真诚、宽容、互助、理解、谦逊都是不可缺少的原则。

3. 战胜自我，勇于实践

要建立友好的友谊关系，还必须勇于实践。有些人虽然内心渴望友谊与关爱，但总是碍于面子，不愿主动与人沟通，错失交往机会；有些人因为初次交友失败而产生挫败心理，对自己缺乏自信，而不敢与同伴交往。其实，每个人都有各自的优点。在建立友谊关系的过程中，不但能满足与人交往的需要，更能得到友伴的认可与称赞，从而增强自信心，确立客观的自我评价。

（二）培养健康的爱情观

1. 树立正确的爱情观

爱情观即人们对爱情的看法和根本观点，它直接影响人们的恋爱行为。人类的繁衍本能是爱情的生物根源，是原动力。同时，人类作为社会性个体，其情感发展又受到社会意识的规范，因而，爱情既是自然性和社会性的统一，又是情感体验和理智认识的结合，爱情由性和爱两部分构成。作为大学生，应该树立正确的爱情观，从科学的角度承认性爱和情爱都是正常爱情所必不可少的组成部分，既追求恋爱双方精神层面的和谐、统一，又能接受性冲动是生理因素引发的正常反应，并做好对性冲动的合理控制和调节，最终达到感性情绪与理性情绪的完美结合。

2. 调整恋爱心态，走出恋爱误区

（1）初恋。初恋是指异性之间第一次产生的对异性的爱的体验。由于是初次引发的爱的体验，

因此，初恋表现在当事人独特的心理特征上。具体来看包括：迷醉性，即容易被对方的相貌、气质、谈吐、才华等魅力所吸引，由此产生对对方的爱恋，并伴随紧张、不安、期盼等情绪；美化性，是指当事人仅关注恋人的优点，忽视了缺点。

此外，羞涩性和疑惑性也是初恋的另外两个心理特征，前者表现为初恋男女对接触和亲昵的不安和遮掩，既想接触，又不敢主动行动，以及在两性问题上的拘谨态度；后者体现为对恋人的感情关注所导致的一种过敏性思虑，例如，恋人的微小举动都有可能引发无休止的想象和无尽的猜疑。

可见，在初恋过程中，当事人充满了对爱的渴求，更多地表现为对爱的情感体验，而缺乏理性成分，因而容易导致恋爱的盲目性、冲动性，使美好的初恋难以维持长久。所以在情感体验的同时，还应该不断地调整自己的认识，相对客观地评价对方，信任对方，掌握好理性与情感的尺度，并做到适度的羞怯，把握发展的时机。

（2）网恋。随着信息时代的到来，互联网迅速普及，上网已经成为时下众多青年生活的一部分。互联网缩短了人们之间的距离，在虚拟的世界中，人与人之间的交往变得神秘而充满吸引力。网恋也成为人们在网上交友的一种方式，由于互联网的虚拟性，网上交友可以隐藏实际身份，个体原有的性格特点、年龄、性别等在网络中都可以调整改变。例如，一个平日内向、不善表达的人在网络中可能变得开朗、活泼、妙语连珠、魅力十足；男性在网络中也可以摇身一变成为妙龄少女，温情脉脉。网络可以让人最大限度地展示“优点”，构造完美理想的恋爱对象，因而网恋对人充满了诱惑。尤其是青少年，对理想的爱情满怀憧憬，在这里，他们可以尽情展现自己的特点，也可有更多的机会认识完美理想的恋爱对象，这种新鲜刺激感会让其兴奋不已。同时，在现实生活中，自信心不足、羞于和异性交往的人也可以在网络的隐蔽下自由发挥，得到心理上的补偿。当然，在网络中也有人以自己的真实身份示人，双方在网上相识，感到投缘进而相恋。但一旦从虚拟世界转变到现实生活，从理想进入现实，有些人就会感到失去了新鲜感与刺激感，导致恋爱失败，即所谓的“见光死”。可见，网恋虽然能带给人想象与新鲜和刺激，但其虚拟性和隐藏性最终难以满足人们在现实中的情感需求，只是空虚与寂寞的调剂品。尤其是大学生，正处于情感需要满足的关键期，如果一味地陷入网恋之中，就会妨碍正常的异性情感交往，对今后步入社会，建立婚姻、家庭关系可能产生不利的影响。

（3）单恋。单恋即单相思，是以对某一异性的一厢情愿的倾慕与热爱为特点的畸形爱情。在单恋中，一种情况是对方没有觉察或理解这种恋情。这种状况多发生在性格内向的人身上，单恋方内心有强烈的依恋、亲和的愿望，但常缺少主动地表达，造成痛苦的自我折磨。另一种情况是对方觉察或理解了这种恋情，但给予了回绝。但单恋方仍执着地爱着，将恋情埋藏在心中。在单恋的过程中，因为爱的体验难以直接、正常地表达，所以会表现出与一般恋爱不同的心态。例如，对单恋对象强烈地倾慕导致长期细致地观察对方；经常幻想与单恋对象公开相爱的情景；对单恋对象出现认知偏差而产生爱情存在的错觉。

可见，由于没有正常的情感输出通道，没有恋爱双方的相互关爱，单恋会造成当事人的心理不适，长此以往还可能影响心理的健康发展。因此，要明确恋爱是双方意愿的观念，只是一厢情愿难以达到理想的效果，还会对自己造成伤害；要相信与自己适合的人不是仅此一个；要有脱离单恋阴影、重新开始的决心。

（4）失恋。恋爱不是每次都能成功，因此对失恋的体验在所难免。在失恋中，恋爱者通常会经历挫折和痛苦。但是，由于对爱情的投入程度、个性特征、生活阅历等因素的不同，不同人失恋后的心理反应也有所不同。一般会出现以下几种心理体验：一是失落感，失去了心爱的对象，在心理上没有了相互理解、依赖、信任的人，会感到失落、孤独；二是虚无感，由恋爱失败而认为凡事都变得没有意义，想起昔日的欢乐情境已经不复存在就感到心灰意懒、悲观和绝望；三是耻辱感，个性较强尤其是好胜心和荣誉心突出的个体，在受到失恋的打击后，容易产生羞耻和嫉恨，导致心理的不平衡。其实，遭受爱情挫折并不可怕，重要的是应该分析失败的原因，从中吸取教训、积累经验。对于失恋还可以采取补偿的方式调节：一是向他人倾吐自己的苦衷，祈求他人的支持和鼓励，以排遣心灵的孤独，得到精神上的理解；二是移情，本次恋爱不成，可以再恋他人，进行积极的补偿；三是转移注意力，例如，暂时避开恋爱问题，将全部精力集中在工作或学习上，以求摆脱失恋的烦恼。

3. 应对恋爱中的挫折，增加心理承受能力

不是每个人在恋爱中都能一帆风顺，遇到争吵、冲突、失恋等挫折是非常正常的。应对恋爱中的挫折，需要做到：其一，要有一个正确的认识，不能因为遇到挫折就失去信心，对自己做出消极的评价，而应分析原因，吸取教训，积累经验。其二，学习一些恋爱心理学知识，了解各种恋爱心理的特征和效应，使自己在恋爱中能做出比较客观的判断，以免迷失方向，陷在情感的旋涡中不能自拔。其三，寻求情感支持。例如，感到自己难以处理时，可以寻求朋友、师长的帮助，向他们倾诉心中的痛苦，疏导负面情绪；也可以到学校心理咨询中心来寻求心理咨询师的专业指导，分析失败原因，整理情感，最终走出失败的阴影。其四，增加心理承受能力。

要清楚爱情不是静止不动的，它会随着两个人的心态、理想等因素的变化而发生改变，同时也受到家庭、社会风气等外界因素的影响，因而恋爱中出现摩擦、冲突甚至恋爱失败都是很正常的。虽然恋爱挫折会带给人强烈的内心冲击，但这样的情感经历也会带来更多的人生体验，同时，如果处理得当也会增加自己应对恋爱挫折的心理承受能力，使今后的情感之路发展更加顺利。

五、爱情的道德责任

爱情从来也不是个人孤立的心理活动，必须受到当事人整个社会生活环境的影响，受到他人和社会行为规范的制约，因而就产生了爱情的道德责任。

（一）表现在对所爱者方面

黑格尔曾说：“爱情里确实有一种高尚的品质，因为它不只是停留在性欲上，而是显出一种本身丰富的高尚优美的心灵，要求以生动活泼、勇敢和牺牲精神和另一个人达到统一。”黑格尔所说的“统一”也就是要双方向对方负起道德责任来。所谓道德责任，就是社会所赋予的义务，这种义务通过良心的作用变为忠贞不移、始终如一的行为，当爱情一经确立，它就给相爱的双方带来一种义务，即自觉自愿地、尽心竭力地、矢志不渝地去爱对方。

这种爱绝不只是口头上的海誓山盟，也不是仅仅表现为强烈的感情流露，而是要了解对方，尊重对方，帮助对方，关心照顾对方，对对方的命运负责一辈子。为了对方的幸福，能做出自我牺牲。在建立爱情关系后，任何一方都不能有其他情侣，或轻率转移爱的对象。即使发现对方不适合将来和自己共同生活，也应当在通过正常的方式与对方中断爱情关系之后，再去选择新的情侣。

一个人如果只顾追求自己的“幸福”，置自己的幸福于别人的痛苦之上，不可能拥有真正的爱情生活。

（二）表现在处理爱情和事业的关系方面

别林斯基说："如果我们生活的全部目的仅在于我们个人的幸福，而我们个人的幸福仅仅在于一个爱情，那么生活就会变成一片遍布荒茔枯冢和破碎心灵的真正阴暗的荒原，变成一座可怕的地狱。"毋庸讳言，爱情是人的幸福生活的一部分，但它不是生活的主要内容，更不是生活的全部。人生的主要意义在于为人类谋福利，为社会作贡献，这才是人生价值所在。大学生在承担繁重的学习任务，建筑事业基础的同时，爱神也悄悄地来到了身边。在人生的这一重要时期，大学青年面临着是否有能力同时唱好事业与爱情这两出重头戏的严峻考验。

恋爱中的大学生层次复杂，态度各异，他们中大多数属于事业型。一般都把事业作为支撑爱情的杠杆，他们有明确的奋斗目标，在紧张的学习中相互安慰，相互帮助，相互鼓舞。这部分青年的自制能力比较强，能理智地控制感情，学习成绩优异，一般有望获得事业和爱情的双丰收。然而，相当一部分恋爱中的大学生（尤其是低年级学生）一旦投入爱河，便完全沉醉在新鲜的甜蜜中不能自拔，整天絮语缠绵、魂不守舍、无心学习，学习成绩直线下降，有的甚至几门功课不及格，最后被学校淘汰。他们"只为了爱——盲目的爱，而将别的人生的要义全盘疏忽了"。疏忽的结果，往往是事业、爱情尽失。

时有春夏秋冬，人有幼青壮老，万物皆有其时。而青年时期恰如四季之春，乃是播下智慧之种的关键时期，只有少而好学，才能在将来的工作中获得丰硕的果实。特别是大学阶段，它像跳板一样，把学习、生活和工作紧紧地联结在一起，能否在这一时期获得更多的知识，是决定一个人将来能否成为社会主义现代化建设的栋梁之材的关键。因此，我们应把学习放在首位。著名翻译家傅雷在给儿子傅聪的信中说："我一生任何时期，就是闹恋爱闹得最热烈的时候，也没有忘却对学问的忠诚，学问第一，艺术第一，真理第一，爱情第二，这是我至今为止没有变过的原则。"这一告诫也应成为青年们处理爱情和事业关系的原则。

（三）表现在爱情的表达方式方面

高尚纯真的爱情不仅要求恋爱双方志同道合，而且要求在表达爱情的方式上讲究文明。如果不分时间、地点、场合任意放纵自己的感情，举止轻浮，就可能被人嗤之以鼻。男女间表达感情的方式有高雅与粗俗、健康与庸俗、含蓄与开放之分。高雅、健康、含蓄的感情表达方式给人以美的感受，使双方的人格更加崇高。粗俗、庸俗、开放的感情表达方式，不仅是不尊重自己，也是不尊重对方的表现。马克思在要求保尔·拉法格放弃向他女儿劳拉的"求爱"方式时曾经这样写道："在我看来，真正的爱情是表现在恋人对他的偶像采取含蓄、谦恭，甚至羞涩的态度，而绝不是表现在随意流露的热情和过早的亲昵。如果说，您在同她接近时，不能以适合伦敦的习惯方式表示爱情，那么您就必须保持一段距离来谈爱情，明白人，只要半句话就会懂的。"

（四）表现在爱情的动机方面

高尚纯真的爱情是建立在共同的理想基础上的，是对人的爱慕。在现实生活中，以钱取人自食其果的，以貌取人自寻烦恼的，以及以门第取人而遗憾终生的爱情悲剧，时有发生。而爱情如果"只是因着金钱的诱惑，情势的逼迫，色相的喜好，感情的冲动而来的，就很危险。一旦目的物变迁或丧失的时候，则对他们的爱也不能保持没有变更，或破裂的现象"。因此，选择终身伴侣，必须把思想品德放在首要地位，把心灵美好、情操高尚作为择偶的首要标准。男女双方情投意合，才能在生活的征途中风雨同舟，患难与共；才能真正给自己带来爱情的幸福。

与此相反，如果对方的思想品质不好，相互间缺乏共同的思想基础，在漫长的人生道路上，遇到一点困难挫折，就会互相怨恨，互相猜忌，最后，关系甚至会彻底的破裂。常言道：“择偶须偕千秋业，爱情源头活水来。”要使爱情长存，唯有共同的事业与高尚的情操，才能“维系着有移动性的爱情，以期永久”。

（五）表现在理智地对待失恋方面

伴随着恋爱而来的，还有一个“失恋”问题。失恋的情况是复杂的、也是常见的。失恋是痛苦的。失恋者由于思想水平、文化修养、生活经验、性格脾气等各种因素的差异，感情上也就有不同的表现。大多数人随着时间的流逝，炽烈的感情慢慢平舒下来，开始从个人感情的狭隘天地里逐步摆脱，淡化往事，直至重新结识新的伙伴。少数人驾驭不了自己的感情，陷入无法自拔的痛苦的泥沼中。有的人意志消沉，看破“红尘”，对生活失去信心，无所事事，或冥思苦想、悲伤至极，或羞愧难言、悔恨交加，或以死“抗争”；有的自认“被人遗弃”，为了“面子”，“你给我痛苦，我也让你吃点苦头”，想方设法报复对方，甚至孤注一掷，走上犯罪道路。

失恋期间的感情处理，应本着对对方负责和对社会负责的态度。

首先，必须认识恋爱是当事人双方自觉自愿的感情活动，当一方缺乏甚至完全没有这种感情基础的时候，切不可勉强。

其次，应冷静地分析整个恋爱过程是否存在盲目性，双方的感情变化有无道理。如果是一方发现恋爱对象并不理想，缺乏结成终身伴侣的基础，于是想在爱情的道路上寻找新的伴侣时，另一方应将对方中止恋爱的行为看作对自己的爱护，友好地与对方分手，并祝愿他（她）爱情生活幸福。如果对方见异思迁，玩弄他人感情，不道德地中止恋爱关系，受害的一方也应从好的一面去看待恋爱挫折，很难想象和这种人一起生活会有什么幸福，现在对方既然主动提出中断爱情关系，岂非好事一桩？那种失恋后退避三舍，或者视对方为仇敌的行为，都是一种缺乏理智，缺乏道德修养的表现。

最后，失恋者须化痛苦为动力，在学习中充实自己的精神生活，在工作中寻找乐趣，在集体生活中得到安慰，在和他人的交往中获得友情，在大自然中获得身心的抚慰，学会转移注意力，增强愉快感。值得注意的是，亲人、同学、朋友、同事对失恋者只能善意劝告，热情安慰，决不能讥讽嘲笑，更不能煽风点火，旁观者的议论将形成失恋者的社会舆论。舆论正确，可以使失恋者根据社会公益、社会公德来控制自己的情感，调节自己的行为；舆论错误，会加深失恋者的痛苦，使他们形成产生不良行为的潜在因素，给他人和社会带来危害。

随堂演练

一、思考题

1. 人际关系对大学生成长、成材的作用有哪些？影响大学生人际交往的因素有哪些？

2. 大学生如何提高人际交往能力？

3. 大学生应如何正确处理人际交往中的友谊与爱情？

二、阅读文章

宽容与体谅

在与人交往中，宽容尤为重要。我们之所以这样说，是因为有些人不太会宽容，不太能宽容。正因为宽容不易，所以我们才要宽容。宽容并不是一味退让，一味迁就，不坚守原则。宽容可以引导做错事的人意识到自己的错误，你的宽容使他难以自容，因此只好改正自己的错误。

禅宗的历史上，有一个很有名的故事：古代一个禅院里有一位老禅师，带了一些弟子修禅。有一天晚上，老禅师出来散步，发现院子里的墙角边有一把椅子，他一看就知道有弟子越墙出去玩了。老禅师便走过去把椅子移开，自己蹲在那里。过了一会儿，果然有一个小和尚翻墙进来，正好踩在老禅师的背上。跳下来后，小和尚一看自己踩的不是椅子，而是老师的背，顿时惊慌失措，心想这下糟了，必有一顿好的训斥。老禅师并没有厉声责备，而是和颜悦色地说："夜深天凉，快去多穿一件衣裳啊。"后来，老禅师再也没有提起过这件事，可是禅院里的所有弟子都知道了那天晚上的事情，再也没有人越墙出去闲逛了。正是这位老禅师的肚量，给了小和尚自己觉悟的机会，孕育了教育与成长的机缘。

要做到宽容，关键在于要能够体谅。设身处地地替对方想一想，他的处境、他的心态、他的个性是不是促使他这样做，也就是民间常说的："要得公道，打个颠倒。"

第四章　大学生的心理健康与成材

当你的希望一个个落空，你也要坚定，要沉着！

——朗费罗

先相信你自己，然后别人才会相信你。

——屠格涅夫

不要慨叹生活的痛苦——慨叹的是弱者……

——高尔基

古之立大事者，不唯有超世之才，亦必有坚忍不拔之志。

——苏轼

大学阶段，是大学生一生中的黄金时期，也是关系到大学生能否健康成长、成熟和全面成材的关键时期。高中生自从考进高等学府后，面对着一系列陌生的新环境以及许许多多的和中学时期“不一样”的事务，于是产生了不少心理矛盾、心理压力和心理困惑，特别是自己的内心世界，在这么多新的压力下，需要重新认识和适应。所以，大学生要尽快实现从高中生到大学生的转变，把自己努力培养成为能够适应社会，并具有良好心理素质和健全人格的人。我们必须分析正处于从不成熟走向成熟的这一关键时期的大学生，在心理活动发展方面的基本特点，明确健康的心理是大学生实现人生理想的前提，是大学生掌握科学文化知识的必备条件。教育和引导大学生把握好自我心理健康的标准、特点，掌握保持和维护大学生心理健康的方法，自觉加强心理素质的培养，自觉运用心理学的知识和方法针对自身的心理问题进行自我调适、自我控制。同时指导大学生对已出现的心理问题和心理障碍开展心理咨询和心理治疗。

第一节　大学生的心理发展特点

大学生活，是一个人一生中的黄金岁月。大学生正处于青年中期，个体的生理发育已接近完成，已具备了成年人的体格及生理功能。在我国，大学生是经过严格考试，从各地选拔出来的成绩优秀的人才，从中学到大学，生活环境发生了巨大改变，而大学生所处的年龄阶段又决定了他们的心理尚未完全成熟。以这种尚未完全成熟的心理状态，来面对环境的巨大变化，其心理发展之路必定是坎坷的。可以说，大学生的心理问题更复杂、更多变，更具有独特性。而且大学校园又不同于其他任何一种社会生活环境，它在社会中处于一个特定的层次。因此，大学生的心理发展有着十分明显的特点，包含着独特的心理冲突。

一、大学生心理发展的基本阶段

大学生心理发展同青年人的心理发展一样，是一个连续有序的过程，每一个发展阶段都是这个连续过程的一个组成部分，既有自己的特点和任务，又为下一阶段做准备。大学生在学校学习的时间一般是四年，这四年既要完成大学的学业，达到全面发展，又要培养良好的心理素质和健全的人格，实现个体社会化。要做到这些，关键是能否尽快实现从高中生到大学生的转变，能否及时调整好自己的心态，寻找到自己在新环境中的位置，度过大学期间心理发展上的三个阶段。

（一）适应阶段

适应阶段又称为新生阶段，时间为半年到一年，是大学生在心理发展上适应大学新环境的时期。

从高中考入大学，展现在新生面前的是崭新而陌生的天地，在处处感到新鲜、好奇的同时，大学生面临着三个不适应：一是心理不适应；二是学习不适应；三是生活不适应。

1. 心理不适应

心理不适应主要是以大学生的自我意识膨胀和由于环境变化而带来的不适应为特征。考进大学往往使学生带有几分优越感，他们自视为青年中的佼佼者，带着对未来和对大学生活的美好向往，踌躇满志地走进了大学。但是，大学里的高手云集、强手如林，使得他们不得不重新认识自我，过去的优越感往往会因为失落而成为心理负担，因此，有些人往往从自信、自尊变为自卑、自弃。

2. 学习不适应

大学学习主要是以学分制、自主性、快节奏、高竞争为特征，由于习惯了过去高中时老师周密安排的学习生活，新生们对大学里完全不同于中学的学习方式感到不适应，面对大量的自由时间不知道如何支配，常常有一种无事可做的空虚和无聊。

所有这些情况使他们在心理上感到了沉重的压力，产生了一种如履薄冰、不知所措的不安心境。

3. 生活不适应

由于当今的大学生大都是独生子女，属于“抱大的一代”，自理能力较差，当置身于大学这个主要靠自己的新环境时普遍感到不适应，不少人心有烦恼时无人理解和安慰，身有病痛时无人关心和照顾。

上述三种不适应情形，每一个大学生都会遇到，也都会不同程度地体会到，各自的经历不同，心理素质也不一样，从不适应到适应的时间就会有不同，短则两三个月，长则要半年到一年。

（二）提高阶段

提高阶段又称为充实或爬坡阶段，主要指从大二到大三这一年的时间。经过了第一阶段，大学生大多已经基本适应了大学生活，在进入提高阶段时，心理比较稳定，开始集中精力考虑如何提高自己的学习成绩和拓展知识面，积极追求理想目标并开始全面发展自己的能力。但是，由于学生的社会经历有限且年龄较小，他们在系统地思考人生价值和自我发展的过程中，常不同程度地产生一些心理问题。

一是急功近利，希望能在付出和收获上寻找平衡，尽快得到实惠；二是缺乏一定的分析鉴别能力，对某些事物盲目认同，从中引出片面、错误的结论；三是喜欢标新立异，喜欢套用一些时髦的新概念、新术语，结果事与愿违；四是实用倾向明显，易受个人主义、拜金主义思想的影响，追求所谓的“实惠”。

因此，在学生中间经常会出现正确与错误、真善美与假恶丑、先进与落后、科学与伪科学观念相互交织、混杂的情况，使学生产生心理矛盾，一旦得不到平衡将不同程度地影响心理健康。

（三）抉择阶段

抉择阶段又称为收获或分流阶段，是从大三到大四这个时间段，这个阶段一方面是收获的季节，另一方面又是分流和抉择的时期。

经过两到三年的大学生活和前两个阶段的适应，大学生已经逐步成熟起来，也有了不同程度的收获和发展，这时，即将进入毕业的学年，大学生不仅要集中精力完成学业，而且还要加入就业的行列，选择自己的职业。

这对大学生来说，是一次关键的、起决定性作用的选择，将直接影响到大学生今后的发展和所处的社会地位。这些问题交织在一起，无形之中会增大压力，使大学生产生思想上的矛盾冲突和情绪上的强烈波动，影响大学生的心态。

二、大学生的心理发展特点

大学生，是指正在接受高等教育的学生，其年龄一般在 18 ~ 23 岁。从大多数的心理学观点来看，他们属于青年中期，因此，大学生的心理具有青年中期的许多特点，如辩证思维的形成、自我同一性的完善、同伴群体的形成、价值体系的稳定等，但作为一个群体，大学生也有他们自己的一些独特性。作为有幸接受高等教育的青年群体，大学生已不再满足于形式逻辑思维的水平，而是继续走向更高的一层，即辩证思维。其特点有以下几点。

（一）自我意识增强但发展不成熟

自我意识，是指人对于自己和自己与其他社会成员的关系的认识，它包括自我观察、自我评价、自我检验、自我监督、自我教育、自我完善等。独立自主、富有个人魅力是当代大学生喜欢追求的个性形象。大学生是同龄青年中的佼佼者，一般都具有较强的自信心、自尊心。他们希望自己的聪明才智能够得到社会的承认和关注，他们不喜欢别人指手画脚、干涉指责，或者继续把他们当未成年人看待，他们期待社会将其看作成熟的一员，并获得尊重，这种表现是大学生自我意识进一步增强、个体进一步成熟的反映。大学生自我意识的增强还显著地表现在以下方面。

1. 迫切要求深入地了解自己和发展自己

他们经常把自己分为现实的“自我”和理想的“自我”，力图从现实与理想的关系中认识自己、把握自己、要求自己，从而完善自我。

2. 自我评价能力增强

大学生既能借助一定的社会评价认识自己，但又不完全依赖别人的评价，表现出较明显的独立性、自主性和自信心。他们对自己的知识和能力水平有自信，十分重视维护自己的名誉，更希望得到别人的尊重和理解。

3. 自我教育能力增强

大学生大多数都能够根据所学专业和以后将从事的工作来规划自己的学习生活、确立自己的奋斗目标，不断激励自身进行自我修养、自我锻炼。不同年级的大学生在自我发展方面存在明显差异。有趣的是，大学生自我意识发展的趋势与其心理障碍的表现趋势似乎存在某种对应关系。大学一年级学生的自我意识最高，其次是三、四年级学生，二年级学生的自我意识最低。这一结果，一方面反映了大学生自我发展的趋势，即走向成熟和独立，另一方面也反映出他们所处环境的影响作用。

由于自身社会生活的知识、能力和经验等的不足，大学生中的相当一部分人还不善于正确处理自我完善与社会发展需要的关系，还没有做好立足现实、做长期艰苦奋斗的心理准备。他们往往对自己估计过高，还不善于倾听不同的意见，难以理解人、尊重人，常常表现出自命不凡、刚愎自用；有少数人难以充分了解和正确认识自己，不能坦然承认和欣然接受自己，又常缺乏自信而妄自菲薄。他们一旦遇到自己无力解决的困难或某种挫折时，容易产生对现实不满的过激行为或强烈的自卑感，甚至导致行为失控而做出不理智的事情来。

心理健康的大学生不仅自我结构相对稳定，而且能够在新环境或新经验基础上对自我进行适当的调整。相反，有心理障碍者则往往不能及时调整自我结构，从而对行为和心理健康产生不利的影响。正因为如此，大学生自我意识的发展状况充分反映出他们正处于迅速走向成熟但尚未完全成熟的心理特点。

（二）抽象思维迅速发展但易带主观片面性

由于学习的知识越来越多，受到的思维训练越来越复杂，因而大学生的抽象思维获得了迅速发展，并逐渐在思维活动中占据主导地位。他们在思考问题时，不再满足一般的现象罗列和获得现成的答案，而是力求自己探讨事物的本质和规律。他们思维的独立性、批判性和创造性有所增强，主张独立发现问题和解决自己认为需要解决的问题，喜欢用批判的眼光对待周围的一切，不愿意沿着别人提供的方法去思考和解决问题，其思维的辩证性、发散性都有所增强。

但是，他们的抽象思维水平并没有达到完全成熟的程度，主要表现在思维品质发展不平衡，思维的广阔性、深刻性和敏感性发展得比较慢。由于个人阅历浅、社会经验不足，看问题时容易过分地钻“牛角尖”，并且掺杂了个人的感情色彩，缺乏深思熟虑，往往有偏激、过分自信和固执己见的倾向。尤其是他们还不大善于运用唯物辩证法的观点和理论联系实际的观点指导自己的认识活动和观察社会现象，从思维的发展来说，大学生的“理论型”抽象思维居于主导地位，因而，他们常常把社会问题看得过于简单而陷入主观、片面和“想当然”的境地。有的心理学家在揭示大学生的这种思维特点时发出这样的感慨：“连当代最伟大的政治家都感到棘手的社会问题，在大学生看来却易如反掌！”与此形成鲜明对比的是，对自我的苛求和追求完美以及对现状的不满足以说明，大学生思维恰恰缺乏客观性。

（三）情感丰富但情绪波动较大

大学生充满青春活力，随着校园生活的深入展开，社会性需要增多，其情感也日益强烈、日益发展完善。这种强烈的情感不仅仅表现在学习和工作中、体现在对待家长、同学和教师的态度等方面，更重要的是这种情感还明显地具有时代性、社会性和政治性。他们热爱社会、富有理想，关心国家的命运和前途，对于走建设中国特色的社会主义道路、实现中华民族的伟大复兴充满了希望和激情。他们的爱国主义情感、集体主义情感、社会责任感和义务感、道德感、友谊感、美感和荣誉感、理智感等迅速向广度和深度发展，逐步成为其情感世界的本质和主流。

爱情的出现是大学生情感世界的一大突变，对其心理发展产生着巨大影响。大学生控制情绪的能力也在不断由弱变强，大多数人的内心体验逐渐趋于平稳。但是，如果受到内心需要和外界环境影响的强烈刺激，他们的情绪又容易产生较大的波动而表现出两极性，既可能在短时间内从高度的振奋变得十分消沉，又可能从冷漠突然转变为狂热，乃至造成消极的后果。这种情况常使一些大学生陷入理智与情感的矛盾和冲突之中，从而感到十分苦恼。

大学生的情绪还存在着外显性与内隐性的矛盾，这种矛盾冲突也带来了较多的情绪适应问题。生活经验的匮乏，也使大学生常常体验到挫折与焦虑。

（四）意志水平明显提高但不平衡、不稳定

大学生多数已能逐步自觉地确定自己的奋斗目标，并根据目标制订实施计划，排除内外障碍和困难去努力实现奋斗目标，其意志的自觉性、坚忍性、自制性和果断性都有了较大的发展。但是处于意志形成时期的大学生，其意志水平的发展又是不平衡和不稳定的。大学生意志水平的自觉性和坚忍性品质已达到较高水平，但意志的果断性和自制性品质的发展却相对缓慢一些。

这主要表现在：大学生能独立迅速地处理好一般学习、生活问题，但在处理关键性问题或采取重大行动时部分大学生往往表现出优柔寡断、草率武断、盲目从众的心态。在不同的活动中，大学生意志水平的表现也不一样，例如，在专业学习活动中，有的大学生意志水平较高，但在思想品德的修养活动中意志水平就相对比较低。在同一种活动中，大学生的意志水平表现也有较大的差异，心境好时意志水平较高，心境差时则意志水平较低。情绪波动对他们意志活动水平的影响是显而易见的。

意气风发、勇往直前、敢想敢说，是当代大学生思想解放、朝气蓬勃的表现，是大学生思维的独立性、批判性进一步增强，意志和情感得到进一步发展的反映。但是，由于大学生的思维发展还不够深刻、全面和辩证，辨别是非的能力还不够强，情感仍存在不稳定的一面，自我约束、自我控制的能力还有待继续培养和发展，因而大学生在社会适应和生活适应上常常会遇到挫折与冲突。俗话说“温室里的花朵，经不住风吹雨打”，现实生活中再美好的理想如果没有经过社会、生活的锻炼，也是脆弱不堪的。

（五）智力发展水平达到高峰，社会需求迫切

大学生一般思维敏捷，接受力强，通过专业训练和系统学习，抽象逻辑思维能力得到充分的发展，智力水平大大提高，分析问题和解决问题的能力增强，其智力层次含有较多的社会性和理论色彩。

大学生在校园里的生活时间比同龄人长，这使得他们与社会有一定的距离。也正因为如此，他们渴望加入社会的愿望更为迫切。在校园里，他们关注着社会，评判着各种社会现象，并希望自己能加入进去，按照自己的想法去改变各种令人不满的现象，用自己的专业知识服务社会，体现自己的力量，实现自身的价值。这种迫切的社会需求与大学生正在形成的价值观相互作用，是将来他们走向社会的重要心理依据。这一心理特点支配、指导着大学生的学习态度，从而对大学时代的生活质量产生重要的影响。

三、大学生心理素质的健全

为更好地适应社会主义的市场经济，担当起全面建设小康社会的历史重任，大学生必须具备良好的心理素质。心理素质不仅是大学生综合素质的重要组成部分，而且对大学生的其他各种素质的形成和发展都起着很大的作用：积极的心理素质会产生促进作用；而消极的心理素质则会产

生促退作用。在人的诸多素质中，心理素质是基础，是核心和归宿，它不仅渗透在其他各项素质之中，而且各种素质的提高又会加快心理素质的健全。

（一）大学生心理素质的含义

心理素质是指个体在遗传的基础上，通过后天教育和环境影响形成的较为稳定的基本心理品质，即是由先天因素和后天因素综合作用而成的。大学生心理素质主要是指非智力因素，即情感、意志、兴趣和性格等方面的心理品质。

衡量心理素质好坏的标准是活动效率、成就以及身体健康。良好的心理素质有助于提高活动的效率，促进人们获得更大的成就，维护个体的身心健康。良好的心理素质反映在大学生身上主要是认知、情感、意志、需要、兴趣等方面，具体体现在自知、自尊、自信、自立、自制、自强及乐观、豁达、进取、坚强、果断等良好品质上。

（二）大学生心理素质的培养和强化

大学生的心理素质虽然在先天已经奠定了一定的基础，但是后天的培养特别是大学期间的教育和强化却是格外的重要。人的心理素质多种多样，在大学期间主要培养和强化的心理素质有以下几种。

1. 发展智力、强化能力、培养非智力因素

第一，智力是人的认识活动在认识客观世界的过程中逐渐形成的一系列稳定的心理特点的综合，它由观察力、记忆力、想象力、思维力、注意力五种基本心理因素组成，如感知、表象、想象、思维、记忆等。发展大学生智力也就是强化这五方面的心理因素。

第二，能力是能保证人们有效地进行实际活动的一系列稳定的心理特点的综合，它通常由定位能力、组织能力、适应能力、动手能力和创造能力五种基本能力组成。主要体现在：遇事能高瞻远瞩、抓住机遇、不断进取，做到能策划、能操作、能应变、能调节、能创新、能驾驭。大学生只有利用大学期间不断强化这五种能力，走上社会后才能得心应手、游刃有余。

第三，非智力因素是指人的意向活动在改造客观世界的过程中逐渐形成起来的一系列稳定的心理特点。它是由动机、兴趣、情感、意志和性格五种基本的心理因素组成的，并分解出 12 种心理素质，即成就动机、求知欲望、学习热情、自尊心、自信心、好胜心、责任感、义务感、荣誉感、自制性、坚持性、独立性。大学生的非智力因素就是指这 12 种心理素质，它们与学习的关系比较密切，影响也比较突出，对学生的学习动机间接地发挥着调节作用，例如，就意志来讲，缺乏恒心是低级的心理素质；有一定的恒心可视为中级的心理素质；而有较强的坚忍性和毅力才是高级的心理素质，大学生就是要向高级的意志素质去努力。

一般来说，大学生的智力水平是相差不多的，但非智力因素水平差别却很大，这是由于各人所受环境及教育的影响不同，参加的社会实践活动及主观努力不同，导致各人的非智力因素日益凸显出差别来。俗话说："月亮不发光，月光来自太阳。"智力和能力好比一对双胞胎，智力是内心世界，能力是外在表现，智力和能力通称为智能，能力好比月亮，本身不发光，非智力因素却像太阳一样有能量，作为动力主导着智力因素，具有定向、引导、维持、调节和强化等功能。在教育中能调动学生的智力因素，全面提高学生的素质，是学生学有所成的关键。

2. 建立良好人际关系，提高社会适应能力、心理承受能力和耐挫折能力

当今社会，科技快速发展，信息量大，竞争激烈，人际交往纷繁复杂，可变情况很多。在学校这个小社会中，大学生随时随地都会遇到和社会相类似的新情况、新问题，因此，都应有较好的社会适应能力、心理承受能力和耐挫折能力，以适应各种变化莫测的环境。

大学生中独生子女较多，往往反映出心理特点不符合心理年龄、心理发育不够健全和落后于实际年龄的心理幼稚现象，在人际交往上呈现出低年龄化和胆怯的心理。因此，大学生要在大学期间通过积极主动地交往建立良好的人际关系，以此来培养和强化自己的心理素质。

3. 讲究心理卫生，保持心理健康，培养自我心理修养能力

讲究心理卫生，保持心理健康应成为大学生提高心理素质的重要内容。对大学生要特别加强性心理卫生教育，使其对性心理有一个正确的了解、认识和态度，以讲究性心理卫生、知晓性道德规范和行为准则，调节和克服对性的不洁感、神秘感、罪恶感、压抑感等观念和行为。

大学生要使自己的聪明才智充分发挥出来，能自觉调控自己的心理和行为，正确地评价自己和他人，就要培养自我心理修养能力，主要从制订自我修养计划、激发和保护自我心理修养的动机与愿望、积极投身于社会实践、调节和控制自己的行为等方面来进行自我心理保养。

第二节　大学生心理健康的基本理论

当今的时代，一方面给大学生带来了千载难逢的机遇，另一方面又给大学生带来了更大的风险和负面的刺激，这将会不同程度地影响大学生的心理健康。因此，大学生必须要了解心理健康的基本知识，增进自己的心理健康，这不仅是个人的问题，更关系到中华民族的前途和命运。

一、心理健康的定义和标准

随着社会的发展和人类对自身认识的深化，人们对健康概念的认识不断丰富和完善。在现代社会中，健康不仅指生理健康，还包括心理健康、社会适应，三者的和谐统一构成了健康的基础。心理健康的标准是动态的，不同年龄、不同社会文化、不同时代具有不同的标准。

（一）心理健康的定义

心理健康是20世纪中叶以来，由科技、文化和社会所决定的一种以全新的、多元的视角看待健康的产物。过去传统的健康观认为人的躯体没有病就是健康，忽视了心理和精神的健康。我国是从20世纪30年代开始由著名教育家吴南轩发起心理卫生研究，经过了50年，直到1985年以后，我国才对心理健康的研究和普及工作越来越重视，心理健康工作得到了迅速发展，心理健康观念日益普及和增强，中国大学生心理咨询专业委员会也于1990年成立。

关于心理健康，目前学界众说纷纭，难以界定。总结起来，学者对心理健康的理解主要有以下几类：

（1）自我意识广延。

（2）良好的人际关系。

（3）情绪上的安全性。

（4）知觉客观。

（5）具有各种技能，并专注于工作。

（6）现实的自我形象。

（7）内在统一的人生观。

到目前为止，国内外对心理健康尚没有一个公认的定义，世界心理卫生联合会早在 1946 年就对心理健康做了说明："所谓心理健康，是指在身体、智能以及情感与他人的心理健康不相矛盾的范围内，将个人心境发展成最佳状态。"1989 年世界卫生组织提出了 21 世纪健康新概念："健康不仅是没有疾病，而且包括躯体健康、心理健康、社会适应良好和道德健康。"为此，我们可将心理健康定义为"个体能够适应当前和发展着的环境，具有完善的个性特征，认知、情绪反应、意志行动处于积极状态，并保持正常的调控能力"。应该说，21 世纪人类的健康是生理健康、心理健康、社会适应与道德健康的完美整合。

（二）心理健康的标准

心理健康的标准，心理学家也有各种各样的论述，提出了一些心理健康的模式。

1946 年世界心理卫生联合会将心理健康的标准界定如下：身体、智力、情绪十分调和；适应环境；人际关系中彼此能谦让；有幸福感；在工作和职业中，能充分发挥自己的能力；过着有效率的生活。

《简明不列颠百科全书》中这样写道：心理健康是指个体心理活动在自身及环境条件许可的范围内所能达到的最佳状态，而不是指一种绝对的十全十美的状态。其具体标准：认知过程正常，智力正常；情绪稳定、乐观，心情舒畅；意志坚强，做事有目的；人格健全，性格、能力、价值观等均正常；养成健康习惯和行为，无不良行为；精力充沛地适应社会，人际关系良好。

综上所述，我们认为，心理健康的标准就是指一种高效而又已经感到满意的持续的心理状态。这表现为五个方面：第一，健全而统一的个性；第二，坚强的意志、乐观的情绪及有效的情绪调控能力；第三，正常的人际交往能力；第四，现实地确认自己的社会角色、充分的社会适应及目标追求；第五，精力充沛、自我感觉良好。

（三）心理健康是大学生成材的必备条件

心理健康是健康素质的重要内容，也是其他素质的基础，更是 21 世纪人类生存和发展的通行证。作为人才预备队的大学生必须要做到心理健康，这不仅关系到自己的未来，而且关系到全民族素质的提高，更关系到祖国社会主义现代化建设事业的成败。因此，心理健康就成了当代大学生的必修课。

1. 心理健康是大学生实现人生理想和成材目标的前提

当代大学生肩负着全面建设小康社会的历史重任，希望能够把握住自己的社会历史责任，在实现社会共同理想的同时更为有效地实现自己的人生价值、个人理想和成材目标，努力把自己培养成为有理想、有道德、有文化、有纪律的"四有"新人。

2. 心理健康是大学生掌握科学文化知识的必备条件

学习科学文化知识是大学生的主要任务，心理健康是大学生接受思想教育和学习科学文化知识的关键，是大学期间正常学习、交往、生活、发展和学有所成的根本保证，更是塑造高尚品格、开发潜能和成材的基本条件。要达到这些成材目标和实现人生理想，心理健康是必要前提。

综上所述，时代呼唤心理健康，大学生更需要心理健康。

二、大学生心理健康的特点

大学生处于青年中期，是一个具有一定知识层面的特殊群体，有其自身的文化、心理特点。其心理健康的特点可以概括为以下几点。

1. 促使学生对学习保持较浓厚的兴趣并有强烈的求知欲望

学习是大学生的主要任务，大学生的健康心理应该表现为：智力正常、学习目标明确、学习热情高、精力旺盛、好学上进、孜孜不倦、朝气蓬勃、不畏艰难，在学习中能体验到快乐与满足，学习效率较高，学习成绩优良而稳定。

2. 促使学生具有正确的自我意识并能进行客观的自我评价

自我意识是指人对自己以及自己与周围世界关系的认识和体验，是人格的核心。心理健康的大学生能了解自己，接受自己，自我评价较为客观，既不妄自尊大，也不妄自菲薄，学习、生活目标与理想切合实际，使理想自我和现实自我达到一致，能扬长避短，发挥自己的个性。

3. 能促使学生调适与控制情绪，保持良好的心态

情绪对人的健康影响很大，可以影响到大学生的学习和生活。心理健康的学生能经常保持愉快、豁达、自信、满足的心境，对生活和未来充满希望。对于喜怒哀乐等消极情绪，能主动调节，并能适度地表达和控制情绪，保持良好的心态；能战胜自己的疲倦、抑郁、沮丧等消极情绪。

4. 能促使学生形成完整统一、平衡和谐的人格品质

人格是指人的整体精神面貌，完整的人格在气质、能力、性格、理想、信念和人生观等方面都是积极的、健康的、向上的。能把自己的目标和行为统一起来。具体体现为心胸开阔、真诚待人、言行一致、表里如一、热爱生活、善于生活、勇敢面对困难、发挥自己的潜能、调控自己的行为、有耐挫能力。

5. 能促使学生保持和谐的人际关系，乐于交往

人际关系最能反映大学生的心理健康。心理健康的大学生乐于和他人交往，为人处世比较得体，能尊重、信任、宽容、理解别人，与集体关系较好，能与他人合作共事，乐于助人，有团队精神，有知心朋友。

6. 能促使学生具有良好的环境适应能力

俗话说：态度决定一切。对环境的适应能力，是由一个人的生活态度决定的。心理健康的大学生，能在环境改变时正确面对现实，对环境做出客观正确的判断，使个人行为符合新环境的要求，既不怨天尤人，又能尽快适应；能与社会保持良好的接触，对社会现状有清晰的认识；能及时修正自己的需要和愿望，使自己的思想、行为与社会协调一致。

7. 能促使学生的心理行为符合年龄特征

人在不同的年龄阶段，都有相应的心理行为表现。心理健康的大学生，在情感、言行、举止等方面都符合所处的年龄段，其表现是精力充沛、独立处事、勤学好问、思维敏捷、学习刻苦、好学上进。

在这里特别要提醒大学生注意的是，其一，在理解和运用这些特点时，要准确把握好大学生的“心理不健康”与“一时有不健康的心理和行为”的区别，心理健康是一种持续的心理状态，决不能根据一时一事乱下结论。其二，大学生的心理正常和异常没有确定的界限，要从大学生行为前后的变化中去把握。此外，心理健康的状态不是固定不变的，而是相对变化着的，更是多层次的，大学生应追求心理健康发展的更高层次，在更大程度上发挥自己的潜能。

三、大学生的心理问题和心理障碍

当前，我国正处在新旧观念更迭、中西文化交流与冲突、生活节奏加快、人际关系复杂、社会竞争加剧和就业压力增大的时期，一部分大学生由于适应能力和应变能力较差，产生了许多心理问题，应引起我们的足够关注和重视。大学阶段是一个人身心成长发育的关键时期。一直以来，社会着重关注的是大学生的学习、就业及贫困大学生的经济求助问题，其实，一些大学生的“精神求助”同样值得关注。

（一）大学生的“心理感冒”

近年来，有一种轻度的心理障碍称为“心理感冒”，它如同感冒一样，是一种常见病，每一个普通人，哪怕是一个性格开朗的人，也可能会“心理感冒”，大学生更是这样。其表现为有的大学生脸上虽然在笑，但是内心却总被阴影笼罩着；有的大学生虽然白天平静地学习、工作和生活着，但是一到晚上却受着失眠的折磨；有的大学生泪没有流在脸上，却暗暗地流在心上；有的大学生面对老师、领导感到恐惧，不敢交往，人际关系不协调，这些都属于“心理感冒”的症状。虽然“心理感冒”也是心理障碍，但是，它和心理疾病不一样，是轻度的心理障碍，依赖自己的心理调节，经过自然的疗程是能够达到完全康复的，也不会带来后遗症。因此，大学生中虽然患“心理感冒”的人为数不少，但是对待“心理感冒”既不要紧张，也不要有羞耻感，更不要误认为是心理疾病或“精神病”，要相信依靠自己的心理力量是能够治愈的。

（二）大学生的心理问题

心理问题是人的生活中常见的心理现象，处在心理健康与不健康之间，它与大学生的学习、生活有着密切的关系，如不及时调适，长期积压在心中，不但容易使大学生心理健康水平下降，而且会产生心理障碍或心理疾病。大学生心理问题主要表现在环境适应、学业、经济、情感、自我发展和网络适应六个方面。

1. 环境适应问题

大学生经常会体验到紧张、压力、挫折、矛盾的冲突和孤寂等心理现象，这就是环境适应方面所产生的问题。心理学认为，发展与适应是人生的两大重要课题，贯穿着整个生命的历程。社会的每一次变化，人的每一次发展与成长，都需要个体去适应这种变化。而个体的每一次适应也是个体的成长历程，适应与成长是相辅相成的。

人的社会适应主要表现在三个方面：一是个体对社会的适应；二是个人对他人的适应；三是个体对自身的适应，这种适应主要是个体如何认识自己，即我到底是一个什么样的人？如何接纳自己？如何发展自我？如何使现实自我与理想自我达到同一？

大学生的环境适应问题在新生中尤为常见，特别是来自于外地和家住农村的学生，部分会表现为独立性差、从众心理强、行为懒散、我行我素、心胸狭窄、不拘小节等，甚至容易引发焦虑、抑郁等情绪，大学生活的适应阶段较长。

2. 学业问题

大学生在学业上的心理问题日益增多，主要表现在学习困难、竞争激烈、考试作弊等方面。在学习上，不少学生进入大学后没有了目标、迷失了方向、失去了动力，学习不求上进、不求甚解、自觉性差；不少学生仍然停留在中学时期的学习方法上，对全面学分制条件下学习的主动性特点不能很好把握，有意无意地放纵自己，得过且过，注意力不集中，记忆力下降，处于悬浮飘荡状态，一旦放松便难以收敛；不少学生追求享乐性刺激，甚至逐渐堕落。一旦成绩落后、考试屡屡不及格，部分学生便产生了难以跟上大学学业的巨大压力，从而造成了不少心理问题。

在激烈竞争中，总有一些学生会失去中学时期的优越地位，造成一种挫折感，怀疑自己是否变笨了，产生强烈的自卑。也有一些学生对自己的要求过高，而自己的学习能力不强，方法不当，产生了一些现实上的差距，造成自我加压过大而变得焦虑、神经衰弱等。

在考试方面，有的同学平时不努力只为了考试通过，有的学生为了取得更好的成绩，都会不惜一切、心存侥幸地设法作弊，但当被抓住受到处理时又无法面对和难以接受现实，从而引发心理问题。

3. 经济问题

随着改革开放的深入，经济发达地区和不发达地区的收入差异较大，给贫困地区来的学生造成巨大的心理压力。

第一，有的家庭经济困难的同学，由于爱好面子往往远离人群，独来独往，害怕被人看见节俭，由此而产生心理上的自卑感和孤独感。

第二，有的学生由于虚荣心，向家里要钱或向别人借钱用于社交，一时无法偿还而产生自责，造成心态失衡和扭曲；也有的学生通过勤工俭学来解决生活问题，但由于学习的压力难以做到两全，由此产生矛盾。

第三，有的学生家长管教很严，为了交际，用钱较多而产生了漏洞，最后难以面对现实而产生困惑。所有这些都会使学生造成比较大的心理压力，引发心理问题。

4. 情感问题

情感是人际交往中较为重要的因素，大学生在这方面的心理问题颇为突出。当今的大学生多数是独生子女，渴望和别人进行交往，而且大学生活比较枯燥，自由安排的时间较多，因此，不少学生为了慰藉自己的感情，特别向往与异性交往，交往越多，越容易发生感情纠葛。

在人际关系上，有的学生个人角色定位不准；有的性格内向、胆怯，害怕和陌生人特别是教师打交道；还有的学生因对异性爱慕从而引发失恋、单相思、暗恋、求爱被拒绝等情况。在性问题上，有时会因为对性的误解产生心情焦躁和自我否定；有时因想象或疏远异性而造成性压抑，产生内心的自责、焦虑、紧张、矛盾、困惑；有时由于性冲动和法制、道德的规范约束矛盾而导致心理冲突和苦闷。

以上这些都容易引发一系列情感上的问题，造成同学之间关系紧张，心理素质差的学生心理问题会更严重。

5. 自我发展问题

随着社会主义市场经济体制的不断完善，社会对学生的要求越来越高，大学生对自己的发展和前途越来越关注。

围绕大学生自我发展的问题也越来越多，主要体现在个性完善问题、能力培养问题和就业择业问题等方面。有的学生性格上存在问题；有的学生过多地忙于应付考试，忽视了社会实践和能力的培养，出现了“高分低能”；还有的学生进校后就十分关注就业和择业，有针对性地进行选课和实践，通过“考证”为将来的职业生涯奠定基础；也有的学生无法适应社会，不敢去应聘。这些问题都给学生无形之中增加了压力，容易由此而产生心理问题。

6. 网络适应不良问题

当今世界已进入信息和知识经济时代，国际互联网络日益显示出巨大的威力和诱惑力。学习、运用、掌握网络已是大学生必不可少的知识、能力和素质。高校又面临着网络文化的挑战，其负面影响越来越大，大学生就首当其冲，特别是黄、赌、毒、暴力犯罪及网上危险交往的可能性，使大学生的道德防线和心理健康随时会受到冲击。个别大学生可能出现网络文化“海洛因”中毒、网络文化心理癖好和电子游戏综合征等。

自从网络进入宿舍后，由于不能很好地自持，有的学生出现了网恋及网络适应不良等症状，主要表现有：大学生沉溺于网络游戏而不能自拔，迷失自我，甚至放弃了学业；网上谈恋爱超出正常现象，甚至有出格行为；因在网上受挫而引发上网恐慌和焦虑；网上的黄色垃圾造成了大学生的不良心理等。

这些问题不但影响了大学生的学习和生活，而且严重影响了其身心健康，已经发展成为引发大学生心理问题的导火线。

（三）大学生的心理障碍

除了上述的心理问题外，情况严重的还会引发心理障碍。近年来，许多研究表明，目前大学生中出现各种不同程度的心理障碍的人占20.3%左右，其中存在严重心理障碍的约占10%，而且发生率有升高的趋势。人际关系、专业思想、就业和恋爱成为大学生心理障碍的四大突出问题。清华大学近几年通过采用日本大学生人格健康问卷（UPI）对新生进行心理健康调查发现，约20%的学生存在心理适应问题，约20%的学生主动提出咨询要求。

1. 障碍的概念

心理障碍是指个体无法以公认的社会规范或适宜方式适应日常生活而表现出来的心理异常和行为偏离。具体表现：一是个体没有能力适应现实环境的要求；二是行为失常或反常、失调或无序；三是个体缺乏适应环境的能力，社会适应能力低下，包括生活自理能力、人际交往能力、学习、工作与家庭生活的能力、按社会文化规范和法律规范等要求进行自控的能力。

2. 大学生常见的心理障碍

大学生常见的心理障碍一般有神经症、人格障碍、功能性神经病、性变态四种。

第一，神经症，又称神经官能症，是一种轻度精神障碍，主要表现为精神活动能力降低（如注意力不集中、记忆力差、思维与工作效率降低）、情绪波动与烦恼、体感性不适增加。大学生中的神经症多由环境因素引起，主要包括过重的学习压力和生活负担，理想和现实的矛盾冲突，人际关系的长期紧张，交友和恋爱中的挫折等因素。一个人是否患病及何时患病，主要取决于个人的心理因素和环境因素的相互作用。神经症的种类：焦虑性神经症、恐怖性神经症、抑郁性神经症、强迫性神经症、疑病性神经症、癔症和神经衰弱等，矫治主要靠心理治疗，针对不同类型的神经症及轻重程度确定不同的治疗方法。

第二，人格障碍，又称变态人格或人格异常，在没有认知过程或智力障碍的情况下，人格显著偏离正常。当代大学生的人格障碍，是一种明显的反常人格，不能适应正常的学习生活。

第三，功能性神经病，这是心理障碍中最严重的一类，心理健康水平最低。在大学生中常见的有两类，即神经分裂症和躁狂抑郁症。

第四，性变态，又称“性歪曲”或“性心理行为障碍”，是一种要求性满足对象或满足方式上与常人不同，并违背社会伦理道德的心理行为。大学生常见的性变态主要有同性恋、异装癖等不正常性行为。

第三节　大学生心理调适

大学生的心理状态虽然受社会生活环境的制约，但是，人们仍可以通过各种努力来进行调节，以维护心理平衡，达到心理健康之目的。

一、保持心理平衡的基本途径

保持心理平衡的基本途径主要如下。

（一）树立正确的人生观、价值观

心理学研究表明：人的价值观念存在着很大的差异，有以认识真理为主的科学价值观；有以“先天下之忧而忧，后天下之乐而乐”为准则的道德价值观；有以权力、地位为核心的政治价值观；有以功利、实惠为目标的经济价值观；有以宗教为中心的信仰价值观等。但是，无论哪一种价值观，只有以辩证唯物主义和历史唯物主义的世界观及革命的人生观为主导，才能有正确的人生方向，才能正确处理个人与社会现实之间的关系，才能防止主观片面、固执偏激，才能做到豁达大度、处变不惊，经得住各种挫折与考验等。要想树立正确的人生观、价值观，学生个人必须通过社会实践活动、先进模范人物报告会、政治思想教育课等多种途径来陶冶自己的情操，并在情感的升华中构建自己正确的人生观、价值观框架。

（二）努力加强自身个性修养

每个人的个性特征是不同的，从心理学角度来分析，就存在着神经类型强弱、灵活性的差异；智慧高低、能力大小的差异；性格内向或外向、独立或依赖的差异等。不同的人有不同的性格特征，不同的性格特征有各自不同的积极因素和消极因素，但是有一点是相同的，那就是当一个人性格特征中的积极因素多于消极因素时，他在人生的道路上的成功机会可能多些。因此，我们每一个学生应该努力加强自身个性中的积极因素，克服消极因素。这也是消除心理障碍、促进心理健康的有效途径。例如，增强理智感，克服主观臆断；增强自制力，克服激情性冲动；增强自信心，克服自暴自弃；增强利人观念，克服利己思想；增强宽容精神，克服狭隘偏见；增强法制观念，克服懦弱性格等。

（三）确立符合自己实际的抱负水平

心理障碍往往源于挫折，而一个人在心理上能否体验到挫折感，与他的抱负水平密切相关。如果自我抱负水平过高，失败的机会则越多，则更容易体验到挫折感，例如，一门功课两个人都考了 80 分，如果一个人原定目标为 90 分，他便有可能产生挫折感，而另一个人原定目标为 70 分，他便没有挫折感。因此，大学生在制订学习计划时，不仅要考虑目标价值的大小，而且还要充分考虑目标实现的可能性。如果条件不具备，目标实现的可能性极小，即使是很有意义的目标，也不应列入计划。

（四）培养积极向上、健康乐观的情绪

实践表明，在健康情绪状态下，青年学生的知觉活动、思维活动，特别是智力和创造活动才能充分发挥。而在挫折状态下消极情绪的连续产生，会引起心理失衡，导致心理障碍的产生。

处于青年时代的大学生，生活经历少，遇事易冲动，不善于控制自己的情绪，常常因一点小事而动感情，或振奋、激动，或丧气、失望等。因此，教育学生如何调控自己的情绪，是摆脱心理障碍，促进心理健康的重要途径。调控情绪的办法有以下两种。

1. 积极预防

我们知道，情绪活动中枢尽管在边缘系统，但最终还是受到大脑皮层的调节，受到认识过程的影响。因此，我们可以通过正面教育，提高大学生的思想认识，培养大学生乐观向上的心理品质以及办事果断、处变不惊的良好个性，从而从根本上预防不良情绪的产生。

2. 合理调节不良情绪

大学生遇到挫折，产生烦恼、愤懑、沮丧、焦虑、彷徨等不良情绪时，应该学会用适当的方法进行调节。调节的方法如下：①宣泄，即在适当的时候、适当的场合，向适当的对象倾诉内心的不快，以减少内心的痛苦。②转移，即把注意力暂时转移到其他事情上，以缓解或冲淡不愉快的心情。③压抑，即靠意志的作用把不愉快的心情压在心底，不让它表现出来，以期在适当的时候再加以调节。

（五）养成良好的学习生活习惯

人的生理、心理活动是有规律的。实践表明，过度的痛苦和悲伤容易使人消沉、自卑；狂喜、狂欢容易使人高傲、麻木；长期超负荷的学习和工作容易使人产生畏惧心理。因此，大学生在学校群体生活中，要时刻注意养成良好的学习生活习惯，学会有规律的生活。这不仅有利于大学生科学用脑，而且对于排除心理障碍，促进心理健康也是十分有益的。

二、大学生保持心理健康的常用方法

大学生的心理健康，是以维护和保持大学生心理健康为前提和目的的，促进大学生身心健康发展和人格的不断完善，建立心理健康的防卫机制。

大学生保持心理健康的常用方法主要如下。

（一）自觉学习心理知识，寻求心理健康的良药

有些大学生对心理卫生知识缺乏足够的认识，在出现“心理感冒”、心理不适应、心理问题和心理障碍后，往往认识不清，心急如焚，不知该怎么办。不会自我疏导和调适，也不知该如何去进行心理咨询和治疗。致使有些病情加重，产生各种不良后果。因此，大学生应自觉接受心理健康知识的教育，选择一些有关的心理学课程，主动了解大学生心理活动的一般规律、心理特点，懂得心理健康是21世纪生存和发展的通行证，一切智慧、成就、财富和幸福都来源于心理健康。使自己树立正确的、科学的人生观、世界观、恋爱观和道德观，正确地、积极地对待人生，认识自我，树立自信心，经常保持向上的、积极的和良好的心理状态。

（二）对自己不过分苛求，确立目标适中，养成平常心态

大学阶段是大学生成材发展的重要阶段。每一个大学生都有自己的理想、抱负、奋斗目标，有成为社会栋梁之材的愿望。然而，一个人的能力是由先天遗传因素和后天发展共同决定的。虽然大多数人的能力基本类似，但是，每一个人的能力却有一定的限度，都具有优势和劣势两个方面。

凡是心理健康的大学生，都有一种平常人的心态，能够对自己的能力做出客观的评价，确立适合自己的奋斗目标，并依此付诸于社会实践，最终实现自己的预定目标。也就是说，把自己当作对象，对自己的整个心理面貌进行客观的审视、分析和估量之后形成一种正确认识自己的心态。正如许多成功人士在接受记者采访时所说：因为自己是一个普通人，所以仍要保持一种“平常心态”，不会被胜利和鲜花冲昏头脑，这样才能够继续苦练，再创佳绩。这些对于大学生保护自己少受挫折及充分发挥才能是有益的。

在获得成功的过程中，不但个人的需求得以满足，个人的价值得以体现，而且自己的信心也得以巩固和加强，同时使自己的心理机制处于良好的竞技状态，更使自己的能力得到了锻炼和提高，从而为追求下一个奋斗目标奠定了坚实的基础。

相反，大学生仅凭良好的愿望和热情，盲目、过高地确立自己的奋斗目标，其目标不但不能实现，而且会使自己的心理蒙受打击，增加挫折体验。结果不但白白耗费精力和时光，而且也给自己的自信心和心境造成不良影响，从而影响到今后的心理发展。所以，大学生在确立自己的奋斗目标时，一定要量力而行，确定该目标在自己能力所能及的范围内。

（三）对他人的期望不要过高，避免失望感

俗话说：“金无足赤，人无完人。”在现实生活中，每一个人都不可能是完美无缺的，每个人的个性、行为习惯、性格、价值观念和情绪状态等都会有各自的优势和劣势。大家在大学的学习、生活中也都需要互相关心和帮助，取长补短，共同提高。然而，每一个人不可能凡事都寄希望于他人，更不能对他人有过高的不切实际的期望。凡事首先要立足于自己，依靠自己，尽自己最大的努力把事情办好，其次才应该考虑他人帮助的可能性。在接受帮助的过程中，要多从他人的角度考虑其局限性，千万别期望过高。否则，一旦事情没办好，就容易责怪、埋怨他人，这样，不但使他人感到遗憾和失望，而且使自己的心理平衡也受到干扰，造成不良影响。所以，大学生在学习生活中，既要相信自己的才能，也要和其他同学和睦相处、互相帮助，但不要对帮助人的同学求全责备、期望过高，以避免失望感的产生。

（四）不盲目地处处与其他同学竞争，避免过度紧张

一个心理正常的人，都有争强好胜的自尊心和荣誉感，都渴望自己在集体中有一席之地，受人尊重、受人爱慕。每一个大学生考试总想争第一，超过别人、相互攀比的现象时时、处处都有，而大学生往往都是暗暗地同他人竞争。由于每个人的优势、劣势不同，精力又有限，盲目、过多地和别人竞争往往容易给自己造成挫折和打击，心理上承受过大的压力和过度紧张，从而对身心健康带来不良影响。所以，在和他人竞争时，一定要选择和侧重那些有意义的、对自己有帮助的，要注意发挥自己的优势，千万别去做无谓的竞争。

（五）积极参加集体活动，扩大社会交往

生活在集体之中的大学生，要融入集体。在集体中和同学们在一起进行思想的沟通和情感的交流，既能从中得到启发、疏导和帮助，又可以通过积极的社会活动，扩大人际交往，建立良好的人际关系。同时可以使自己感受到充分的安全感、信任感和激励感，最大限度地减少心理危机感，这也是维护和保持心理健康的最基本、最重要的因素之一。一个离群索居、孤芳自赏、生活在社会群体之外的人，是不可能做到心理健康的。

（六）加强意志锻炼，保持乐观的“正性情绪”

在大学期间，机遇和风险同在，成绩和挫折共存，成功和失败均有，大学生对新环境、新事物由于不适应而产生的不顺心和委屈较多，摆在面前需要克服的困难和挫折也多。因此，在困难面前要有意识地、自觉地控制自己，对各种挫折不盲目地产生冲动，有不会动摇的顽强意志，有面对挫折的勇气、决心和毅力，去克服困难、渡过难关。所以，大学生一定要培养自己的意志，培养愉快、知足、振奋、开朗的“正性情绪”，保持热情开朗、心胸开阔、意志坚强的健康心理。

三、大学生心理问题的调适及方法

根据对大学生心理健康状况的调查结果，学习不适应、情绪化、人际交往、性心理、网络不适应、心理障碍已成为困扰大学生的六大主要心理问题。因此，有必要引导教育大学生开展心理调适。

（一）学习不适应的调适及方法

针对学习适应不良主要采用培养学科兴趣、激发学习动机、确立学习目标的方法。总结学习经验、掌握适合自己学习的独特方法，运用科学的思维、记忆方法，提高学习效率。注意合理、科学地分配时间，增强自信心。注意意志训练，科学用脑、劳逸结合。

对于学习焦虑、考试紧张可采用“系统脱敏法”——根据经典性条件反射原理发展的一种行为疗法，特别用于害怕某种客体或情境的恐怖和焦虑状态。即使人以轻松愉快的情绪想象自己接近或逐步接近引起焦虑的情境，直至真正面临此情境时不再害怕。特别是要化解在考场中的紧张焦虑情绪时，可采用“快速放松法”，或闭上双目，放松身体和思想，做几次深沉而徐缓的呼吸，并在呼吸时说“放松”。

（二）情绪化的自我调适及方法

在学习生活中，大学生难免会遇到不愉快和烦闷的事情，人的情绪也会出现波动和不稳，时常处在不良的情绪状态中。因此，大学生应运用心理学知识，主动调控自己的情绪，保持心理平衡。

1. 转换心情

当不愉快的事情发生时，不要总是去想它，要避免愤怒情绪的最终爆发，可以告诫和提醒自己制怒，可以脱离现场出去散散步，看看电视、电影，打打牌，找同学去玩等。忧思苦愁无济于事，不如抛开它，去做、去想一些能转换心情的事情。如果总是郁积于心，耿耿于怀，不仅于事无补，反而会使不良情绪不断蔓延，日益加重。

2. 请人疏导

一旦靠自己难以有效调节时，可以借助别人的疏导。例如，可以找自己信得过的同学、朋友、亲人等，把自己的苦恼、愁闷倾吐出去，一方面，使自己的不良情绪得以宣泄，使压抑心境得到缓解和减轻，使失去平衡的心理得到恢复；另一方面，听从他人的疏导，别人的劝慰、点拨可能会使自己茅塞顿开，减轻心中的痛苦。

3. 助人为乐

帮助别人不仅可以使自己忘却烦恼，而且可以确定自己的存在价值，更可以获得珍贵的友谊。

4. 自我宣泄

如“眼泪缓解法”，在悲恸欲绝时大哭一场，可以使情绪平静；又如“运动缓解法”，在愤怒时可猛干一阵子活或进行剧烈的体育运动，有助于释放激动情绪带来的能量。总而言之，通过对情绪的自我调适来维护和保持心理健康。

（三）人际交往的调适及方法

这主要发生在性格内向的大学生身上，不敢或不善于与他人交往，也有的是在人际交往中受过挫折变得胆怯怕生。对于这些心理问题主要采用的方法如下：

第一，增强自尊心，不过多计较别人对自己的评论，学会通过暗示来控制自己的情绪。

第二，采用相同对比法、不同对比法、感情接近法、暴露练习法等来排除人际交往中的障碍。

第三，学会社交的技巧和策略，以良好的人缘关系因素，如真诚、热情、大度、友好、坦率等进行自我调节，改正不良的习惯，如私心、猜疑、嫉妒等，特别是性格内向的大学生要克服以自我为中心的交往。

（四）性心理的调适及方法

针对大学生由于性生理和性心理的显著变化，未能及时得到科学的性知识的教育和指导，而产生的性心理适应不良症状以及性心理障碍，要通过以下方法来调适。

第一，通过学习有关性知识，正确对待性意识活动，树立科学与健康的性意识观念，克服和消除因性意识困扰所带来的罪恶感、自卑感和种种自我否定的评价，进行自我调适。

第二，参加有益身心的文体活动，与异性同学自然交往，保持友谊，避免陷入性幻想中。

第三，采用注意迁移法，把注意力和主要精力用到学习和集体活动中，通过升华思想境界，适当地控制性冲动，要进行适度的性压抑，不能放纵自己，不要自我谴责，做到有性教养。

第四，谈恋爱的过程中，确立正确的恋爱观、高尚的道德观、科学的价值观和健全的理智感，做到高雅大方、健康文明。在对待早恋、单恋、暗恋、多角恋和失恋中，要注意控制自己，用理智战胜情感。

（五）网络不适应的调适及方法

大学生对待网络不适应要学会自我调适。

第一，理智地对待网络，节制地玩游戏。

第二，防御性地上网，要特别防范黄色垃圾，注意虚拟网络。

第三，加强意志锻炼，增强自控力。

第四，一旦迷恋网络，可采用注意迁移法和自我暗示法，尽力把自己调适过来。

（六）心理障碍的调适及方法

对心理障碍的调适及方法主要采用增强适应能力和建立积极的心理防卫机制等心理治疗法。

第一，在增强适应能力方面有心理想象疗法、心理净化疗法、心理调节训练法、心理剧疗法、心理按摩法、心理疏泄法、心理调节法、心理舞台疗法等。

第二，在加强性格锻炼方面有自我放松法、自我宣泄法、注意力转移法等。

第三，在建立积极的心理防卫机制方面主要有升华法、幽默法、补偿法等。

第四，应积极开展心理治疗，即心理咨询、心理分析法、行为疗法、人本主义疗法、认识疗法、娱乐疗法、体育疗法、睡眠疗法等。

四、心理咨询及方法

心理分析法是探讨人的心理（主要是潜意识）和精神疾病治疗的一种理论方法，是现代心理咨询和心理治疗的基础，是大学生心理咨询中常用的一种方法。

当代大学生出现了诸多心理健康问题，心理咨询工作对大学生心理问题的消除、心理疾病的康复，进而达到心理健康的水平，都具有十分重要的意义。大学生心理咨询对心理咨询工作者的素质和能力有着很高的要求。

（一）心理咨询的概念

心理咨询是指受过专业训练的咨询者依据有关心理学的理论，针对来访者的心理问题，运用一定的方法、技术，协助对方维护、增进身心健康，促进人格发展和潜能开发的过程。也就是运用心理学的知识、理论和技术，通过咨询者与来访者的协商、交谈和指导过程，提供可行性建议，针对正常人及轻度心理障碍者的各种适应和发展问题，帮助来访者进行探讨和研究，从而达到自立、自强、增进健康水平和提高生活质量的目的。

心理咨询面向全体学生，主要是为了帮助大学生面对现实问题，建立新型的人际关系，缓解心理冲突，排解心理困扰，消除心理矛盾，疏泄负面情绪，开发个人潜能，促进身心健康，不企图强加指导。心理咨询是在非医疗情况下采用的心理疗法，以发展性咨询、心理适应咨询和心理障碍咨询为主。来访对象为基本健康、无明显心理冲突、在现实学习生活中有各种烦恼和压力、患有某些心理疾患或疾病、苦不堪言、影响了正常的生活和学习而又求治心切的大学生，有别于医疗状况下的心理治疗。

（二）心理咨询的常见方法

心理咨询可分为门诊、书信、电话、专题和现场咨询等，其中门诊咨询是最常见的形式。门诊咨询又称面谈咨询，是个别咨询的一种，可以通过预约和随访，坐等大学生上门咨询，以谈话方式为主，大学生可以在无拘束的情况下充分详尽地倾诉自己内心深处的想法。咨询者在耐心倾听的基础上，对大学生进行直接观察，了解其个性、心理健康状态、心理问题的严重程度和咨询过程中的心态变化情况，并与大学生进行面对面的磋商、讨论和分析，正确诊断并引导调适，以达到最佳效果。

随堂演练

一、思考题

1. 如何理解心理健康的标准？
2. 分析维护和保护大学生心理健康的意义。
3. 大学生心理调适的原则与方法有哪些？

二、实践活动方案

引进团体辅导技术和原理到课堂，进行活动性知识教学，把抽象的心理知识和生动活泼的操作实践紧密结合。措施如下：

1. 话题征集

通过心理调查、书面对话（包括作业本对话、书信对话）、电信对话（包括 E-mail、hotmail、QQ 对话或手机短信、微信）等方式进行师生对话，收集整理主讲专题与重点内容，并有重点地进行个别意见的交流与反馈。

2. 小组活动

一般是按学号或生日月份把学生分成若干小组，每组为 6 人，进行小组活动，如情景体验、角色扮演、案例分析、讨论辩论、行为训练等。同时，在课程的不同阶段结合主题加入热身活动、分组游戏、集体训练等团体辅导技术，让学生经历体验环节，分享体验感受，在互动中加深印象，获得成长。

3. 自我对话

为了使学生的感悟得以内化，要求以作业或日记方式整理和重建认知体系，维护心理健康的自觉。一般是每个话题进行一次，内容主要包括回顾与反省、问题与期待。可以谈谈感受，学习后所得到的收获以及在学习过程中的新发现、新感受、新启示等；也可以说说疑问，如课堂学习中一些未及时解决的问题、下一次授课主题的相关困惑等。

三、阅读文章

“中国大学生自强之星”闫思帆：最美的维纳斯

9 岁时，一场突如其来的车祸让她的左臂永远地失去了功能；中学时，孤苦的她和母亲在拮据的生活中艰难跋涉……她是学校的特困生、残疾生，却连续两年推让助学金，从未以残疾为借口享受特殊照顾；她勤工俭学，不仅完成了学业，补贴家庭，还获得国家励志奖学金和助学金……

2010 年 2 月 6 日，她荣获 2009 年度“中国大学生自强之星”称号。

她叫闫思帆，是永城职业技术学院经济贸易系 2008 级学生，同时兼任该校经济贸易系团总支副书记、青年志愿者协会和演讲与口才协会会长。她文静、朴素、热情、开朗，同学们都亲切地叫她“维纳斯”，她用独臂拥抱生活，用“自强、感恩、奉献”谱写着一个当代大学生美丽的青春华章。

一、不幸车祸，天使落残疾

1989年，她出生于荥阳市的一个普通家庭，父母经商。9岁那年，在去银川市探望亲人的路上遭遇车祸，致使左臂永远地失去了昔日的灵活。“母亲在废墟中找到了浑身淌血的我，我的左臂被活生生地拧掉了！母亲费了好大劲儿又在车座中间找到了我的左臂，来往的车辆中没人敢帮助我们……在银川市第五解放军医院经过13个小时的手术，我的胳膊终于被接上了”，回忆当时的惊魂一幕，闫思帆淡然地说道“随后又多次辗转到北京、郑州、上海等医院，在一年中经历了大大小小11次手术，我的手臂尽管保住了，但它不再生长了，变得畸形，甚至连一个空纸杯子也拿不动”。

二、自立、自信、自强创辉煌

“从那以后我就暗暗发誓：一定要做一个自强的人，决不能一辈子平平淡淡，别人能做到的，我也一定能做到！”

回到学校后，闫思帆更是疯狂地学习，成绩一直名列前茅，但同学们当中一些异样的眼光开始让她感觉到自己与别人的不同。“一开始我对同学们的议论很敏感，自己也经常偷偷地躲在家里面哭，也不让母亲看到。但后来我发现老师越来越重视我，经常鼓励我，让我参加很多的活动，像演讲大赛、歌咏比赛。特别是有一次的演讲比赛，我刚站到舞台上就看到了舞台下的母亲还有她的同事，她们特意来看我，为我加油鼓劲儿。我很受鼓舞，从此我更加努力用心，慢慢地脱离了自卑，又找回了自信。是母亲、老师还有周围的许多人帮助我走到了今天的这一步。”

高考结束后，闫思帆以高出录取分数线几十分的好成绩成为永城职业技术学院的一名大学生。

2008年9月的烈日依旧炽热地烘烤着大地，初入大学的新生就迎来了开学的第一门课——军训。辅导员和同学们都劝她申请免修，但倔强的她坚持要求照常参加军训。“军训确实很苦，每次想放弃的时候我都咬牙坚持下来了，同学们当中有倒下的，也有请假休息的，但我一次都没有过。特别是做摆臂运动时，我会感到钻心的痛，但我想我不能做得比其他同学差，最终都坚持下来了。”

远离家乡，生活的艰辛和困难并没有压倒闫思帆强烈的求学欲，相反，她以更充分的自信和更高的姿态投入大学丰富多彩的生活中来。面对开学伊始的贫困生助学金申请，她说：“把这些钱给那些比我更需要的同学吧！”面对商丘市民政局和残疾人联合会对残疾人补助的条例，她说：“我还能够勤工俭学，做兼职挣钱养活自己。”她把自己的目标定位在奖学金上，她要通过自己的努力光光荣荣地赢得它。结果，第一学年她就做到了，获得了国家励志奖学金5000元。

……

“以阳光的心态拥抱生活，以顽强的意志自强自立，以感恩的情怀传递大爱。闫思帆同学是当代大学生优秀的典型代表，她顽强拼搏、自立自强、感恩社会的优秀品质，也是当代每一个青年人都应当拥有的。”永城职业技术学院党委书记、校长刘全说。

（选自《中国日报》2010年5月27日）

四、小资料

只为今天

只为今天，我要很快乐。正如林肯所说的“大部分的人只要下定决心都能很快乐”。这句话是对的，那么快乐是来自内心的，而不是存在于外在。

只为今天，我要让自己适应一切，而不去试着调整一切来适应我的欲望。我要以这种态度接受我的家庭、我的事业和我的运气。

只为今天，我要爱护我的身体。我要多加运动，善自照顾，善自珍惜，不损伤它、不忽视它，使它能成为我争取成功的好基础。

只为今天，我要加强我的思想。我要学一些有用的东西，我决不做一个胡思乱想的人。我要看一些需要思考、需要集中精神才能看的书。

只为今天，我要用三件事来锻炼我的灵魂：我要为别人做一件好事，但不让人家知道；我还要做两件我并不想做的事，而这就像威廉·詹姆斯所建议的，是为了锻炼。

只为今天，我要做个讨人喜欢的人，外表要尽量修饰，衣着要尽量得体，说话低声，行动自觉，丝毫不在乎别人的毁誉。对任何事都不挑毛病，也不干涉或教训别人。

只为今天，我要试着只考虑怎么度过今天，而不把我一生的问题都在一次解决。因为，我虽然连续 12 个钟头做一件事，但若要我一辈子都这样做下去的话，就会吓坏我。

只为今天，我要订下一个计划。我要写下每一个钟点该做些什么事；也许我不会完全照着做，但还要订下这个计划；这样至少可以免除两种缺点，过分仓促和犹豫不决。

只为今天，我要为自己留下安静的半个钟头，轻松一番。在这半个钟头里，我要尽量使我的生命更加充满希望。

第五章　当代大学生的人生观教育

青年代表着祖国的未来，正如毛泽东 1957 年在莫斯科会见我国留学生和实习生时语重心长地说："世界是你们的，也是我们的，但归根结底是你们的。你们青年人朝气蓬勃，正在兴旺时期，好像早上八九点钟的太阳，希望寄托在你们身上。"又说："世界是属于你们的。中国的前途是属于你们的。"

是的，祖国的前途是属于青年一代的。他们肩负着继往开来，把老一辈开创的社会主义事业进行到底的伟大历史使命；他们肩负着振兴中华，把我国建设成为具有高度物质文明的社会主义现代强国的全面小康社会的历史重任；他们肩负着把我国建设成为具有高度社会主义精神文明的重任；他们肩负着改变世界不合理的政治格局，反对帝国主义、霸权主义，捍卫世界和平的历史重任。

当代大学生是青年中的精英，是青年中文化层次较高的一部分，他们将会成为国家的栋梁，成为各行各业的骨干力量，他们的素质如何，他们有着怎样的世界观、人生观，能否树立正确的世界观、人生观，将直接关系到他们能否完成自己的历史使命，直接关系到祖国的兴衰，关系到社会主义的前途和命运。因此，加强对当代大学生进行人生观教育和研究就显得非常重要。

要加强当代大学生的人生观教育，首先对人生观要有一个明确的认识。

第一节　对人生和人生观的思考

一、人生观的内涵

什么是人生？古往今来，思想家们绞尽了脑汁，费尽了心机，孜孜不倦地探索着，但时至今日，仍众说纷纭，莫衷一是。它是一个既古老而又常新的问题。

所谓人生就是指人的生存，人的社会生活，指人从降生直至死亡的整个生命的历程。人是自然界的存在物，是一种物质实体，自然本性是人生存在和发展的基础，人生经历着生命产生、发展和衰亡的全过程，它是一个自然历史的过程，有规律地运行着。因此，人生具有自然本性的特征。

人生又是社会化的过程。恩格斯说："动物仅仅利用外部自然界，简单地通过自身的存在在自然界中引起变化，而人则通过他所做出的改变来使自然界为自己的目的服务，来支配自然界。这便是人同其他动物的最终的本质差别，而造成这一差别的又是劳动。"正是劳动创造了人，我们应从劳动去理解人生及人与社会的关系。社会性是人生的最本质的特征。人的自然本性虽受生物规律支配，但更受社会生活实践及其发展规律的支配。

人又是有情感、意识、意志、目的、理想等的生物，即人有自觉的能动性，而动物的一切活动都是基于生物的本能。在人的意识的支配下，人们能够能动地认识世界和改造世界。正是人的这种能动性、自主性和创造性使人生活动具有目的性、计划性、意义和价值。因此，人生具有思维属性的特征，没有主体的自觉意识支配的人生是根本不存在的。正是人的主体自觉意识赋予人生责任和历史使命。

人生是人的自然属性、社会属性和思维属性的有机统一，其中自然属性是人生的物质载体，是人生的基础。社会属性是人的本质属性，它对人生起着决定性的作用，人的学习、工作、劳动、生产、交换、友谊、爱情、理想、道德等无不具有社会特质。而人生的思维属性也是社会的产物，“意识一开始就是社会的产物，而且只要人们还存在着，它就仍然是这种产物”。人的精神现象是一种社会现象，它受人们的社会关系制约和决定。因此，我们应从以上三个方面的辩证统一来理解人生，这才是科学的。

弄清人生内涵之后，就必须进一步弄清人生观的内涵。人们生活在世界上，通过生产实践和科学实验实践，逐步认识自然现象、自然本质及其规律，形成了人的自然观；人们通过社会实践，逐步了解社会历史，形成了人的社会历史观；人们在这些实践中，也逐步形成了对人自身的看法，诸如人为什么活着？怎样活着才有意义？怎样看待生老病死？怎样看待人生价值？人应该树立什么样的理想？怎样看待人生道路？等等，这些都是对人生问题的根本看法，即人们的人生观。

人生观就是人们对人自身的理性思考，是对人自身存在的价值、意义和发展趋势、规律的理性认识。实际上，人生观就是人们对人生的根本看法，即人们对人的本质、人生目的、人生意义、人生理想、人生价值和人生态度等的根本看法。

原则上说，每个人都有自己的人生观。但不同的个人、阶级有着不同的人生观。人生观为何如此纷杂？因为人生观是社会关系的产物，是由社会物质生活条件决定的。马克思早就指出：“在不同的占有形式上，在社会生存条件上，耸立着由各种不同的、表现独特的情感、幻想、思想方式和人生观构成的整个上层建筑。整个阶级在它的物质条件和相应的社会关系的基础上创造和构成这一切。”这就是说，由于生产资料所有制关系不同，人们所处的生存的物质生活条件不同，因而就形成了人们不同的人生观。在阶级社会中，各个阶级都从自己的经济关系中吸取人生观的内容。

人生观的问题，说到底是世界观的问题。世界观包含并支配着人生观，就是说，有什么样的世界观，就会有什么样的人生观。因为世界观是人们对整个世界的根本看法，整个世界既包括自然界、社会，也包括人生的世界，人是构成社会的细胞，因此，世界观包含着自然观、历史观和人生观。其实，人生观是世界观在看待人生上的应用和推广，没有世界观，就不可能有人生观。但是，这并不意味着人生观就不重要了，人生观是世界观最重要的组成部分，它直接影响世界观，人生观的根本变化会导致世界观的根本变化。因此，人生观同世界观是密不可分的。

但是，这并不是说人生观同世界观是等同的。一方面，世界观同人生观研究的领域和对象是不同的。世界观以整个世界，包括自然界和人类社会为研究对象，它探讨世界的本原及世界的存在方式；而人生观所要研究的是人生的问题，诸如人为什么要活着？怎样活着才有意义？怎样对待人生的挫折？怎样看待人生价值、人生理想？等等。人生观为人们提供如何正确对待人生的理论和行动的指导原则。另一方面，由于物质世界发展的无限性和社会生活的复杂性，世界观和人生观不总是完全吻合的，即二者有时存在矛盾，具有唯物主义世界观的人，其人生观不一定就是正确的。例如，资产阶级革命时期的法国唯物主义者，对世界本原的看法是正确的，但他们宣扬人性自私，鼓吹利己主义人生观，在理论上是不正确的，在实践上也是有害的。相反，具有唯心主义世界观的人，其人生观也有正确的东西，例如，孔子宣扬唯心主义的“死生有命，富贵在天”

天命论，但在人生观上却表达了许多正确的观点：为官不能贪财，要正己修身，要立志，要有独立人格精神，要爱人，要取信于民……因此，世界观和人生观既是统一的，又常常有矛盾，切不可把问题简单化了。

二、人生观的基本特征

人生观是人所特有的精神现象，是社会意识的一种形式。它是社会物质生活条件，即社会存在的反映。因此，它具有自己的特征。

（一）人生观具有社会性特征

马克思说："人是最名副其实的政治动物，不仅是一种合群的动物，而且是只有在社会中才能独立的动物。""人的本质不是单个人所固有的抽象物，在其现实性上，它是一切社会关系的总和。"其意是说，人总是社会的人，总是处在一定社会关系中的人，即人具有社会性的特点。因此作为人的人生观也必然具有社会性特征。作为社会中的人，其人生观的形成和发展也离不开一定的社会关系，即离不开经济、政治、思想关系。社会的经济关系，物质资料的生产，生产关系性质，社会的政治、法律等制度，道德、风俗习惯，社会意识的各种形式，科学文化，家庭关系，周围环境等，对一个人人生观的形成和发展都有着重要的影响，其中经济关系起着决定性的作用。其实，任何人的人生活动，只有在一定的社会关系中，才能导演自己的人生，演出威武雄壮的话剧来。任何人的人生观形成和发展都不能超越社会关系，人生观只不过是一定社会关系在个人身上内化的结果，也只有在一定社会关系中，人生价值才能得以实现。可见，离开社会性的人生观是根本不存在的。人生观的社会性，在阶级社会中表现为人生观的阶级性。在阶级社会中，每个人都在一定的阶级地位中生活，各种思想无不打上阶级烙印。在阶级社会中，经济基础总是属于一定阶级的，经济基础的阶级性，就决定了作为经济基础反映的人生观的阶级性。

（二）人生观具有时代性的特征

人生观是一定社会的物质生活条件的反映，而社会物质生活条件总是具体的、属于一定时代的。因此，人生观就具有历史性和时代性，就是说，基于不同时代、不同的物质生活条件，就有不同的人生观，人生观必然打上时代的经济、政治、文化、道德的烙印。随着社会物质生活条件的变化、发展，人生观也在不断变化、发展，永恒不变的人生观是根本不存在的。

（三）人生观具有稳定性和整体性的特征

初生婴儿没有独立自主的意识，不能把自我同周围分开。因此，初生婴儿谈不上人生观。儿童、少年尚未参加社会实践活动，虽然他们的人生观在缓慢地形成，但还难以看出他们的人生观属于何种。人生观是后天逐渐形成的，是在人们的长期社会实践中形成的完整的东西，是构成人生观主体的生理的、身体的、心理的、道德的、智力的、审美的、社会的等因素特质的综合体，是通过其全部行为而确立起来的完整存在。正是由于这种综合体的特殊性整体，才使一个人同另一个人的人生观特性区别开来；也正是这种综合体形成了人生观的整体性和稳定性的特征。人生观的整体性表现在诸多方面，它包括对人的本质、人生意义、人生价值、人生目的、人生理想、人生态度、人生的选择等诸方面的根本看法，包括人的政治观、法制观、道德观、价值观、审美观、利益观、生死观、荣辱观、恋爱观、幸福观，等等。因此，人生观是人们对人生整体性的根本观点。人的某个方面的观点，不能代表他人的整体观点，任何人偶尔表现出来的某种行为特质，并不就是这个人的整个人生观。整体的功能大于部分功能的总和，整体的功能不是部分功能机械的相加。然而，整体又是由部分构成的。一旦人生观整体形成，它就具有稳定性，它是不会随意改变的。例如，一个具有崇高理想的人，有着坚定信念的人，其行为十分稳定，他不会轻举妄动或做出极不道德的事情。因此，人生观具有稳定性的特征。但是，这并不是说人生观永远不变，人生观的稳定性和整体性并不排斥人生观的可变动性。世界上一切事物都在运动、变化和发展，人生观也处在运动、变化和发展之中。社会在发展，环境在变迁，主体在变化，交往在日益频繁，人生观岂能永远不变？人生观的变化沿着两个方向：前进和后退。前者使人生观不断向前发展，使人生观不断完善、完美；后者使人生观不断退化，使人变得卑劣。但人生观的可变动性也不排斥它的稳定性和整体性，它是在相对稳定性和整体性中不断变化和发展的。

三、人生观在社会发展和个体人生发展中的重要作用

（一）人生观是促进或阻碍社会发展的巨大精神力量

历史唯物主义认为，社会存在决定社会意识，社会意识又反作用于社会存在。作为社会意识的人生观是由社会存在决定的，即是由社会物质生活条件决定的。但是，人生观一经形成，它对社会物质生活条件又有巨大的能动的反作用。社会的发展是通过无数的个人活动来实现的，人生观对人们的行动起着指导作用，因而人生观也必然影响社会的发展。人生观对社会发展的作用，概括起来，无非是促进或阻碍的作用：凡是反映社会先进经济关系的符合社会发展趋势的革命阶级、集团、个人的人生观，对社会发展起着促进作用；凡是反映落后经济关系的与社会发展趋势背道而驰的落后阶级、集团、个人的人生观，对社会的发展起着阻碍的作用。历史上的奴隶主阶级、封建地主阶级和资产阶级，当他们处在上升的进步阶段，其先进的人生观对社会的发展起了积极的作用；当这些阶级走向没落时，其阶级的人生观对社会发展则起了阻碍的作用。判断一种人生观起进步作用，还是起反动作用，要看它所产生的社会经济关系的性质。当社会经济关系是先进的，在其上形成的人生观也是先进的，它为先进经济关系服务，则起着进步作用，反之则起着反动的作用。

（二）人生观对人生发展的方向、道路起着导航的作用

众所周知，人的行动受思想支配，人的思想指导着人们的实践活动。人生观犹如汽车的方向盘，对人生的发展方向、道路，对人的行动起着导航和指导作用。人生观决定着一个人要成为怎样的人以及做人的标准，人生观能帮助人们辨别和选择方向、道路，辨别善恶，使人朝着既定的目标前进。但是，不同的人生观对人生起着不同的指导作用，正确的人生观能指导人们采取正确的行动，沿着正确的方向前进。爱迪生说："我的人生哲学就是为人类而工作。"爱因斯坦说："只有献身于社会，才能找出那短暂而有风险的生命意义。"正是"为人类而工作""献身于社会"的崇高的人生观引导着"发明大王"和"科学巨匠"为人类做出了卓越的贡献，使他们永远活在人们的心中。而错误的人生观，特别是腐朽阶级的人生观，能使人变得狭隘、自私、颓废、沮丧，引导人们走上歧途，陷入深渊。拜金主义的人生观，使多少人走上了坑、蒙、拐、骗、偷、诈、

抢、贪、受贿索贿的犯罪深渊。因此，树立正确的人生观是极为重要的。

（三）人生观是实现人生理想、成材的精神动力

每个人都有自己的理想，都希望自己早日成材，但是，实现人生理想、成材却是一个艰苦奋斗、努力拼搏的长期过程，甚至于需要进行一辈子的努力，在这一成材道路上会有许多艰难险阻，如果没有一个正确的人生观做精神支柱和精神动力，就不可能以坚韧不拔的精神和坚强意志去战胜困难，就无法达到光辉的顶点，实现人生理想，从而成材。

（四）正确的人生观是抵制腐朽思想侵蚀的强大思想武器

我国仍然处在社会主义初级阶段，“因此它各方面，在经济、道德和精神方面都还带着它脱胎出来的那个旧社会的痕迹”。在社会主义时期，“不能不是衰亡着的资本主义与生长着的共产主义彼此斗争的时期”。我国的生产力相对落后，决定了社会主义生产关系还不成熟、不完善，在上层建筑方面，建设高度的社会主义民主和法制所必需的一系列文化条件还很不充分，封建主义、资本主义腐朽的思想和小生产者的习惯势力，在社会上还有广泛的影响。阶级斗争在一定范围内还长期存在，国际资产阶级思想的影响、旧道德的影响，尤其是资本主义社会追逐金钱的旧道德的影响，还长期存在，并且毒害、腐蚀和侵袭人们的灵魂。

在这种形势下，加强人生观教育，就具有特别重要的意义。如果放松对人生观的教育，就有可能使人们丧失警惕性，而被资产阶级思想、封建主义思想及旧道德所腐蚀、毒害，甚至走上犯罪的道路。树立正确的人生观，对于当代的大学生也是极为重要的。它不仅是大学生人生道路的航标及其成材的重要内容，而且是大学生成材实现理想的精神动力、精神支柱，也是大学生抵制各种错误思想的强大思想武器。因此，当代大学生应该树立正确的人生观。

四、树立正确的人生观，抵制错误的人生观

要树立正确的人生观，必须旗帜鲜明地抵制和批判错误的人生观，并从历史上不同类型人生观中吸取营养，即吸取其中有价值的合理因素。在历史上，人生观的类型很多，这里着重分析对我国大学生影响较大的几种人生观。

（一）积极入世为官的人生观

在漫长的三四百万年的原始社会中，生产力水平低下，实行生产资料公有制，平均分配产品，所有成员一律平等，被推举出的首领，是由于他们具有勇敢、机智、雄辩、技巧等才能，只意味着贡献大、出力多，而不意味着索取什么，不意味着特权，首领们不谋私利，不谋特权，一心为公。因此，人们并不追求首领、“官位”。

奴隶社会取代了原始社会，私有制确立了，在此基础上形成了奴隶社会的官吏制度。这时，“官位”大小成了财产多少、特权大小的象征。因此追求官位大小成了奴隶主阶级人生观的重要特征。以孔子为代表的儒家积极主张入世从政为官，就是这种人生观在理论上的概括。孔子主张“学而优则仕”“学也禄在其中矣”。他的“学而优则仕”被封建统治阶级奉为“经典”，成了封建时代人们谋求官位、谋求发财的人生价值目标。

“升官发财”的人生观对当代大学生有着一定的影响。有的人一心想当官，把掌握权力作为人生追求的最高目标，他们提出“到有权的地方去，到有钱的地方去”；有的人入党“就是为了做官”“有利于自己的发展”。一般来讲，“读书做官”“入党做官”“学而优则仕”并没有什么不好，问题在于究竟当什么样的官？当什么样的干部（领导）？是当清官、好官（好领导、好干部），还是当赃官？是把权力作为为人民服务的方式，还是作为牟取私利的工具，这才是问题的实质。当官就应该像毛泽东、周恩来、朱德等老一辈革命家那样勤政为民，立党为公，不谋私利，就应该像焦裕禄、孔繁森那样全心全意为人民服务，应该成为清官。

（二）利己主义人生观

利己主义人生观是私有制度的产物，是私有制经济关系的反映。随着奴隶社会的产生、封建社会的形成和资本主义的确立，产生了奴隶主阶级、地主阶级和资产阶级的利己主义人生观。他们以野蛮的方式、卑鄙的手段，巧取豪夺，以血与剑的搏斗，抢劫、压榨奴隶、农民和工人，贪得无厌，唯利是图，形成了剥削阶级利己主义人生观。

在西方，作为一种人生观理论的利己主义，形成于资本主义初期，17世纪英国唯物主义哲学家霍布斯认为：人性是自私的，每个人为了自我保存都有权侵犯他人，结果就发生了普遍的战争状态，人和人的关系像狼一样。

资产阶级取得了统治地位以后，一些思想家看到了极端利己主义造成社会分裂、仇杀、憎恨、动乱，在政治上常常会导致无政府主义，给资本主义带来危害，于是，他们纷纷起来批评个人主义，并提出了合理的利己主义。19世纪德国著名的哲学家费尔巴哈认为，避苦趋乐，追求幸福，追求自己欲望的满足是人的本性。合理的利己主义是一种健全的、诚实的道德，是渗透到血和肉中的人的道德。

（三）享乐主义人生观

享乐主义人生观是腐朽的、没落剥削阶级的人生观。它认为：人生一次，人生短暂，应及时行乐，尽情享受肉体美色、口腹、耳目的快感，寻欢作乐是人生第一要义、最高追求和全部内容。

作为享乐主义的人生哲学产生在古代，在近代，享乐哲学是随同封建主义崩溃以及封建地主贵族变成君主专制时期贪图享乐和挥金如土的宫廷贵族而产生的。

历史上腐朽的剥削阶级，过着花天酒地、挥金如土的寄生生活。历代腐败的封建帝王常常陶醉于灯红酒绿、金迷纸醉的生活之中，追逐着金屋藏娇、挥霍无度的享乐生活。唐代名医孙思邈一针见血地指出：“王侯之宫，美女兼千，卿士之家，侍妾数百，昼则以醇酒淋其骨髓，夜则房室输其血气，耳听淫声，目乐邪色……当今少百岁之人者，岂非所习不纯正也。”享乐主义是一种腐朽的人生观。

（四）愉快主义人生观

愉快主义人生观是古希腊奴隶主民主派原子论唯物主义创始人之一德谟克利特提出的。他认为：“人生的目的在于灵魂的愉快，这与快乐完全不同，人们由于误解把二者混同了，在这种愉快中，灵魂平静地、安泰地生活着，不为任何恐惧、迷信或其他情感所苦恼。”他把这种愉快称为“幸福”。在德谟克利特看来，生活的目的不在于一味追求物质享受，而在于灵魂得到“平静”，“幸福不在于占有畜群，也不在于占有黄金，它的居处是在我们的灵魂之中”。使人幸福的并不是体力和金钱，而是正直和公正。他反对巨富，也反对贫穷，认为中等财富最可靠；他谴责贪得无厌的人。德谟克利特的愉快主义人生观是奴隶制社会矛盾的反映。它反映了中等奴隶主的愿望和要求，反对贪得无厌，养成简朴习惯，保持精神上的愉快、宁静，在当时具有积极意义，在今天仍有一定的价值。

（五）悲观主义人生观

悲观主义人生观，源远流长，古已有之。早在我国战国时期庄子的哲学中，就蕴含着悲观主义人生观。他认为：人生于天地之间，是极其渺小的，犹小石、小木之在大山也！庄子提出了齐物论，认为生和死是没有区别的，即“方生方死，方死方生”，提出了无为、无欲、无私的悲观主义人生观。

以悲观主义闻名于世的德国哲学家叔本华（1788—1860年）认为：“世界就是我的意志”“世界是我的表象”。在此基础上，他提出了悲观主义的人生观。在叔本华看来，人生就是痛苦。

（六）拜金主义的人生观

自阶级社会产生以来，拜金主义人生观就逐步在资本主义社会形成了，可以说它是金钱万能的社会，生产的最高目的就是为了获取高额的利润，为了赚钱，拜金主义笼罩着整个社会，评价人的工作不是看他对社会的贡献，而是看他拥有多少财富、金钱。恩格斯曾指出：在资本主义社会中，“金钱确定人的价值：这个人值一万英镑，就是说，他拥有这样一笔钱。谁有钱，谁就‘值得尊敬’，就属于‘上等人’，就‘有势力’，而且在他那个圈子里在各个方面都是领头的”。

（七）为人民服务的人生观

为人民服务的人生观是无产阶级的人生观，是科学共产主义世界观的组成部分。它是以辩证唯物主义和历史唯物主义为理论基础的。这种人生观是在无产阶级反对资产阶级斗争中，从无产阶级和人民根本利益出发，建立在适应社会发展规律基础上的新型人生观。

无产阶级人生观的理论是马克思和恩格斯创立的。早在中学学习时，马克思就指出：“在选择职业时，我们应该遵循的主要指针是人类的幸福和我们自身的完美。不应认为这两种利益是敌对的，互相冲突的，一种利益必须消灭另一种的；人类的天性本来就是这样的：人们只有为同时代人的完美、为他们的幸福而工作，才能使自己也达到完美。”又说：“历史承认那些为共同目标劳动因而自己变得高尚的人是伟大的人物；经验赞美那些为大多数人带来幸福的人是最幸福的人。”在这里，马克思指出了两点：一是选择职业的目的是“为人类的幸福”“为大多数人带来幸福”“为同时代人的完美、为他们幸福而工作”；二是“我们自身的完美”。在这两方面，只有为共同目标劳动，自己才能变得高尚。马克思和恩格斯认为每个人都有历史使命，“作为确定的人，现实的人，你就有规定，就有使命，就有任务，至于你是否意识到这一点，那都是无所谓的。这个任务是由你的需要及其与现存世界的联系而产生的”。马克思和恩格斯指出了无产阶级和劳动人民需要建立社会主义，最终实现共产主义的历史使命和最高理想，而现存世界则是资本主义的统治。他们提出了“全世界无产者，联合起来”推翻资本主义，建立无产阶级专政，最终实现共产主义的伟大理想。正是马克思和恩格斯为无产阶级人生观的基本内容奠定了基础。

1. 实现共产主义是无产阶级的历史使命和最高理想

马克思和恩格斯根据社会发展的一般规律，又根据资本主义产生、发展、灭亡的特殊规律，提出了社会主义必然代替资本主义，共产主义必然最终取得胜利的观点。他们又找到了推翻资产阶级统治的力量——无产阶级和广大劳动人民，并提出了暴力革命和实行无产阶级专政，从而找到了通往社会主义和共产主义的道路。作为历史上最革命、最先进的无产阶级，就应顺应历史发展的趋势，完成自己的历史使命，把实现社会主义和共产主义作为最崇高的理想。

2. 全心全意为人民服务是无产阶级的人生目的，是无产阶级人生观的核心

毛泽东早就指出："为什么人的问题，是一个根本的问题，原则问题……这个根本问题不解决，其他许多问题也就不易解决。"

为人民服务之所以是无产阶级人生观的核心，是因为：①为人民服务还是为剥削阶级服务是无产阶级人生观同剥削阶级人生观的分水岭和试金石。②为人民服务是无产阶级人生观的灵魂，是贯穿无产阶级人生观的主线。它体现着人生价值在于奉献的无产阶级价值观，即把人生奉献给人民。它体现着无产阶级的集体主义道德原则，即把人生奉献给人民群众这个大的集体。它体现着无产阶级的共同理想和最高理想，即实现社会主义现代化和实现共产主义是人民群众利益的最高表现。为人民服务也决定着人生态度和人生的选择。③为人民服务的人生观，决定着整个人生的发展方向，它对人的一生起着根本的指导作用。

为人民服务的人生观是科学的人生观：①它是以人民群众是历史创造者的唯物史观做理论基础的，既然人民群众是物质财富的创造者，是精神财富的创造者，是实现社会变革的决定性力量，既然只有人民才是创造历史的动力，那么，我们就应该为那些推动历史前进的广大人民服务，而不能为少数剥削者服务。②为人民服务也是以马克思主义认识论为理论基础的，因为人民是认识世界和改造世界的主体，所以我们就应该为人民服务。③为人民服务的人生观是社会主义公有制经济基础的产物和反映，反过来它又是为公有制经济服务的。④为人民服务是无产阶级的本质和历史使命在人生观上的表现，无产阶级只有解放全人类，才能最终解放自己。因此，我们就应为世界上绝大多数的人民群众服务。

为人民服务的基本内容：①为人民服务必须首先站在人民大众的立场上，立身处世。②全心全意地为人民服务，一刻也不脱离人民群众。③一切从人民的利益出发，而不是从个人或小集团利益出发。④一切向人民群众负责，人民利益高于一切，以人民的利益作为自己言行的宗旨和最高的标准，维护人民利益，同一切损害人民利益的思想和行为做坚决的斗争。⑤热爱人民，密切联系群众，关心人民群众的疾苦，与人民同甘共苦。⑥尊重人民群众的主人翁地位，同侵犯人民的人身权利和民主权利的行为做坚决的斗争。

3. 无产阶级的人生观是把对社会做出贡献作为自己人生价值的追求

人生价值在于奉献，在于物质财富的创造和精神财富的创造。如果一个人的一生对社会毫无贡献，而只是索取，那么这个人就是社会多余的人，就是社会的寄生虫。事实上，只有整个社会的创造大于整个社会的索取，社会才能存在、前进和得到发展。人类社会就是一个不断追求价值和不断创造价值的过程。人们通过积极活动来取得外界物满足自己的需要，这一过程也就是不断追求价值和创造价值的过程。从一定意义上说，人类的历史就是一个不断追求价值和创造价值的历史。作为最先进、最革命的无产阶级，就应该通过追求价值和创造价值来推动历史的前进。因此，创造价值、对社会做出贡献是无产阶级人生观的重要内容，也是无产阶级人生观区别于其他阶级人生观的重要方面。

4. 革命乐观主义是无产阶级的人生态度

对待人生的态度是人生观的重要内容。任何事物的发展都是前进与曲折的统一，在人生的旅途中，也充满着坎坷不平、酸甜苦辣和悲欢离合；在为实现共产主义的斗争中更是曲折复杂，有许多艰难险阻，有恶势力的反对。但是，人生的前途是光明的，共产主义的前途是光明的，共产主义是一定能够实现的。因此，对待人生的发展，对待社会的发展，我们决不能悲观，而要有革命的乐观主义精神。

当共产党人起来革命的时候，仅有几十个党员，面对强大的帝国主义、封建主义、官僚资本主义三座大山，他们毫不畏惧，对革命充满信心，充满着革命的乐观主义。许多共产党人惨遭反动派的杀害，可是他们喊出的是“砍头不要紧，只要主义真，杀了夏明翰，还有后来人”。曾任中共中央秘书部主任的王若飞，曾在国民党监狱中度过五年七个月，面对恶劣监狱生活的煎熬，他对难友说：“共产主义人生观可以使我们年轻，我们不要以为是住在牢狱中，而是处在斗争的生活中。死亡对我们没有任何威胁，镣铐摧毁不了我们坚强的斗争意志。”他在狱中的一封信中写道：“弟身处逆境，与普通人不同之处，即对未来前途非常乐观。这种乐观，并不因个人生死或部分失败，一时挫折而有所动摇。”这就是一个共产主义者对待人生的态度。

第二节　当代大学生人生观的特征

这里的当代大学生，是指20世纪90年代以后进入大学学习的大学生。他们出生在改革开放时期，沐浴着改革开放的强劲春风。他们是社会中朝气蓬勃的群体；他们思维敏捷，活跃，渴求知识，追求上进，富于幻想，是积极向上的一代。因此，他们的人生观是独具时代特色的。

当代大学生，一般都是从小学到中学，又从中学到大学，即从一个校门进入另一个校门，他们接触社会不多，阅历简单，涉世不深。从中学到大学又是人生发展的转折时期，是确立专业并准备走向社会的时期。大学生们通过广泛地猎取知识，逐渐形成一定的思维方式和知识结构，他们的思维能力和自我意识在急剧地发展，开始认识社会生活的意义，认识自己的社会责任、历史使命及社会角色，认识人生的意义。大学生的这种生活状况、社会角色决定了他们人生观的特征。

一、当代大学生人生观的特征

（一）不成熟性是当代大学生人生观的重要特征

当代大学生一般在18岁左右进入大学学习，他们社会经验不足，面临新的环境，远离父母，生活需要自理，同学个性相异，学习生活紧张，昔日想象的“幽雅的环境，博学的师长，温暖的集体，丰富的生活”的大学模式同现实之间有很大差异，理想同现实之间的矛盾显现出来。因此，世界观、人生观的不成熟性，使一些大学生心理压力增大，孤独、困惑、失落等蜂拥而来。经过一段大学生活，他们慢慢地度过了理想间歇期，开始探索人生，憧憬未来，向往未来。但是，由于部分大学生涉世不深，经验不足，认识上的片面性和绝对化思维模式，使他们思想上容易偏激，表现出人生观、价值观的不成熟性。

（二）从众心理是当代大学生人生观的重要特征

当代大学生人生观的从众心理有两种情形：一是从整个社会人群之众，他们常常沿着整个社会人生观、价值观行进。改革开放以后，西方的拜金主义、利己主义袭击整个中华大地时，社会上出现了“经商热”“下海热”。拜金主义人生观对大学生产生了较大的影响。二是当代大学生从同龄大多数人之众。当一种人生观在社会上流行，并被大多数青年接受、传播时，大学生的个体也会随波逐流，从大多数青年之众。例如，当席卷我国的“经商热”“下海热”出现时，青年人纷纷“下海捞大鲨鱼”了，形成了全国青年的厌学风，厌学风也在大学生中蔓延，有的大学生也下海经商，有的严重旷课，甚至出现退学现象。

（三）多元性是当代大学生人生观的重要特征

我国社会经济关系的变化，直接影响着当代大学生的人生观。在大学生中，存在着多元化的人生观：①为人民服务的人生观；②追求金钱和权力的人生观；③及时行乐的享乐主义人生观；④只求个人和家庭温饱的人生观；⑤极端利己主义的人生观；⑥悲观主义人生观。总之，当代大学生的人生观已经不是单一的了，而是多元化的了。

二、当代大学生人生观的主流是好的

当代大学生是积极向上的一代，他们的人生观的主流是好的。这些年来，多渠道针对大学生开展的调查研究都表明，当代大学生的整体发展态势是积极、健康、向上的。

北京市教育工委和北京市教育局每年组织对北京大学、清华大学、中国人民大学等十所大学进行滚动调查。从其调查结果看，大学生的思想状况也是积极向上、健康地发展着。广大学生爱国热情高，关心国家并期盼祖国更加繁荣、昌盛。

三、当代大学生人生观上表现出的错误倾向

当代大学生人生观的主流虽是健康的，但是，由于大学生涉世不深，缺乏对复杂的社会生活的体验，世界观、人生观、价值观尚不成熟，因而部分大学生在对人生的追求上，表现出一定的幼稚性，甚至极其错误的倾向。

（1）人生观上的个人主义倾向较为明显，人生价值目标向个人本位倾斜。有的人公开提出“价值选择就是要以我为中心”。

（2）人生观上的功利化、实用化倾向明显。大学生的价值取向求实、求真、求近，有一定的合理性，但目光短浅、实现人生目标手段利己化，却是不足取的。大学生价值目标的功利化、自我化，必然导致实现价值手段的利己化、实用主义化。有的大学生为了达到个人的目的，可以不择手段，可谓“见识广、路子宽、办法野”。如“拉关系，走后门”，有的为了战胜竞争对手，竟然编造假材料、诬陷他人等。

（3）政治观上偏离正确的轨道。当代大学生中，有一部分人政治上偏离了正确的轨道，比如大学生中存在的厌学思想和急功近利的短期行为，都是政治表现与社会主导价值观的背离。

第三节 当代大学生的人生观教育

一、当代大学生人生观教育的内容

大学生的人生观是社会意识的一种特殊形式，是大学生在实践中逐渐形成的对人生的总体看法。因此，大学生的人生观是一个复杂的系统，它既包括大学生对人生意义、人生目的、人生理想、人生态度等的根本看法的观念系统，又包括大学生的政治观、法制观、利益观、道德观、价值观、审美观、生死观、恋爱观、荣辱观等。因此，大学生人生观教育的内容也是极其多样、极其丰富的。

（一）进行人生意义的教育

人生有无意义？众说纷纭，但概括起来有两种基本的观点：一种观点认为人生是毫无意义的，他们认为“人生如梦”“人生如浮云”“人生如苦海”“人活着没意思”等；另一种观点认为无论生活怎样艰辛，怎样酸甜苦辣，人生是有意义的，人应该努力奋斗。

所谓人生意义是指人们对自身的生存、发展、价值和作用的根本看法。人生意义既是人们对自身价值和作用的主体体验和理性思考，又是一种客观存在，即一个人所从事的事业，所创造的价值而存在于社会之中的。人的理性思考是对社会客观存在的反映。动植物的存在是有价值和有作用的。但动植物没有能动性的作用，而人生则是有能动的创造作用，即创造价值。人生意义的核心是人生价值，但人生意义比人生价值外延要广，因为人生意义是人的整个一生的活动及其价值、作用。人生意义有以下基本表现：

1. 人生意义表现为追求自我价值

众所周知，人有生存、享受和发展的需要，如果这些需要一点都得不到满足，那么他就无法生存，他就会感到人生没有意义。如果一个人衣不遮体，整天处于饥饿状态，那么他就会感到活着没有意思。因此，追求生存权是人的起码的权利。如果一个人的创造性劳动得到社会的承认和尊重，社会又满足他多方面的需要，那么他就会感到生活太有意义了。因此，追求自我价值，向社会索取必要的生活资料，是人生意义存在的必要条件。

2. 追求社会价值，对社会做出贡献，是人生意义的根本

追求价值是人类的天性，不追求物质价值，人类便无法生存；不追求精神价值，人便无异于禽兽。人类不仅追求价值，而且更重要的在于创造价值——创造物质价值和精神价值。创造价值是人类独有的特点，人类对价值的追求和创造，实现着自己的价值，形成了一个具有物质生活和精神文化生活的既有血有肉又有骨骼的活生生的价值世界，从而表现着人的本质力量，推动着人类社会历史的向前发展。当人们创造出物质财富或精神财富时，当人们通过实践变革了旧的社会制度时，当人们推动了社会历史的前进时，人们就会感到人生太有意义、太伟大了。如果一个人的一生对社会毫无贡献、毫无作为，对他人的存在毫无作用，相反，他一个劲地向社会索取，那么这个人的人生就毫无意义、毫无价值了。可以说，人生意义在于贡献，在于劳动，在于创造物质财富和精神财富，在于履行社会的责任。因此，对大学生进行人生意义的教育，就要落实在对大学生进行人生价值观教育上。

3. 人生意义在于追求真、善、美

①真，一是指客观事物真实地存在着，追求真就是要追求真实的东西，而不能追求虚无缥缈的东西；二是指真理性的认识，即人们的思维对事物及其规律正确的反映。追求真就是要追求真理，为真理而斗争。如果人的一生不追求真，而追求假，不追求真理，而追求荒谬，那么他的人生是没有意义的。为此，对大学生就要进行辩证唯物主义和历史唯物主义世界观的教育。②善，一是指伦理道德的善意、善行、善的品质，追求善，就要做一个道德高尚的人，而不能成为道德卑劣的人；二是指功利范畴，即对人有功利、有利益、有用。如果人的一生不追求道德高尚，不追求有功利的东西，而去追求卑劣的道德，追求毫无功用的东西，那么他的人生是没有意义的。为此，就要对大学生进行伦理道德观和利益观的教育。③美，是指人们在自由自觉的劳动创造中，体现人们的思想、才能、力量、目的的实现，人在其中能感受到的愉快和喜悦的感性显现，是人的本质力量对象化了的结果。美是主体对客体的欣赏和愉快的体验。人生应该追求美，如果人的一生都在追求丑的东西，那么他的人生就没有意义了。为此对大学生就要进行审美观的教育。真、善和美是统一的。没有真和善，就没有美，美以真和善为前提、基础，美中包含着真和善。但是，如果没有美，那么美中的真善也就不存在了。

4. 人生的意义在于追求自由

追求自由是人类的天性，是人的本质力量的表现，是人和动物的区别之一。如果人的一生毫无自由，那么他会觉得人生没有意义。但是，人生的绝对自由是不可能达到的。根据历史决定论的观点，人们生活在世界上，要受到自然界、社会许多客观条件的制约，要摆脱这许许多多条件的制约是不可能的。然而，人们在自然界、社会面前又不是无能为力的。当人们认识了自然和社会的规律，并按照客观规律办事，对自然界和社会实现了改造，达到了预期的目的，那么人们就获得了自由。所以，恩格斯说："自由不在于幻想中摆脱自然规律而独立，而在于认识这些规律，从而能够有计划地使自然规律为一定的目的服务。"其意思是说，自由是对必然的认识和对客观世界的改造。当人们没有认识必然性、规律性时，人们是盲目必然性的奴隶，一旦人们认识了必然，并对客观世界进行了改造，必然就转化成自由。人类的历史，就是一个从必然王国向自由王国发展的历史。历史是人民群众创造的，没有人民群众的能动性、创造性的发挥，就没有历史。当人们获得了自由，人们就会感到人生意义的伟大。为此，对大学生就要进行自由观的教育，使大学生认识历史发展的规律，从而为实现人类的自由王国而努力奋斗。

（二）进行人生目的的教育

目的是人所特有的精神现象，是人的一种自觉的主观意识。动物没有自觉的目的意识，动物的合目的行为全是一种本能。而人的活动则是一种自觉目的的结果，合目的性是人的意识能动性的表现之一。所谓目的是指人们在活动中所要达到的结果。如认识世界的目的是为了改造世界；学习的目的是为了将来更好地工作，对人类做出贡献；盖大楼的目的是为了改善群众的居住条件，等等。可见，目的是主客体之间关系的潜在价值在人们头脑中的反映，目的的实现就是客体的潜在价值转化为现实价值，目的在于改变客体的现状，以获得未来客体的新价值。因此，目的是人对客体超前的价值追求，是人的自觉能动的创造性本质的表现。

在社会主义社会中，建立了生产资料公有制经济基础，实行了各尽所能、按劳分配的原则，在这种经济关系上产生了为公的人生目的。人民是生产资料的主人，是国家的主人，"一切权力属于人民”。因此，为公的人生目的最终就落脚到“为人民服务”的人生目的上。

作为社会主义的大学生，应该树立正确的人生目的，“天下兴亡，匹夫有责”。他们应该把为实现我国社会主义现代化，把全面建设小康社会作为奋斗的目标，把中华民族的伟大复兴作为人生的追求，应该把国家、集体的利益放在第一位，培养自己全心全意为人民服务的崇高的人生目的，做一个大公无私、公而忘私的道德高尚的人。为此，对大学生要进行爱国主义、无产阶级公私观及全心全意为人民服务的教育。

（三）进行人生理想的教育

古代思想家非常重视人生理想，他们把理想称为“立志”。孔子说：“三军可夺帅也，匹夫不可夺志也。”在儒家看来，志不立，天下无可成之事。法国著名的微生物学家巴斯德说：“立志、工作、成功，是人类活动的三大要素。立志是事业的大门，工作是登堂入室的旅程。这旅程的尽头就有成功在等待着，来庆祝你的努力成果。”他又说：立志是件很重要的事情，工作随着立志走，成功随着工作来，这是一定的规律。人生理想是人生观的重要组成部分。人有意识，有自觉的能动性，人能立足现实，又超越现实，即能憧憬和追求未来。理想就是指人们对未来目标的追求和向往，是人们为之奋斗的目标。理想就其性质上看，有崇高的理想，也有庸俗的卑劣的理想，前者以科学的理论为基础，以现实为依据，并把自己的力量献给人类的幸福，追求崇高的目的和目标。崇高的理想能鼓舞人们的斗志，激励人们对生活的勇气和信心，成就人们一番事业，对人类做出贡献。卑劣的理想是以错误理论、错误思想为基础的，它违背社会发展的趋势，与人民大众利益背道而驰。这种理想会把人引导到深渊，甚至把人引向犯罪的道路。

树立崇高的理想对于大学生是十分重要的。崇高理想是大学生前进道路上的指路明灯、航标，没有正确的理想，就会迷失方向，就会丧失生活的气息，甚至走上歧途、陷入深渊。崇高理想是大学生的人生精神支柱，它支撑着大学生为实现伟大的目标而努力奋战、努力拼搏，以到达胜利的彼岸。崇高的理想是大学生走向生活、努力工作的精神动力，也是抵制各种错误思想的强大的精神武器。崇高理想是大学生人格完善的重要方面，没有崇高理想的人，其人格是不完善的，人格美中包含着崇高理想美。

大学生应该树立怎样的崇高理想？大学生应该把实现我国社会主义现代化的共同理想和实现共产主义的最高理想作为人生的最高追求；大学生应该志存高远，确立自己崇高的事业理想；大学生应该摆脱灵魂的庸俗，塑造和培养自己理想的道德人格；大学生应该对未来的物质、精神、文化生活有一个崇高的追求；大学生应该对婚姻、爱情、家庭有一个崇高的追求。总之，大学生的社会生活的方方面面都应有一个崇高的追求，从而使自己成为一个有道德的、脱离了低级趣味的人，一个有益于人民的人。

（四）进行科学信念的教育

信念是人们精神活动的重要内容，也是人生观的重要组成部分。信念是指人们在一定认识基础上而确立的对某种理论、主张、见解、观点、理想等的坚信无疑，并努力身体力行为之奋斗的精神状态和自己坚定的看法。如当人们认识到社会主义必然代替资本主义，共产主义一定能实现的社会规律后，就一定会为实现社会主义和共产主义而努力奋斗，我们称为有坚定的社会主义和共产主义信念。信念是基于理性认识而产生的强烈感情和坚定的意志，它是理性认识、情感和意志行为相统一的精神状态。信念一旦确立，就会成为人们的精神支柱、恪守的信条和追求的目标。

信念的最高表现形式就是信仰。信仰是指对某人或某种主张、观点、主义等极度的相信和尊敬，并拿来作为自己行动的榜样、准则或指南。如果一个人什么信仰都没有，那么他就会失去把握自身命运的精神支柱，直接影响其自身发展。方志敏在狱中写道："敌人只能砍下我们的头颅，决不能动摇我们的信仰，因为我们信仰的主义，乃是宇宙的真理。"坚定的马克思主义信仰使他为人民的解放事业献出了生命。

信念就其性质来看，有科学信念，也有非科学信念，前者是以对事物及其规律的正确认识为基础的，后者是以对事物及其规律的错误认识为基础的；前者经得起实践的检验，而后者是经不起实践检验的；前者指导实践是有力量的，并且最终是能实现的，后者指导实践是软弱无力的，因而是不可能得到实现的。因此，科学信念和非科学信念有着本质的区别。

树立科学的信念对当代大学生的人生起着重要作用：①科学的信念是大学生正确认识事物的基点，信念一旦形成，便会对事物有一个坚定不移的看法，就会驱动他们为实现崇高理想而奋斗。②科学的信念对大学生的行为有巨大的激励作用和指导作用，激励他们以坚韧不拔的精神、不屈不挠的斗志去克服前进道路上的困难，从而达到既定的目标。③科学信念一旦形成，就会成为大学生判断是非的重要因素，凡是与科学信念相一致的，就会积极支持，凡是与科学信念背道而驰的，就会起来反对、否定。

当代大学生应该树立哪些科学信念呢？首先，要有对马克思主义理论的坚定信念或信仰，要有坚定的社会主义和共产主义信念，要有集体主义的坚定信念，要有爱祖国、爱人民、爱劳动、爱科学、爱社会主义的信念；其次，要有坚定的追求真理的信念，要有为了追求科学、追求真理而献出自己一切的精神；最后，要有热爱生活的信念，在社会生活的大海中，努力奋斗、拼搏，克服各种艰难险阻，不断完善自己，使自己到达胜利的彼岸。

（五）进行人生态度的教育

怎样看待人生之路？怎样看待人生之路中所遇到的种种问题，诸如荣与辱、成功与失败、幸福与不幸、顺境与逆境、是与非、曲与直、生与死等，这就是人生态度的问题。

人生态度是指人们在社会实践中，对待人生旅途中的各种境遇和各种问题的根本看法，是人生观在实践中遇到问题时根本看法的表现。它既可以表现在求学、交友、恋爱、家庭中，也可以表现在工作、劳动、立业活动中，还可以表现在参加各种社会活动中，诸如效忠祖国、参加革命活动等之中。总之，它存在于人生的一切活动之中。

当代大学生从校门到校门，缺少社会生活的经验，阅历浅，对人生道路的复杂性、曲折性常常缺乏认识，对人生道路的坎坷不平缺少思想准备，常常把人生之路看成笔直而又平坦。殊不知人生的发展比事物的发展更为复杂，更带有许多难以预料的偶然因素，因为在社会活动中总是有有意识的人参与，人们之间互相作用，甚至互相抗衡、争斗，在人生旅途中，有事业成功、施展才华、建功立业、使人处在幸福和欢乐之中的顺境（顺利的境遇）；也有平平安安、平安无事的常境；还有处在逆境之中，不幸的事、倒霉的事、大祸等从天而降，诸如政治上遭到迫害、重病的折磨、事业上的失败、天灾人祸临头等。正如宋代著名诗人苏东坡所说：人有悲欢离合，月有阴晴圆缺，此事古难全。

为什么人生道路上会有逆境、挫折？概括起来原因有二：客观原因和主观原因。就客观原因来说，任何人都是生活在一定的社会关系之中的，人的活动要受到自然环境、社会环境和精神环境制约，人的逆境常常来自客观条件，如生老病死、天灾人祸、政治迫害、被人诬陷、激烈竞争、犯罪分子的攻击、实验条件恶劣、病菌的侵入等，这些客观条件造成人的事业失败，使人处在不可抗拒的逆境之中。就主观原因来说，如主观认识不足、判断错误、选择失当、行动有误、能动性发挥不佳等也会造成挫折，使人处在逆境之中。有时主客观兼而有之。因此，就人的一生来说，挫折、逆境带有普遍性，它像事物的发展是前进性和曲折性统一的一样，人生道路也是前进性和曲折性的统一，人生道路是坎坷不平的。

怎样对待挫折和逆境，反映着一个人的世界观、人生观和价值观的成熟程度。当代大学生应该是自我命运的主人，“要做生活上的强者”。每个人都应该成为自己命运的主人，而不应该把自然、神灵、教会、金钱、权力、财富看作命运之神。虽然在我们社会中还有许多偶然因素，但是一般来说，人是自我命运的设计师和建造者。在一定条件下，人的主观努力对自我发展和自我命运能起决定性的作用。人生之路要靠自己走，人生命运常常掌握在自己手中。不同的努力、奋斗，有着不同的结果。可悲的命运除了客观的不可抗拒的原因造成的外，常常是由于个人犯错误或犯罪造成的；平庸的命运常常是个人不求进取造成的；美好的命运属于那些顽强拼搏、努力奋斗的强者。当代大学生应该确立科学的信念，以顽强拼搏的精神，以坚韧不拔的意志力，对生活充满革命乐观主义精神，克服艰难险阻，从而创造美好的、幸福的人生。

二、大学生人生观教育的实施

怎样有效地对大学生进行人生观教育？笔者认为，必须选好大学生人生观教育的突破口，抓好着力点，掌握好关键，运用有效的方法，只有这样，才能收到良好的效果。

（一）选好教育的突破口

对大学生进行人生观教育的突破口在于澄清当代大学生对人的本质的认识。

部分大学生认为“人的本质是自私的”，或者是“说不清的”。如果不能从理论上提高大学生对人的本质的正确认识，那么要大学生树立正确的人生观则是不可能的。如果人的本质是自私的，那么，进行为公的教育、为人民服务的教育就是错误的，是违背人的本性的。因此，弄清人的本质，科学地认清人的本质，是大学生树立正确人生观的理论基础，也是对大学生进行正确人生观教育的突破口，不解决这个问题，要大学生树立为公、为人民服务则是不可能的。马克思主义哲学原理和思想道德修养课，就要从理论高度，并结合实际讲清人的本质，为大学生树立正确的人生观奠定理论基础。

大学生对人的本质认识，主要有以下几种错误观点：

1. 把人的自然本性说成是人的本质

有的同学在发言中说：“动物是自私的，人同动物一样，人天生也是自私的。”人有求生的欲望，有饮食及男女的需要，人生来就为这些自然需要而奔波和奋斗，这就决定了人的本质是自私的。这种观点的错误在于：它把人的本质归结为人的自然属性，完全否认了人的社会属性。它是“动物本能论”和“自然人性论”的翻版，它混淆了人的需要同动物的需要的根本区别。人是从动物发展而来的，人却具有同动物相类似的自然需要，人的自然需要谈不上自私的问题，但人的需要和动物的需要本质是不同的。动物的需要完全受本能驱使，而人的需要却和社会密切联系在一起。人的需要的产生、满足和发展都要受到改造自然的社会生产活动及其结果的制约，离开社会不可能产生人的需要。人的需要具有社会性，人的社会性制约和决定人的自然属性。把社会的人看成自然的人、生物学意义上的人，就不可能达到对人的本质的正确认识。

2. 把个人利益、个人需要同自私混为一谈

有的同学认为："每个人都在为自己的利益而奋斗，每个人都有自己的需要，每个人都爱自己，趋利避害。因此，人人都是自私自利者。"这种观点混淆了个人需要、个人利益和自私这些不同意义的概念。人的需要、个人利益是指对自身生存和发展的生活条件、学习条件、工作条件的需要，这种需要、个人利益是客观的，是人的生存和发展必不可少的，是合理、合法的，是任何社会都承认的，没有人的需要，没有个人利益，人们就不能生存和发展。因此，个人利益是得到社会保护的，为个人利益而奋斗，追求个人的需要不叫自私。马克思主义是承认个人利益的，毛泽东早就指出："马克思列宁主义的基本原则，就是要使群众认识自己的利益，并且团结起来，为自己的利益而奋斗。"而自私是一种社会意识。它属于观念、意识范畴，同"为公""大公无私"的意识相对立。从道德上看，自私是后天形成的一种品质，为了个人利益，不惜损害他人利益，不惜损害公共利益和社会利益，即损人利己、损公肥私才叫自私，否则不叫自私。因此，不能把个人利益、个人需要说成就是自私自利，那种认为个人利益、个人需要就是自私的，并由此得出"人的本质自私论"的观点，是错误的，是站不住脚的。

3. 认为自私是人的普遍本质、普遍规律

这种观点的错误就在于：①自私是私有制的产物和反映。根据历史唯物主义的社会存在决定社会意识的原理，作为社会意识和道德上的自私，是私有制经济关系的产物和反映。当社会存在中没有私有制经济关系时，社会中也没有自私观念，没有自私道德；只是在社会存在中产生了私有制经济关系后，才出现了反映私有制经济关系的自私观念和自私道德；随着生产力的高度发展，随着私有制经济关系的彻底消灭，自私观念和自私道德也将消失，自私不是永恒的、不变的。因此，"人的本质自私论""自私是普遍规律"，在理论上是站不住脚的。②这种观点不符合人类发展的历史事实。人类发展史表明，人类社会已有几百万年的历史，私有制产生不过几千年，在此之前的人类历史发展的漫长岁月中，没有私有制，也没有私有观念，没有为私的道德，更谈不到人的本质是自私的问题。③这种观点也不符合客观存在的社会现实。在现实社会中存在着许多种人：第一种大公无私、公而忘私；第二种公私兼顾，有时能做到先公后私，有时则不能做到；第三种极端自私自利的利己主义者……它是由我国现阶段经济基础决定的。由于我国现阶段是以公有制为主体多种所有制并存的国家，社会存在分工和实行市场经济，在这个基础上建立起来的道德观念，只能是这多种状态的共存。因此，将人的本质一概说成是自私的并不符合实际。问题是作为当代大学生要做哪一种人，应该努力使自己成为一个大公无私的人，如果做不到，也要做一个先公后私、公私兼顾的人，而绝不能做一个自私自利的人，绝不能成为一个极端利己主义者。④这种观点把剥削阶级的自私自利本质夸大成人类的共同本质，为剥削他人劳动作为理论依据，犯了形而上学的错误。在阶级社会中，一切剥削阶级都是唯利是图的利己主义者，他们把自己的幸福建立在他人受苦之上，榨取劳动人民的血汗。因此，剥削阶级的人性，在本质上是自私自利的。而劳动人民用自己的汗水养活了剥削阶级，用汗水换来了劳动果实，在人性上，他们并不是自私自利的。因此，把剥削阶级的自私本质夸大成所有人的本质，是错误的、形而上学的。

总之，自私是一种社会意识，是为了一己私利、损害他人或社会利益的思想和行为。它既不是人类的本性，也不是人类社会的普遍规律。"人的本质自私论"在理论上是错误的，它使个人主义合理化；在实践上是有害的，它严重地腐蚀着人们的思想，它否定了社会主义集体主义思想，对社会主义公有制起了瓦解作用。

人的本质究竟是什么？本质是相对现象、非本质的东西而言，本质就是事物的根本性质，是一事物区别于另一事物的根本特性。人的本质就是人的根本性质，是人区别于动物的根本特性，是人之所以为人的本质属性。马克思在《关于费尔巴哈的提纲》中指出："人的本质不是单个人所固有的抽象物，在其现实性上，它是一切社会关系的总和。"这是对人的本质的高度科学概括，是马克思主义关于人的本质的基本思想。

（1）人的本质具有现实性，就是说人是具体的、现实的人，没有脱离现实的抽象的人。马克思明确地指出："这里所说的个人不是他们自己或别人想象中的那种个人，而是现实中的个人，也就是说，这些个人是从事活动的，进行物质生产的，因而是在一定的物质的、不受他们任意支配的界限、前提和条件下活动着的。"这就是说，现实的人是从事实践活动的人，实践是现实的人的根本特点。只有抓住实践这一环节，人才是具体的、现实的。

（2）人的本质是一切社会关系的总和。人类的社会关系大致可以分为两大类：物质关系和思想关系。物质关系一般指人与自然之间物质、信息、能量交换的关系和生产关系，生产关系又可以分为在一定所有制关系下的生产、分配、交换、消费诸关系；思想关系一般指政治的、法律的、道德的、宗教的关系，等等。在这两大类社会关系中，物质关系决定思想关系，所以，物质的生产关系是决定其他一切社会关系的基本的、原始的关系。生产关系决定整个社会的面貌，也最终决定人的本质。只有把人放在以一定的生产关系为基础的各种社会关系总和之中进行综合考察，才能全面地把握人的本质。在现实生活中，物质的社会关系和思想的社会关系是相互渗透的。如在血缘关系、地缘关系、业缘关系、阶级关系、民族关系等关系中，既包括物质关系又包括思想关系。每个人从出生起就置身于一定的社会关系中，随着年龄的增长，逐渐地从一个自然人转变为一个能够掌握一定的社会文化、参与社会生活、充当某种社会角色的社会人，这个社会化的过程也就是人的本质的形成过程。社会关系的总和规定人的本质，不仅可以从"类"的角度，从根本上把人同动物区别开来；而且，也可以把现实社会中千差万别的各具特点的个人区别开来。个人的本质受到自己所属的社会关系的总和的制约。由于个人的实践活动各不相同，社会关系亦有差别，因而生产方式、思想意识、政治立场等也就各具特点。所以说，无论是人类的共同本质，还是个人的特殊本质，都可以从社会关系的总和中得到说明。

（3）人的本质是变化、发展的，而不是永恒不变的。在唯物辩证法看来，宇宙间的一切事物都是运动、变化和发展的，社会和人自身也不例外。就是说，社会关系也是运动、变化和发展的，正如马克思所说："各个人借以进行生产的社会关系，即社会生产关系，是随着物质生产资料、生产力的变化和发展而变化和改变的。"既然生产关系及由它产生的一切关系都是变化、发展的，那么由一切社会关系总和决定的人的本质，也会随着社会关系的变化、发展而不断地变化、发展，永恒不变的人的本质是根本不存在的。马克思正确指出："整个历史也无非是人类本性的不断改变而已。"又说："我们的出发点是从事实际活动的人。"这种"人"，"不是处在某种虚幻的离群索居和固定不变状态中的人，而是处在现实的、可以通过经验观察到的、在一定条件下进行的发展过程中的人"。这就是说，马克思运用唯物主义和辩证方法，在联系、动态、历史中考察人的本质，由于各个时代的社会关系不同，因而就决定了各个历史时代人的本质的具体内容是不同的。

（二）抓好教育的着力点

对当代大学生进行人生观教育的着力点应放在坚定大学生正确的理想信念上。理想信念是人对未来的向往和追求，是人最基本、最主导的一种思想观念。理想信念一旦形成，就会成为人的精神支柱和动力源泉，成为人的行动指南。一个人没有理想信念，就没有生活的目标和希望。一个民族没有精神支柱就不能自立于世界民族之林。

2004年，党中央、国务院颁发的《关于进一步加强和改进大学生思想政治教育的意见》，即中央16号文件指出，大学生思想政治教育要坚持以大学生的理想信念教育为核心，努力在两个层次上实现对大学生的培养目标：使全体大学生“确立在中国共产党领导下走中国特色社会主义道路、实现中华民族伟大复兴的共同理想和坚定信念。同时，要积极引导大学生不断追求更高的目标，使他们中的先进分子树立共产主义的远大理想，确立马克思主义的坚定信念”。

当代大学生是我国宝贵的人才资源，是祖国的未来、民族的希望。把大学生的理想信念教育，放在最为重要的位置，有着特别重要的意义。

教育大学生树立正确的理想信念，直接影响大学生科学人生目的的确立，对大学生的健康成长和全面发展具有重大而深远的影响。正确的理想信念能使大学生在成长中充满激情，在现实行动中明确方向，并能持之以恒地为着目标而努力。实践证明，近年来一些大学生在人生观上出现问题，甚至个别人走上违法犯罪的道路，与其远大理想和科学信念的缺失直接相关，也与一些地方、部门和学校对大学生理想信念教育重要性认识不足、重视不够、办法不多密不可分。

教育大学生树立正确的理想信念，直接关系到我国的前途和命运：一方面，我国建设中国特色社会主义、实现民族伟大复兴，需要一大批有远大理想和坚定信念、有社会责任感和历史使命感、掌握了现代科学知识和技能的人积极奋斗。当代大学生应当担当起这个责任。另一方面，理想信念也具有重要的凝聚作用。理想信念不仅能够把一个人的全部力量调动起来，而且能够把社会许多人的力量凝聚在一个目标上，形成一股巨大的合力，以完成共同的事业。正如邓小平同志所说：“根据我长期从事政治和军事活动的经验，我认为，最重要的是人的团结，要团结就要有共同的理想和坚定的信念。我们过去几十年艰苦奋斗，就是靠用坚定的信念把人民团结起来，为人民自己的利益而奋斗。没有这样的信念，就没有凝聚力。没有这样的信念，就没有一切。”因此，当代大学生人生观教育的着力点应放在培育大学生树立正确的理想信念上。

（三）抓住教育的核心

当代大学生人生观教育的核心是什么？是解决为什么人的问题。为什么人的问题，是一个根本的问题，原则的问题。是为人民服务，还是为私利服务，这是无产阶级人生观同剥削阶级人生观的分水岭。为人民服务是无产阶级人生观的本质特征和核心，背弃了为人民服务就从根本上背弃了无产阶级人生观。

当代大学生是我国文化水平高层次的阶层。他们是社会的精英，其素质如何，将关系到我国的前途和命运。大学生应该成为我国社会的先进的群体，即具有较高素质的群体。况且，当代大学生的成长不仅是靠他们的父母、长辈的抚育和培养，而且更重要的是靠社会、人民的培养，没有数以万计的老师们的辛勤教育和培养，没有数以亿计的工农的辛勤劳动，当代大学生的学习、成长就是不可能的。因此，大学生们不仅要感谢父母、长辈的栽培，更要感谢老师、工人、农民付出的巨大劳动。人民，只有人民才是创造世界历史的动力，人民群众是物质财富的创造者，是精神财富的创造者，是实现社会变革的决定性力量。

对大学生进行为人民服务的教育，不仅要从理论的高度认清为什么要树立为人民服务的人生观，而且要旗帜鲜明地反对个人主义的人生观。

个人主义来自拉丁文“individuum”，是不可分割的东西、个体之意。作为社会意识的个人主义道德原则和价值取向，是私有制度的产物。它是随着私有制度的产生而产生的。作为资产阶级价值观和道德原则的“个人主义”，是西方资产阶级意识形态的重要内容。

（四）运用有效的教育方法

毛泽东早就指出：“我们不但要提出任务，而且要解决完成任务的方法问题。我们的任务是过河，但是，没有桥或没有船就不能过。不解决桥和船的问题，过河就是一句空话。不解决方法的问题，任务也只是瞎说一顿。”对大学生进行人生观教育，也必须讲究方法，否则，这一教育的任务也是无法完成的。

对当代大学生进行人生观教育，应该采取广泛性和先进性相结合的方法；抓典型、树榜样，一般号召和个别工作相结合的方法；人生观教育同业务教育相结合的方法；说服教育、民主讨论、以理服人的方法；寓教于乐的方法；等等。只有采取多种多样的教育方法，才能取得良好的教育效果。

第六章 当代大学生的价值观教育

价值观念作为人们精神领域的主导因素，左右着人们思想观念的变化，决定着人们的追求，主宰着人们的思想和行为。在市场经济条件下，以大学生为主体的新型的价值观正在形成并逐步走向成熟。研究当代大学生的价值观对于引导大学生在市场经济中合理地发挥积极作用，推动社会良性循环和向健康向上的方向快速有序地发展有积极意义。

第一节 价值观与大学生价值观

价值，在马克思主义政治经济学中，指的是凝结在商品中的一般的无差别的人类劳动或抽象的人类劳动。然而在社会生活领域，价值还有更宽泛的理解，它成为人们对事物和现象的有用性做出判断的依据，是行为上做出选择的原则。价值，是一个历史概念，虽然在人类历史上可能存在一个惯用的价值原则，但是在不同的历史阶段，人们对价值的理解又有不同，每一时期人们的价值观念总是不可避免地带有这一时期政治、经济等的时代特点，它影响着该社会中人们的行为，尤其是影响着青年大学生的行为选择。对价值观的不同认知，导致大学生成为不同的社会人。

在我国，20 世纪 70 年代以前，对价值观的研究还比较单薄，到了 20 世纪 80 年代，随着改革开放的深入和市场经济的发展，对价值观的研究越发显得迫切，对大学生价值观的研究成为许多教育家、社会学家等的课题。

一、价值、价值观和大学生价值观的一般特点

价值是客体对于主体的有用性，是存在于主、客体之间的一种满足需要关系。"'价值'这个普遍概念是从人们对待满足他们需要的外界事物的关系中产生的"。价值的产生离不开主体的需要、客体的属性和主客体之间的关系三个要素。一碗饭对于饥饿的人来讲，是具有重要价值的东西，而在酒足饭饱的人眼里，却毫无价值，甚至是具有负价值，因为过度摄取食物不但对身体无益，还会导致疾病。由此可见，不同的事物对于不同的人来说，它的价值是不同的。人们对事物的价值判断就形成了价值观。

价值观是对价值的理解和认识，是人们对于各种客体满足主体需要的有用性所进行的评价、认识、所持的根本看法。价值观又是社会关系的产物，是由社会物质生活条件决定的。马克思说："在不同的占有形式上，在社会生存条件上，耸立着由各种不同的、表现独特的情感、幻想、思想方式和人生观构成的整个上层建筑。整个阶级在它的物质条件和相应的社会关系的基础上创造和构成这一切。"价值观是人生观的核心，因此，价值观也属于上层建筑中社会意识的一种形式，价值观的形成离不开现实的物质条件。

价值观可以从三个方面来把握。①从形式上来看，价值观是人们对其生活中的各种事物和现象能否满足自身需要进行认识、评价时所持的基本观点，常以信念、信仰、理想等所构成，思想

形式是多种多样的；②从其内容来看，价值观反映了主体的需要、取向及主体实现自己利益和需要的能力、活动方式等方面的主观特征，是一个人"信什么、要什么以及怎样获得"的一系列的精神目标系统；③从其功能来看，价值观起着评价标准的作用，是人们心目中用于衡量事物轻重、权衡得失的砝码。总之，价值观是人和社会精神文化系统中深层次的、相对稳定而起主导作用的部分。价值观是人生观的核心，是世界观的组成部分；是驱使人们行为的内在动力，它支配并调节人们的一切行为，是其人生和事业中最重要的精神追求、精神支柱和动力所在。

大学生是社会中一个独特的群体，这一年龄段的特点决定了他们生理上大部分处于青春期末期，生理发育基本成熟，具有成年人的生理特征；心理上，由于尚未完全走入社会，心理的发育还不完全成熟，他们的意志品质、情感特征都还在发展；在社会知识结构中，他们处于上层，是人类先进的科学知识的学习者和掌握者，是社会期待的建设性人才，但还没有真正地把知识应用于实践；从他们的成长经历来看，大部分是在改革开放中成长起来的一代，普遍受到社会和家庭的加倍呵护，成长顺利，少受挫折，从学校到学校，阅历相对简单，他们对信息接收快，对市场经济衍生出来的种种想象较为认同。他们普遍追求知识，渴望独立，又少不了依赖性和不成熟；他们积极向上，自信心强，但又缺乏承受挫折和打击的能力等，这一切表现出大学生是充满矛盾的，介于成熟与不成熟、稳定与不稳定之间的特殊群体，这决定了大学生的价值观与其他的社会群体相比具有其独特性。

（一）价值取向的多样性和差异性

青年时期是人生需求最多的时期，生理的需求、心理的需求、物质的需求、精神的需求、生存的需求、发展的需求等，这些需求不断推动青年去获取对需求的满足，也不断地促使青年去认识这些需求的价值，形成青年价值观的多样性、丰富性。

青年，尤其是大学生，他们的任务主要是学习知识，知识价值成为他们的兴奋点和追求的主要目标；兴趣的不同、对知识的有用性的认知的不同，形成了不同的知识的价值观，有的人学文，有的人学理，有的人学艺术，有的人愿意学习研究性的理论性的学科，有的人愿意学习与实践结合紧密的应用学科。

大学生对物质、精神、文化等的诸多追求形成了大学生们的政治价值观、经济价值观、审美价值观、爱情价值观、职业价值观、人际关系价值观等一系列的价值观，这些价值观又是相互影响、相互作用的，这些因素的交互作用形成了大学生的主导价值观——人生价值观。大学生的价值观的多样性和差异性还体现在每个人都有对价值观的思考，而思考的程度是深刻的，不同的学生有着不同的价值观，大学生价值观的丰富性和差异性超出一般。

（二）价值观的稳定性和可变性

大学生对价值观的思考是经常和较深刻的，从一定意义上讲，他们的年龄、经历决定了他们已经形成了相对稳定的价值观。但他们所处的易于受熏陶的环境和学习的状态又决定了他们富于变化的特点，每一个事件，每一次经历，每一点变化都可能引发大学生的思考，都可能触动他们的价值观。由于大学生世界观、人生观的不成熟性，使他们容易受各种外来因素的影响。20 世纪 80 年代初，当西方的文化思潮、生活方式有如强劲的西风席卷我国时，在大学生中产生了巨大的辐射和震动，他们读西方的书，模仿西方青年的生活方式，以自我为中心的个人主义价值观、实用主义价值观、享乐主义价值观影响了一代青年；21 世纪初的几年，对中国来说是喜事连台的几年，大运会的成功举办，“申奥”的成功，中国加入世贸组织，中国外交的连连得胜，中国经济的连续高速增长，中国领导人开明政策的制定和实施等，提高了中国在世界的威望，大大地振奋了中国人民的士气，增强了国人的信心，也使一些不关心政治或是政治价值观消极的大学生对政治价值观重新思考，并转而走向积极和充满热情。有的时候小事也会改变大学生的价值观，一本好书、一个小故事，都可能会启迪他们的智慧，潜移默化地改变大学生的人生价值观；交一个朋友，可能会改变他们对人际关系的认识。大学生价值观的可变性恰恰证明他们的价值观是可塑的，反射出教育和引导的重要。

（三）价值取向的独立性和从众性

大学生主观上独立性很强，愿意独立思考，不愿意受人支配；愿意彰显个性，反对千篇一律；强调自我，不愿人云亦云。但他们的可变性、不成熟性又决定了他们容易接受外来的影响，容易从众。大学生是一个特殊的群体，他们有着大体相同的学习方式，大体相同的生活空间，同一年龄层、知识层决定了相似的情趣和爱好，诸多的相似性决定了群体内部相互影响是不可避免的，而任何一种影响在群体内部的传播都是最直接、最迅速、最广泛的。因此，从众、“随大溜”是大学生价值观的明显特征。

大学生的从众心理有两种特征：一种是从整个社会人群之众，他们常常沿着整个社会价值观的方向行进。另外一种是从同龄人之众。当一种新的价值观念被大多数青年接受、传播、流行时，作为青年中的个体的大学生也容易随波逐流。可以说，社会及青年中的流行风是分析大学生群体价值观的指示灯。

二、当代大学生价值观的现状

当前我国正处于社会主义现代化建设的新时期，确立了社会主义市场经济体制，与经济体制相应的政治体制也发生了较大变化，在对外关系上更加开放。价值观是社会关系的产物，是由社会经济关系决定的。社会的转型和深刻的变革不仅带来经济建设的成就和人民生活的改善，而且使人们的思想观念、生活方式和价值观念等也都发生深刻变革。大学生的思想观念受政治经济环境的影响较大、较明显，他们的价值观念与过去相比发生了很大变化，呈现出鲜明的时代特征。

（一）价值观念从集体本位向个体本位倾斜

如何处理个人与社会的关系，最深刻地反映了价值观念的核心内容。在改革开放和社会主义市场经济确立以前的传统计划经济体制下，人们的价值观念受当时社会环境的影响和以社会、集体为本位的价值观所规范和教育。大学生的价值观念是以社会为本位的，他们的人生规划、职业选择、岗位分配，都能从社会的需要出发，很少考虑个人的利益。虽然这种价值观对于推动我国经济发展和社会进步曾起过巨大作用，但是，不可否认传统的以社会为本位的价值观具有把集体至上性绝对化的片面性，具有明显的局限性。随着社会主义市场经济的深入发展，大学生的价值观念逐渐从以社会为本位向以个人为本位倾斜，个体的独立性、自主性地位逐渐确立。在市场经济条件下，大学生从自身的利益需求出发选择自己的行为，自我意识、自我价值凸现。当代大学生在处理与社会的关系上更倾向根据社会现实进行自我设计、自我发展。越来越多的大学生开始正式并积极追求其个人的价值、尊严和利益需求，进取精神、成就欲望和自我责任明显增长。

（二）价值目标追求现实利益

价值目标是价值观的最基本要素，对于大学生来说主要是指人生价值目标。人生价值目标是大学生所追求的贯穿于自身一切活动中有动因作用的最终的目的，支配大学生解决为什么活着和怎样活着才有意义等人生根本问题。如今大学生更为关注的是个人自身的状态和现实利益，强调人首先要对自身、对家庭、对现实负责，通过自己的努力，创造实惠、美好的生活。在义利观上，当代大学生赞同“正当地索取，积极地奉献”，追求权利义务的均等。在政治观上一些大学生不太关心政治，政治观点、政治立场淡漠，他们更愿意关心切身利益。大学校园内许多学生都在拼命学习，但是他们大多都在学习实用知识，外语、电脑等实用知识和技能的学习所占比例一直居首位。现实主义的一个突出表现还体现在部分大学生对物质享受、对金钱不加掩饰地追求。当代部分大学生评价职业的主要参数是经济收入、社会地位、权力、职业的稳定度等，这些都是很现实的条件。以往的理想主义人生价值观正在退出主导地位，被注重个人的、现实的存在和追求金钱的现实主义价值观所冲击。

（三）价值信仰多元并存

在我国，长期以来，集体主义价值观一直在道德领域居一元主导的地位。树立共产主义理想和社会主义信念一直是人们的政治追求。但是随着改革开放的深入，特别是市场经济的发展，大学生迅速抛弃了传统，整个社会思想的中心价值观念不再有支配性。市场经济对当代大学生产生了前所未有的观念冲击和价值影响。大学生走出了单一思维的狭区，价值观念多元化趋向越来越明显。市场经济承认个人利益、通行等价交换原则以及维护民主、自由、竞争等基本思想，在这种情况下，实行单一的社会价值取向是不可能的，任何人都无法运用社会的多种控制来实现价值观念的高度一致。当今的中国社会经济生活中存在着不同的阶层、群体。不同的阶层和群体的人们有着各自的利益基础和生活方式，因此人们的价值观念呈现多元化的现象是必然的。在这样的环境下，特别是伴随着经济的全球化和一体化的发展，中西文化交流的日益频繁，多种价值观并存现象在当代大学生身上也表现得越来越明显。他们中有人信奉“人生的价值在于奉献”的价值观念，也有人信奉“金钱至上”的拜金主义价值观。有坚持“报效祖国”的价值取向的，也有人“追求自己的美好生活”的价值观。还有人坚持“钱越多，人生价值越大”和“生活追求舒服、满意”的享乐主义价值观。总之，在当代大学生中，呈现出一幅多元纷呈的价值世界图像。

（四）价值取向多样化、功利化

大学生的价值取向是指大学生对价值追求、评价、选择的倾向性，也就是以什么样的态度来对待社会价值和自我价值，并做出选择与追求。价值取向既是价值判断与选择，也是对价值目标的追求。坚持正确的价值取向，是大学生实现人生价值的关键。价值取向是基于价值主体的需要产生的，人的需要决定着人们的政治、思想、道德生活等一切行为的取向与追求。现实的社会环境，包括政治的、经济的、文化的环境，对大学生的价值取向的影响是深刻的。此外，西方文化的输入、传统文化的变迁、社会时尚的兴衰也影响着大学生价值取向的变化。我们现在仍处在社会主义的初级阶段，社会主义市场经济条件下的经济关系是多种经济成分的统一体，多种经济成分必然产生多元化的市场主体，而任何一个市场主体都要从自身的需要和利益出发，去选择一定的价值取向，因此人们的价值取向必然呈现多样化的现象。即使在同一个群体中，由于每个个体的利益要求、思想、观念不同，也会导致价值取向的多元化。大学生处在这样一个迅速发展的社会背景中，耳濡目染着时代的变化，他们的思想也在随着变化，其价值取向的多元化也就不足为奇了。

（五）价值实现途径的多样化

在计划经济的社会环境中，由于受绝对的以社会为本位的价值观影响，人们选择实现价值的途径往往只能单一地借助社会、借助集体来进行，根本谈不上个人的价值选择，“哪里最需要，就到哪里去”“干一行，爱一行”“坚决服从组织分配”等已成为当时的流行口号。大学生事业的成败、祸福和前途，完全取决于社会、取决于集体。改革开放以来，特别是在社会主义市场经济条件下，大学生的主体意识和主体地位得到了增强和确认，他们凭借头脑中的知识立足于商品竞争的社会，他们比较强调自我奋斗、自我实现。劳务市场和人才市场的建立，促进了人才的流动和优化组合，使人才的价值得到了更充分的体现。“供需见面”“双向选择”深深撞击着当代大学生的人才观、职业观和价值观。这样的社会背景为青年大学生“实现自我”提供了多种多样的机会。大学生这个敏感的群体，迅速地从观念到行为适应了这种变化，一度出现的经商热、出国热、创业热清楚地表明了当代大学生在成材道路的选择上不再单纯地依靠集体和组织，越来越多的大学生崇尚个性、自信，在实现自我价值的途径和方法上日趋多元化，更为务实。他们既注重社会发展趋势，又注重个体人生感受，欣赏物质前提下的精神要求，推崇“事业顺利，收入可观”和“命运自立，个性洒脱”等。这种价值观的崇尚和实现，使大学生在实现价值的途径上更相信自己的选择。在职业选择上，当代大学生改变了以往“干一行，爱一行”的价值观念，而是根据自己的发展，“爱一行，干一行”。如果职业不符合自己的愿望，敢于放弃，重新选择，行业上的“跳槽”和人才外流增加的现象说明了这一点。

当代大学生价值观念的变化，是社会转型期不可避免的，是我国社会经济发展所带来的必然结果，在一定程度上，它是与我国社会的经济、政治、文化的发展相适应的。

三、新时期大学生价值观的主要成因

马克思主义认为社会存在决定社会意识，当代大学生价值观的变化在一定程度上可以在社会的变革中找到根源。市场经济的发展对大学生新型价值观的形成起到了重要作用。

市场经济是通过市场和价值规律，以市场调节为基础，以市场价格为导向来配置社会资源，实现社会生产和扩大再生产的开放型经济制度。它以自主性、平等性、竞争性、开放性为自己的特点。社会主义市场经济还具有自己的特征：第一，所有制结构以公有制为主体、多种经济成分并存；第二，在分配制度上，以按劳分配为主体，多种分配方式并存。正是市场经济的这些特点，对当代大学生价值观的变化产生了深刻的影响。

（一）市场经济的兼容性和经济成分的多样性导致大学生价值评价上的相对化和多元性

市场经济要求一切生产要素必须走向市场，在供求关系中实现自己的价值。人才市场也要遵循这一规律。大学生作为即将走向市场的人才，也要在人才市场不断调整的供求关系中找到自己的位置，按照市场的要求塑造自己，完善自己。市场需求的多样性、对人才评判标准的多样性导致了成材观念上的多样性，出现了所谓“条条道路通罗马”的多形态的价值目标。另外，社会主义市场经济以公有制为主体、多种经济成分并存，以按劳分配为主体、其他分配形式为补充，这种“并存”和“补充”极大地开阔了学生的视野，激发了学生的积极性，对他们价值取向的形成具有很强的导向作用。多元的经济结构和利益关系导致当代大学生价值观的多元性，每个人可以根据自己的特长，去寻找能够发挥自己潜能的职业。

（二）市场经济本身的主体性、功利性决定大学生价值选择的功利性

在充分竞争的市场经济条件下，利益至上，优胜劣汰，崇尚强者。优和劣的标准又往往取决于能否带来物质利益的能力。同为在大学学习四年的毕业生，选对了专业，适合社会的需求，能为用人单位创造更多的效益，用人单位就会高薪聘用，享受优厚的待遇；专业不对口，即使学的书本东西再多，也找不到用武之地。在市场这根指挥棒的作用下，应用学科受到了热烈的欢迎，而基础学科、理论学科受到了冷遇。踏踏实实做学问、搞科研的人少了，很多学生都把精力用于学外语，学计算机，学点实用的知识和技术上。人生价值观从“只讲奉献，不讲索取”发展到“多奉献，少索取”，再到“多奉献，多索取”，出现了重经济而轻政治、重物质而轻精神、重实惠而轻道德、重个性而轻共性的倾向，大学生们正在理性地思考自己所采取的每一步行动对自我设计及实现自我价值的实际意义。

（三）市场主体的自主性、平等性导致大学生价值主体由集体本位向个体本位转化，自我意识增强

在计划经济条件下，传统价值主体是立足集体本位来建立人生坐标的，“甘为铺路石”“愿作螺丝钉”“党叫干啥就干啥，哪里需要哪里去”“干一行，爱一行”曾经是几代青年学生人生价值的主旋律，忘我和奉献是他们价值选择的根本特征。随着商品经济的发展和市场经济的建立，大学生们强烈地感受到“八仙过海，各显其能”的时代已经来临，市场是竞争的，是双向选择的，要想在市场中赢得一席之地，必须有过硬的本领，还要有智慧、有胆识，能够抓住机遇，应对挑战，而这一切的主体都是人，是自己；竞争是公平的，机会是均等的，社会不会再庇佑谁，命运完全掌握在自己手中，正如生产者的自负盈亏一样，自我作为独立的价值单元有着更加明确的自主性和选择性，主体意识的强化，使大学生的人生理想更贴近现实的境遇和自身的实际。

市场经济的深入发展带来的人们思想的深刻变化是形成新时期大学生价值观的主要原因，把握市场经济和价值观形成的内在联系，对正确认识、合理评价当代大学生的思想行为有积极的帮助，对塑造和引导大学生价值观有深刻的意义。

四、大学生价值观的发展趋势

大学生的价值观是随着社会的发展而不断变化的。新时期，中国青年的价值观将会有以下几种发展趋势。

（一）大学生关注视野将从社会转向个人

中国一直是一个以社会为本位的国家，随着市场经济的发展，政治的更加民主，中国青年的个性意识已经越来越强，在新的时期这种状态将进一步发展。大学生关注热点从国家大事转向个

人的生活领域，从抽象理论问题转向具体生活问题，从国家哲学转向生活哲学、人生哲学，谋求实现个人发展。

（二）价值目标从理想转到现实

新时期大学生将更加关注个人利益，更关心自己的成材和发展。他们将在利益的追求中，寻求个人与社会的平衡，他们更强调适应社会，发展自我。他们接受现实，把现实作为一种前提条件，在适应社会的过程中达到改造社会的目的。在这个过程中，出现了价值目标世俗化、短期化和功利化的倾向。追求美好的个人生活成为大学生较普遍的人生理想。

（三）新时期大学生价值取向将是多元的

随着市场经济体制的发展，大学生独立的主体地位也将进一步发展，从而构建以个体为本位的价值观念。在价值取向上，他们既不是完全以为社会贡献来考虑自我价值取向，也不完全脱离社会市场需要，以绝对自我导向来确定自我价值，而是把这两者结合起来，兼顾个人与社会的共同发展，但基础在个人发展。

（四）大学生价值选择评价标准从严格转到宽容

新时期，随着社会环境，人际关系和交往方式的变化，大学生社会价值观念将不再有绝对性、严格性和单一性。人与人、人与组织之间的依附关系将进一步松动，随之而来的是大学生价值观念呈现出相对性和多元性的特点，他们之间的价值评价更加“容忍”。例如，调查结果显示，大学越来越鲜明地呈现出多种价值观念并存，多种不同个性自由发展的宽松局面。

（五）大学生群体心态从“外向”转为“内向”

大学生的心态从“以社会问题为中心”退回于内心，寻求自我安慰和自我发展，心态呈现“以自我为中心”的情况。大学生个体发展的问题更为突出，他们的烦恼将更多地来自“成长的烦恼”。

总之，在新的时期随着社会的种种变化，大学生的价值观念也将呈现出与过去不同的种种新的特点。当然，这种发展趋势不是一贯的，随着时间的推移和新情况的出现，在未来还会出现其他的新的发展趋势。在这些苗头里面既具有积极性的因素，也潜伏着危机。青年是中国的未来，中国的前途和命运决定于青年，为了更好地引导青年，对青年进行有效的社会主义价值观教育，研究这些苗头又是十分必要的。

第二节　大学生价值观教育的基本内容

对大学生进行价值观的教育是教育者的使命，是能否成功塑造社会需要的一代新人的关键。价值观是内在的思想观念，渗透并反映在行为的方方面面，也是多层次、多角度的。根据大学生价值观的多样性，我们树立大学生的价值观也要从政治、经济、道德、审美、爱情、就业等多方面入手，构造一个全方位的价值观教育的金字塔，塔尖就是人生价值观的教育。

一、人生价值观教育是大学生价值观教育的核心内容

（一）人生价值观的内涵及意义

人生价值指的是人的一生创造性的劳动及其道德行为对他人、社会所具有的积极意义，以及社会对个人所做贡献的肯定性评价、尊重与个人需要的满足，人生价值观是对人生价值的主观认识。不同的人有不同的人生价值观，在不同的人生价值观的支配下实现的人生价值也有所不同；人生价值观是价值观的核心和根本，它影响着人们的政治价值观、经济价值观以及其他的各种价值观，因此，对大学生进行人生价值观的教育是最为根本和最为必要的。

（二）建立新型的人生价值观是社会发展的需要

历史的沿革总会给大学生的人生价值观留下深刻的烙印，不同的历史时期大学生会有不同的人生价值观。在尊重市场经济规律及其作用的前提下，对各种人生价值观进行整合，引导大学生形成新型的符合建设有中国特色的社会主义需要的人生价值观尤为重要。

（三）新型人生价值观的基本内容

新型的人生价值观既要符合社会发展的需要，又要兼顾个人发展的需要，既要发扬传统所倡导的人生价值观的有益内容，又要分析市场经济对人生价值观的影响的规律性，吸取其合理成分，倡导其积极作用。在现实基础上，帮助大学生构建出新型的积极的人生价值观要注意两点：

1. 集体本位仍然是新型人生价值观的核心内容

集体本位的人生价值观是以科学的辩证唯物主义和历史唯物主义为理论基础的，其吸收了人类文明的有益成果，是在正确认识人的本质的基础上创立和发展的。在新的历史时期，集体本位仍然是社会的要求。这是因为：其一，我国实行的是社会主义市场经济，社会性质没有改变，社会主义初级阶段仍是以公有制为主体、按劳分配为主的多种分配方式并存，以实现全体人民共同富裕为社会发展的共同目标。这就决定了集体主义的人生价值观同当今社会主义建设在总体方向及目标上是一致的。其二，历史总是在集体智慧的推动下前进的，个人利益与集体利益、自我价值与社会价值、贡献与索取、“义”和“利”在根本上是统一的。个人只有依赖于一定的社会条件，借助集体的力量，自身潜能才能得到发展，自我价值才能实现，“一滴水只有融于大海才能永远不干”是强调集体本位的鲜明写照。没有社会和集体，个人就无法生存，更谈不上价值的问题。在国家、集体、个人三者的关系上更是如此，国家利益包含集体利益，个人利益只有在国家利益和集体利益的不断发展中才能得到实现。个人利益得到保证的同时，其个体的积极性、主动性、创造性必须积极发挥，去巩固和发展国家利益和集体利益。

2. 建立新型的价值评判标准，在兼顾自我价值和社会价值的过程中实现人生价值

不同时期人生价值的评判标准是不同的。很长一段时间，社会价值替代了自我价值，人们忽视了自我的需要，或者说把个人的需要降低到最小的限度，社会也要求人们立足集体本位来建立人生的坐标，强调大一统的以社会和集体为本位的价值观，社会的需要即是个人的需要，人们必须无条件地服从国家和集体的需要。个人从物质生活到精神心理活动都得以社会、集体的利益标准为尺度，从而获得合理性、合法性。改革开放后，受到西方思潮的影响，中国青年的价值观发

生了很大变化，在一些青年中出现了另一极端，即过分张扬个性，突出自我，只强调自我价值的实现，而忽视社会价值的人生意义。在大学生中也出现了以个人主义为基础，以追求个人幸福为目标，以个人奋斗、积极进取为实现途径，以金钱、财富为衡量尺度，讲求个人物质享受的个人主义价值观。应该说，这两种状态的价值观都不符合当代大学生的实际情况，我们必须旗帜鲜明地反对极端个人主义的价值观。但是，在新的历史条件下，一味地要求学生只讲社会价值，不讲自我价值也是不现实的，要看到在社会主义市场经济条件下，劳动者个人同国家、集体一样已成为利益关系的主体，个人的正当利益要受到保护和重视。个人利益的正常驱动，是社会主义市场经济和社会发展的重要动力，没有这种动力，就没有市场经济的发展。在强调学生实现社会价值的同时，也要承认自我价值的合理性，只有引导大学生正确处理好国家、集体和个人的关系，把自我价值和社会价值有机地结合起来才是符合时代要求和特点的新型价值观。

二、政治价值观教育是大学生价值观教育的重要内容

政治价值观是对一定的社会政治事务和政治现象之意义的评价，是大学生价值观体系的主导部分。它反映的是大学生对政治现实和政治理想的一般评价、心理倾向及行为取舍，是大学生关于社会政治生活的价值评价的观念的总和。政治价值观往往产生于人们满足了基本的衣、食、住、行之后的更高层次的需要。现实表明，一个人知识层次越高，对政治的关注程度也越高；他的政治价值观越是准确地反映历史发展规律和社会发展趋势，他对社会的促进作用就发挥得越大。大学生不仅有一定的文化知识背景，更有关注政治的热情和自觉性，还兼有信息时代下的捕获大量政治信息的途径和办法。大学生又是国家的希望和未来，他们的政治价值观将有可能影响到国家选择什么样的道路及国家的前途命运。对大学生进行政治价值观教育是任何一个国家都很重视的问题。随着改革开放的深入，西方的政治价值观也对中国人尤其是青年人产生了越来越大的影响，大学生保持政治观的清醒更加必要。

（一）当代大学生政治价值观中的积极因素和消极因素

改革开放以来，随着我国社会政治、经济、文化的发展和在世界格局中的地位变化，大学生的政治价值观念和价值取向也不断发生变化，一些旧的传统的政治价值观发生了动摇，新的政治价值观正在逐步形成，在这个变化过程中，一方面，出现了大量的有利于社会主义现代化建设的积极因素，另一方面，也派生了一些令人担忧的消极因素。

积极因素表现在以下几方面。

（1）对党的领导和以经济建设为中心、改革开放的国策表示认同。

（2）政治民主观念确立。渴望政治生活民主化是当代大学生政治价值观念最主要的取向变化。大学生有较强的对社会政治制度和活动的自觉反思意识和明显的参与意识。政治主人翁感被极大地唤醒，参政、议政已成为普遍的社会意识和行为。大学生们关心改革，关心时局的发展，关注政治热点问题，并积极地为改革献计献策，具有较强的政治责任感和社会使命感。

（3）法制观念确立。改革开放以来，随着我国各项政治制度的日益完善，“依法治国”“法律面前人人平等”的观念逐渐深入人心，大学生们越来越认识到法治的重要性，在认识到用法律维护自己权利的同时，也认识到遵法、守法的重要性，维护法制的自觉性逐步提高，他们还热切地

呼唤和期待党和国家的各项政治活动能够进一步走上程序化、制度化、法律化的进程，希望真正实现有法可依、有法必依、执法必严、违法必究、法律面前人人平等的法治局面。

在大学生们的政治观念中还有一些消极因素，表现在以下几方面。

（1）共产主义理想淡漠。共产主义是无产阶级最终的奋斗目标，体现了无产阶级的根本利益，是人类最为理想的社会政治制度。因而，每一位青年都应树立远大的共产主义理想，并为之奋斗。然而，随着市场经济的发展和西方思想的侵入，一定程度上出现了信仰危机，形成了形形色色的“共产主义渺茫论”，在大学生身上表现出一些人要求入党的热情不高，对非热点的政治问题关注不够。

（2）政治民主要求绝对化。在当代大学生政治民主意识觉醒的同时，一些人又走向了极端，即由以往的民主意识的萎缩和失落，又达到了对民主和自由要求的绝对化和片面化。这突出表现在一些人极力倡导“大民主观”“全民民主”“不受约束的民主”等；有些人片面理解民主，只强调个人的民主权利，而忽视全局的利益要求，把民主理解为任何人的无原则的当家做主。

（二）帮助大学生树立正确的政治价值观

毛泽东曾指出：“没有正确的政治观点，就等于没有灵魂。”政治价值观之于青年，就如同灵魂对于一个人一样，具有十分重要的意义。当代大学生需要在以下几个方面树立正确的政治价值观。

1. 爱国主义教育是大学生政治价值观教育的重要内容

爱国主义就是千百年来巩固起来的对自己祖国的一种深厚的感情。爱国主义教育是大学生政治价值观教育的灵魂和核心，是加强民族凝聚力的有力保障。每一个人，都从属于一个国家、一个民族。每一个国家、每一个民族都进行着不同国情、不同社会制度的教育，因而使得各国青年都在一定程度上表现出对自己国家的认同，并在此基础上建立起民族自尊心和民族自豪感。对大学生进行爱国主义教育要注意以下几方面：一是爱国不是一种盲目的感情，而是在了解我国的社会、文化、体制等背景下自发产生的深刻感情。二是爱国与爱党、爱社会主义是一致的，爱国首先是爱中国共产党领导下的社会主义中国。三是正确认识我国在发展建设中出现的问题，如两极分化问题、环保问题、“三农”问题、党内腐败问题等，如同人无完人一样，出现一些问题也是正常的，任何一个国家都有自己的社会问题。况且这些问题也不是我国特有的问题，而是在某一发展阶段中出现的问题，是要下力气解决并且能够在发展中解决好的问题。

2. 坚持社会主义道路和中国共产党的领导是中国国情的要求和历史选择

毋庸置疑，中国走社会主义道路是历史的选择，是被实践证明了的正确选择。无论世界风云如何变幻，中国在社会主义道路上始终坚定、有序、快速地发展着。特别是党的十一届三中全会以来，我国在社会主义道路上边改革边实践，不断总结经验和教训，走出了一条为世人惊叹的有中国特色的社会主义道路，开创了国际共运史上的新篇章。我国所进行的改革和所取得的成绩是令世界瞩目的。领导中国人民走社会主义道路的执政党是中国共产党。政治通过政党起作用，执政党的政策是否正确，对一个国家的政治生活、经济生活关系极大。在我们国家，共产党是社会主义事业的领导核心，离开了中国共产党的领导，就不可能有中国革命的胜利，就没有中国社会主义现代化事业的胜利。党的领导是社会主义事业取得成功的根本保证。党的领导及其正确的政策，具有重大的政治价值。在我国，实行的是共产党领导下的多党合作制，各民主党派在政治生活中都发挥着重要的作用，各民主党派的存在，是中国历史发展的产物。

（三）道德价值观教育中的几个问题

对大学生加强道德价值观教育是个迫切的问题，其前提是要明确在社会主义市场经济条件下应该建立怎样的道德价值观。

1. 道德价值观要整合

当前大学生道德价值观发生变化的主要原因：一是市场经济条件下人们的利益观念、劳动观念、分配观念、竞争观念、效率观念等都发生了变化，随之带来道德观念的深刻变革；二是改革开放以来，中西方的交流日益增多，西方的道德价值观对中国青年产生了很大影响，促动了中国大学生道德价值观念的变化。因此，如何在传统道德与现代道德、西方道德与中国道德的交融中引导大学生建立一种适应社会主义市场经济规律的、符合道德文明的新型道德价值观是值得我们考虑的问题。

有人主张坚决弘扬中国传统道德，也有人主张用中国传统道德来抵御西方道德价值观的“侵入”，还有人主张在道德价值观上任其自由发展。有识之士认为应该采取“扬弃”的态度，即剔除中国传统道德价值观中的消极因素，保留优秀传统道德，并引进西方道德价值观中的合理因素加以整合，用以构建中国当代青年的道德价值观。盲目地否定与一概吸收和继承都不能解决大学生中存在的道德价值观问题，要构建符合时代特色的中国大学生的道德价值观，一方面，面对中国青年加强中国传统道德教育，要注意使其摒弃那些阻碍时代发展的旧的道德观念，并将中国传统优秀伦理道德发扬光大；另一方面，应当加强中、西方青年的文化交流，使中国大学生对西方的道德价值观有一个清晰的整体把握。在此基础上，以中国社会的主导价值观念为导向，使他们认清西方青年道德价值观的实质及其合理性，学习西方青年身上的优秀道德品质，并在自身道德价值观的构建中为我所用，以增强道德的判断力和整合能力。

2. 坚持道德价值观教育的时代特色

基于时代的特点，进行道德价值观教育必须树立以下几个观念，首先，树立社会主义的功利观，即兼顾国家、集体、个人利益，并把三者的统一作为基础，借鉴中国传统的和西方优秀的道德价值观念，注重经济效益，培养脚踏实地、务实求真的精神；其次，应树立“人人为我，我为人人”的平等互利的社会主义道德观念，使之与“为人民服务”的原则有机结合起来，在具体的工作中实现“为人民服务”；最后，应倡导竞争，破除循规蹈矩和中庸观念，最大限度地激活大学生学习、工作和生活的积极性和创造性，鼓励大学生为国家命运，为个人前途开拓进取。

综上所述，在当前形势下，人生价值观教育、政治价值观教育、道德价值观教育的问题显得尤为突出，在此三种价值观教育的基础上，引导大学生对经济价值观、爱情价值观、职业价值观、审美价值观等建立与时俱进的正确认识也很必要。总之，我们主张树立一种集中国传统与现代、东方与西方观念于一体，具有时代特色的大学生价值观，它要求大学生坚持物质和精神统一的价值取向，做时代的主人翁，对个人负责，对社会负责。

第三节　大学生价值观教育的实践

21世纪是高科技的时代，也是知识经济的时代，全球化的声浪一浪高过一浪。随着中国的入世，我们融入全球经济已不可避免，机遇与挑战并存。如何应对挑战、抓住机遇？毫无疑问，人才是我们取胜的根本。能不能培养出大量的高素质人才是未来竞争中取胜的关键。政治思想素质、道德素质是人才素质的重要组成部分。高等院校要高度重视对学生进行价值观的教育。学生能不能建立过硬的政治思想、道德素质，正确的价值观是基础。

一、大学生价值观教育面临的新课题

大学生价值观教育的目标主要是两个方面。从社会的角度来说是通过价值观教育，把大学生培养成符合社会要求并能促进社会发展的人。从个人的角度来说对大学生进行价值观教育，使他们确立正确的人生目标，克服成长中遇到的一系列的困难，得以健康成长。在新时期，我们面临的国际国内环境都发生了很大的变化，面对新的环境，我们的价值观教育也面临很多新的课题。

（一）要研究大学生价值观现状和发展趋势

只有正确把握大学生价值观的现实状况及发展趋势，我们的教育活动才能有较强的针对性，避免教育活动与实际脱节，教育流于形式化。对现状分析研究，找出现实状态与我们所要达到目标的差距，从而确立我们教育的方式方法、方针对策，把教育的手段建立在现实、科学的基础之上。

（二）研究大学生价值观形成的过程和规律

大学生价值观的形成有两个基本前提条件：需要和自我意识。需要是价值观形成的客观前提，自我意识是价值观形成的主观条件，人的价值观的形成过程也具有客观的规律。在这一方面我们的研究现在还不够深入细致，我们要从教育学、心理学等其他的相关学科汲取营养充实我们的研究。

（三）研究大学生价值观的影响因素

剖析影响当代大学生价值观的主要因素具有现实意义。我国正处于社会主义新的历史时期，处在社会的转型期和变革期，经济、政治和文化多元化倾向日益突出，对大学生价值观产生了直接影响。但影响大学生价值观发展变化的因素绝非几个孤立的因素，而是具有一个完整性的动力系统，包括由社会背景、身份背景和交往背景组成的选择性动因，以大学生个体心理与价值取向为主导原因和以社会经济发展为条件的致动因。

（四）研究学校教育对大学生价值观形成所起的作用及进行学校价值观教育的途径

近年来，学校对大学生进行价值观教育效果不佳，但我们不能因此否定学校教育在大学生价值观形成中的主要作用。我们应该随着形势和任务的变化对我们教学的方式方法、形式途径进行研究。大学生的价值观教育，一方面，要靠实践的作用，另一方面，要借助理论思维的作用。在操作上，价值观教育的内容要有物质载体，教育内容要充满科学精神，教材要形成层次和规格，社会实践要课程化。

（五）把大众传媒环境作为研究的课题

大众传媒对大学生价值观的影响作用是最直接、最深刻的。大众传媒包括报纸、杂志、书籍、广播、电影和电视等，也包括对大学生影响越来越深刻的互联网，人们称之为第四传媒。大众传媒具有广泛性、即时性、超越性、感染性和公开性特点，我们无时不生活在其中，在某种程度上它改变人们的交往方式，对大学生价值观的影响巨大。我们一定要加强这方面的研究，自觉地利用其力量进行价值观的教育。

（六）进行大学生犯罪、大学生自杀等问题与价值观的关系的研究

现在大学生的违法犯罪问题、心理问题呈现出严重的发展趋势。这些问题都与学生没有建立科学积极健康的价值观有关系，我们要加强这方面的研究，从加强价值观教育入手解决这些问题。

二、大学生价值观教育的难点

大学生价值观教育的难点，我们认为还是在教育实践上如何对大学生进行富有成效的新时期的社会主义价值观教育，使得我们所倡导的价值观念被学生接受并内化为自己的行为规则。近几年来高校的思想政治教育工作虽然取得了可喜的进步，但是教育的失效性问题还是不容忽视。我们在思想政治教育中的投入与产出不成比例。新时期，党的方针路线发生了根本性的变化，经济建设成为我们的中心工作，我们的任务是建设一个富强、民主、文明的社会主义现代化强国。这对我们的人才培养提出了更高的要求，也对我们的思想政治教育工作提出了更高要求。与之对应的是多元的经济利益主体，多元的价值观念并存的社会环境更增加了社会主义价值观教育的难度。

（一）大学生价值观的知行背反

与多元化的经济主体相对应的社会在价值观方面也必然是多元化的。生活在这种社会环境下的大学生必然受到多种价值观念的影响。具体来说，影响当代大学生价值观的主要因素来自于四个方面：中华民族传统的价值观念，计划经济体制遗留下的价值观念，西方资本主义的价值观念，改革开放以来社会主义市场经济下所产生的价值观念。这四种价值观在不同大学生身上的反映是不一样的，有的大学生身上传统的东西多一些，有的大学生身上计划经济体制的影子多一些，有的大学生受西方的价值观念的影响很深，也有的大学生锐意进取，改革开放的市场经济思想意识多一些。这不难理解，因为每个大学生经济境况不同，文化背景、家庭情况、生活阅历不同。更为复杂的是这四个方面本身都包含积极的因素，其消极方面的因素也不容忽视。对于每一个大学生个体来说，这四方面因素的积极方面和消极方面可能同时起作用，这使得大学生价值观呈现空前的复杂性和二重性。它表现在：有些学生思想认识和实际行动错位，虽然思想上知道该如何去做，但在实际行动中却并不能践行；有些同学用一种思想标准去看待、要求别人，但对自己却是另一套标准。价值观的知行背反在大学生身上有一定程度的体现。

大学生价值观出现知行背反，在现实生活中，必然会产生交叉和冲突，因而他们有时热情高涨，有时情绪低落；有时自信心强，有时又自卑自弃；有时自我感觉良好，有时茫然不知所措；有时社会表现良好，有时又表现较差。这种情况给教育者进行价值观教育带来空前的困难。

（二）价值观的多元性和价值导向的一元性

上面我们谈到大学生价值观的二重性。现在我们再来分析一下大学生价值观多元性对大学生价值观教育的影响。当代大学生处在社会急剧变化的时代，多元价值观对大学生的价值观产生导

向作用。面对多元的经济主体，多元的价值观，多元的社会导向，多元的榜样，当代大学生难以适从、难以选择。有不少大学生内心充满困惑和矛盾。

（三）大学生的价值取向与教育的价值导向

大学生价值观的特点是不稳定的，受社会影响，可塑性较大。有人认为大学生与中小学生不同，他们受到的家庭影响力已经不大，受学校影响力也在减弱，而社会影响力在不断增加。还有人认为，到大学阶段，学校教育的作用远不如社会的作用，五天教育抵不过两天社会影响，一个学期的德育，一个假期就被冲洗光了，因而“教育悲观论”“无所作为论”的思想时时表现出来。近几年来，教育功能弱化，教育的价值导向弱化，对学生价值观教育产生了消极影响。有些学校、有些教师不敢理直气壮对学生进行德育及价值观教育，对大学生中的一些尖锐问题绕着走，只求不闹事、不出事，其原因是缺乏社会责任感。也有少数教育者对社会失去了信心，于是产生了消极的情绪，在对学生的价值观教育中无为不治。学校和教师的主要职责就是教育学生，其中包括帮助学生树立正确的价值观，增强社会责任感。应该看到，大学生的价值观还处在动态的、不稳定的状况，他们在价值取向中的矛盾和困惑、迷茫和彷徨，正是一种痛苦的选择过程，他们渴望正确的导向。如果学校放松或放弃教育工作和导向作用，很可能使学生受到错误的价值导向而建立错误的价值观。在教育者身上存在的消极情绪也增加了价值观教育的难度。

要确保教育的导向功能，应建立科学的教育评价体系和评价制度，对学校及教师在育人功能和效果方面进行评估，建立必要的激励机制和自我约束机制。

三、新时期大学生价值观教育应坚持的原则

当代大学生价值观的形成与市场经济的发展有着密不可分的联系，对其评价以及在此基础上的引导也要以尊重市场经济规律为前提，做到与时俱进。

（一）坚持实事求是的原则

当代大学生价值观的形成有其深刻的社会根源和内在逻辑，社会主义市场经济是其物质承担者，大学生的价值观是社会主义市场经济内在规律的客观反映。因此，对其评价必须本着实事求是、客观分析的态度。自我意识的觉醒、务实的人生态度、多彩的生活方式都有一定的进步意义，从唯物的观点来看，脱离社会现实对大学生价值观全面否定是不科学的。尽管当代大学生的价值观有其合理性的一面，也应看到，社会主义市场经济本身也不是尽善尽美的，也存在完善的过程，它对大学生思想观念的影响也有负面的。因此，只有一分为二地看待和分析当代大学生价值观的现状和成因，用既有肯定又有否定的态度对待大学生的思想和行为，才能保证思想政治工作的合理性和有效性。

（二）坚持大学生价值观教育的方向性原则

在社会主义市场经济条件下，存在着与多种所有制相适应的多元的价值观，价值观的“自我主体化”“多元化”“物质性”“功利性”“实效性”等纷纷显现出来。承认价值评价标准的时代变化和实现手段的现实多元化是对历史和现实的尊重。但是，并不是存在的东西都是合理的，允许多元价值观的存在不等于所有的价值观都是值得提倡的，尤其是不等于在学校里应该提倡的。大学

生还处在价值观形成的时期，面对复杂的社会现实，面对多元的经济体制，面对多元的生活方式，面对多元的榜样、多元的信息该如何选择，学校肩负着引导的责任。另外，在一个价值多元化的社会中，如果没有一个被大家所认同的主导价值观，那么这个社会就会是一盘散沙。作为以公有制为主体的改革开放中的社会主义中国，国家和人民的利益在根本上是一致的，所提倡的主导价值观仍然应该是社会主义核心价值观。

（三）坚持倡导奉献和索取相一致的原则

自我价值是社会对个人需要的满足和尊重，社会价值是个人对社会的责任和贡献。自我价值更多地表现为索取，社会价值表现为对社会的贡献，一个人对社会的贡献越大，他的社会价值就越大。人的特殊性在于，他既是价值的主体，又是价值的客体，他有实现自我价值和社会价值的双重需要。

新的历史条件下，要求学生只讲奉献、不讲索取是不现实的，要引导他们把奉献和索取有机地结合起来。因为，社会价值和自我价值本质上是一致的。每一个人都是社会人，马克思主义认为：人的本质是一切社会关系的总和。每个人都离不开他人、社会和集体，都离不开一定的社会关系。大学生在奉献与索取的双重环境中生存，又在奉献与索取的平衡中决定个体的价值取向。索取是大学生生存的基础，奉献是大学生个人价值得以实现的核心。每个人既有索取、享受的权利，又有对社会、集体、他人做贡献的责任和义务，离开了社会价值，每个人的自我价值也无从实现。如果只讲自我价值，而不讲社会价值，那么社会就不会发展，只会走向消亡。因此，既要承认个体利益的现实合理性，也不能为个人的自我价值而舍弃社会价值这一根本。奉献是大学生为社会提供大于自身价值的创造性行为，大学生献身于社会才能找出那既短暂而又闪光的生命的意义，同时找到自己应得的索取部分及自己存在的丰富内涵。所以说，社会价值的实现是自我价值实现的前提和保障，人生价值是二者的统一，只有把个人自我价值融于社会价值，在自我价值和社会价值的统一中才能实现多奉献、助他人、益社会、利个体的价值目标。

（四）近几年大学生价值观教育的经验

大学生的价值观教育，隶属于思想政治教育的范畴。价值观的教育是思想政治教育的一项主要内容。大学生的思想政治教育的途径主要有以下几方面。

1. 理论教育

通过马克思主义理论课和思想道德修养课来实施，即对学生进行系统的理论知识教育，提高他们在理性上的认识能力和选择能力。只有当大学生在理论上有了深刻的认识，明白和接受真理后，才能自觉地确立正确价值观念。

2. 教师教书育人的榜样示范作用

学生在接受教育的过程中对教师不但会察其言更会观其行。教师教书育人，一定要为人师表、率先垂范，不但要言教更要身教，对学生进行价值观的陶冶和引导。只有教育者有坚定的信念、高尚的情操，并真诚地关心学生，才能在被教育者中产生榜样作用，产生良好的教育效果。

3. 党团教育

党团是大学生中的先进组织，党员、团员是大学生中的先进分子。通过党团组织的教育活动，使党员、团员首先树立正确的价值观，进而影响和带动更多的大学生。培养一批青年马克思主义者，是高等教育承担培养社会主义事业接班人的神圣使命的集中体现。因此，必须从培养新时期青年马克思主义者的高度来认识党团教育。

4. 日常的班级建设

从大学生在校期间的环境因素来看，班集体是与学生联系最为密切的组织，共同的学习和生活把大学生紧密地连接在一起，为学校的德育教育提供了很好的载体。通过制度建设、理论灌输和开展丰富多彩的班级活动，在凝聚大学生的同时，把主导价值观潜移默化地传达给学生，在润物细无声中实现我们的教育目的。

5. 社会实践

通过社会实践，即组织和引导学生开展社会调查、参观和访问，广泛接触社会、接触广大工农群众，促使学生通过了解国情，了解改革开放以来的巨大成就，了解社会的需要，转而面向社会、思考现实，让学生在实践中，在现实生活的基础上形成自己的价值观。只有当学生亲身感受到社会主义价值观的重要作用，及与自己切身利益的关系后，才能真正地接受并付之行动。

6. 通过网络对大学生进行价值观教育

随着网络的飞速发展、普及，互联网作为一种新的信息传播工具，越来越成为大学生获取知识和各种信息的渠道。对在校大学生来说，上网成了他们生活中不可缺少的一部分，网络对大学生的价值观、世界观的影响越来越大。在一定程度上我们可以毫不夸张地说这种影响是决定性的。互联网对大学生价值观的影响是潜移默化的，它不具有强制性，因而在不知不觉中就影响了大学生的价值观念。对大学生进行价值观教育，互联网当然是一种有效的渠道，我们决不能放弃这一阵地。党的十六大特别强调指出："互联网站要成为传播先进文化的重要阵地。"

围绕价值观教育的几个途径，总结近几年价值观教育的实践经验，我们认为改进价值观教育主要应从以下几个方面入手。

1. 要塑造师德风范

我们对学生进行价值观教育，使学生建立正确的价值观念，必须把教师思想道德建设提到更加突出的地位，教育者必须先受教育。教书育人是教师的天职。要照亮别人，自己要优秀；要点燃别人，自己心中要有火种。如果我们的教师说一套，做一套，言行不一，或者自己的价值观本身就有问题，那么学生正确价值观的建立就受到极大影响。教师不仅是教育者更应该是践行者，不仅要有广博的知识，还要有高尚的人格。教师首先要确立体现时代精神的教育形象，以正确的价值观作为人类灵魂工程师的精神动力、源泉和精神支柱。另外，制度建设和规范要求是促进师德建设走向科学化、规范化、经常化的关键。

在师德建设中，要特别重视青年教师群体。现在青年教师的成长背景、教育背景同过去相比发生了很大变化，价值观念、思维方式也有很多新特点。他们的教育对同是青年的大学生更有感染力，因此，我们更要重视青年教师的师德培养。当前尤其要关心青年教师的政治成长，要加强青年教师的党建工作，既要在党员教师中培养一批德才兼备的新世纪学科带头人，也要在广大青年群众教师和新世纪学科带头人中培养和发展新党员。我们要站在新世纪的历史高度从巩固党在高校的领导地位出发把工作做好。

2. 加强德育教学的研究

在校大学生的价值观教育主要是通过"理论课"进行的，所以加强"理论课"建设就成为大学生价值观教育的重要方面。我们认为当前"理论课"建设的重点有两个方面：一是抓好马克思主义理论课的教学和研究工作，组织好马克思主义基本原理概论，毛泽东思想、邓小平理论、"三个代表"重要思想概论，思想道德修养和法律基础，中国近现代史纲要有四门课的教学，开展这四门课的科学研究，从理论高度提高大学生的认识，为他们树立科学的人生观、正确的价值观和道德观奠定坚实的理论基础。二是要理论联系实际，紧紧结合国内外实际，结合大学生的思想实际，从理论和实际相结合的角度，正确回答和帮助学生认识大学期间的学习、生活中可能碰到的一系列问题，使他们能确立科学的人生观、正确的价值观和道德观。

3. 加强实践教育环节，帮助学生全面认识社会，正确对待生活，实践出真知

社会实践要解决的首要问题就是帮助学生走向社会、了解国情，引导他们认识我国社会、政治、经济、文化发展中的问题。现在的大学生从小学、中学到大学，都是从校园到校园，他们大都缺乏艰苦生活的锻炼，缺乏逆境、挫折的考验，这是他们的“先天不足”，这势必对他们全面素质的提高产生直接影响。通过实践教育我们所倡导的价值观在学生身上就有了坚实基础，而不至于是空中楼阁。因此，采取有效形式加强大学生的实践教育，要丰富实践教育的内容，要适合大学阶段学生的特点。

4. 建设好校园文化

校园文化是一种特殊的社会文化，是师生创造的一种与社会、时代密切相关，又最能体现一个学校特色的文化环境，是大学生活的小环境。校园文化既与社会经济、政治制度及其相应的社会主导文化相适应，同时自身又具有很大的独立性、继承性。今天的大学生是明天的建设者，在这个意义上说校园文化也推动社会文化的发展。校园文化是高校学生价值观教育的重要阵地。校园文化要以社会主义先进文化为主导，与社会主导价值观相一致。校园文化以师生文化为主体，要有丰富的底蕴。校园文化的集中表现是校风，最高表现是校园精神。在高校，我们要以马列主义、毛泽东思想、邓小平理论、“三个代表”重要思想和科学发展观为思想武装，大力宣扬爱国主义、社会主义，塑造健康向上的文化氛围，创建对教职工具有凝聚作用、对学生具有陶冶作用、对社会具有示范作用的文明校风。通过校园文化进行价值观教育是一种行之有效的方式，如何在高校学生中建立政治方向明确、学术氛围健康、道德风尚崇高的校园文化环境，还需要从理论到实践做大胆深入的探索和研究。

第七章　当代大学生的理想信念教育

人是要有一点精神的。我们认为，这点精神主要是指正确的人生价值取向，其核心内容就是理想信念。理想信念是世界观、人生观、价值观的集中表现。确立了坚定正确的理想信念，人就获得了人生的方向和动力，也就必然有充实的精神生活。理想是人生的精神支柱，是人生的指路明灯，也是人生力量的源泉，是人格完善的重要条件。

在任何一个社会中，最不知满足、最富有理想的通常是年轻人，在当今任何一种文化结构中，大学生又无疑是社会中最具有开放意识，知识水平相对较高，追求目标较高的人，于是对现实永不满足、无尽追求的理想主义无疑是大学生的主旋律。但是，不可否认，富有理想的大学生又存在着理想模糊、理想错失、对理想的现实性认识不足，甚至以谈理想为幼稚可笑、否定共产主义远大理想等种种情况，有些问题还具有一定的普遍性。因此，研究大学生理想信念方面存在的问题，寻找产生的原因，以提供理想信念教育的对策，是当前大学生思想政治工作中的重要内容，也是贯彻以人为本科学发展观的必然要求，对统一思想、建设中国特色社会主义具有重大意义。

第一节　大学生理想信念方面存在的主要问题

当代大学生务实，关心国事、关注世界的激情洋溢的理想主义开始让位于切实的个人生计和前途的权衡。应该说，当代大学生更注重把理想植根于现实的沃土，他们在考虑国家和个人的发展时，注意尽量符合社会实际，对过于理想化的东西采取敬而远之的态度，这种情况对于他们更好地理解现实、认同国家的现行政策并积极建设国家是有益的。但同时，这种由理想主义向现实主义的观念转变，又使务实与实用成为大学生确立理想的主要根据，从而使他们过分关注自我小利，无视国家民族大义；过分关注眼前利益，不顾社会长远利益，而这必将对社会的可持续发展产生不利影响。因为大学生是社会发展的生力军和栋梁，这个群体失去了理想追求和改造现实的斗志，必然会影响和阻碍社会的长足发展。

具体说来，当代大学生在理想问题上存在着以下几方面的困惑。

一、理想选择中的困惑与迷茫

改革开放以来，西方各种学术和社会思潮扑面而来，大学生在吸收其中积极内容发展自己的同时，如自我意识增强，勇于竞争实现自我价值等，一些学生也存在一定程度的思想混乱，对一些问题的是非辨别不清。应该说，当社会处于转型过程中，面对价值选择的多样性，对于年轻、社会阅历浅、判断和抉择能力受到限制的大学生来说，这种现象也属正常。原有的价值观念部分地失去了示范作用，而新的价值体系又未形成，价值判断的矛盾性、价值评价标准的混乱就会使许多大学生在选择他们的人生之路、确立自己的理想时感到困惑与迷茫。他们既接受了社会主义价值观的教育，又受到市场经济浪潮的冲击和西方资本主义价值观的影响；既渴望实现自我价值，又缺乏艰苦创业的思想准备；既希望有施展才能的机会，得到社会的承认，又对社会上的不良风气无所适从，感到前途渺茫；虽能在理论上认识到个人价值的实现必须同社会需要相结合，但一涉及具体问题、具体利益时，又往往首先考虑个人得失，使理论认识与实际行为相矛盾。

二、理想的模糊性与低层次

理想的模糊性与低层次在低年级与高年级学生中的表现有所不同。

低年级的学生刚刚经过高考的激烈竞争，终于实现了大学之梦。但由于一些学生把考上大学当作人生重大理想的实现，所以考上大学后，便有了“船到码头车到站”的心理，出现目标的丧失和理想真空，失去了继续奋斗的动力。这种缺乏理想追求的生活，加上高校自由宽松的管理方式，致使禁锢惯了的学生在突如其来的自由面前，反而茫然不知所措。一部分学生感到无聊、空虚和迷惘，有些同学甚至以过度的娱乐和恋爱来填补此阶段心灵的空虚。

高年级学生的理想定位层次低主要表现在追求个人实惠方面。在回答“选择工作考虑最重要的因素”时，经济收入放在第一位的大有人在，沿海发达地区、三资企业往往是毕业生们的重点选择对象。有关大学生学习动力、学习内容以及职业选择的调查情况：许多学生的学习动力来自自我价值的实现、报答父母、过富足幸福的生活等；投入精力最多的是学习外语、电脑等实用知识和技能；评价职业的主要参数是经济收入、社会地位、权力、职业的稳定度等很现实的条件。

我们可以发现，当代大学生中存在的理想的低层次性有扩大化趋势，他们中的部分人由于个人本位思想的影响，或者出于对以往理想教育的逆反心理，认为对金钱、房子、车子等个人物质享受的追求才是对生活真正有“刺激作用”的，而为共产主义奋斗、做集体主义的“大我”不过是唱高调而已，对人的生活没有实在的激励作用，所以总是倾向于否认远大理想的作用。他们更为关注的是人自身的状态和现实的利益，强调人首先应对自身、对家庭负责，通过自己的努力，创造实惠、美好的生活。

可见，集体主义、理想主义人生价值观正在受到注重个人的、现实的存在和追逐金钱的个人主义、现实主义价值观的冲击，这是我们在进行理想教育时应该高度重视的问题。

应该说，大学生追求个人发展，追求现实利益，为了将来能一鸣惊人，也在拼命地学习，我们对这种理想并不否定。这种强烈的个人成功意识我们认为也是可贵的，总要比整天无所事事强。但是，这些学生太注重个人得失，就使他们难以具备较高的思想境界，为谁服务的目标不够明确。而学习这种艰苦的劳动需要的是取之不尽的动力，只从一己私利中攫取力量显然是不够的。许多事实也证明，缺乏远大的社会理想，只为一己一时打算的学习动力强度小，并且缺乏稳定性和持久性，自我实现的程度也相对较低。尤其是，当理想与现实发生矛盾时，这些人就很容易产生心理上的不平衡，怨天尤人，但又没有更广大的胸襟释解心理矛盾，从而必然会陷在自我利益的旋涡中，患得患失，不能自拔，甚至嫉妒中伤他人、仇视社会，对个人和社会造成危害。因此，大学生作为时代的骄子，祖国的栋梁，应该有更高远的理想引领自己，以便走向更大的成功。

三、以“自我为中心”的享乐主义思想困扰着一部分学生

随着我国经济的飞速发展以及西方发达国家消费社会特点的影响，“人活着就要及时享受”的观点越来越为一些大学生所信奉。加上当代大学生中独生子女的比例越来越高，他们从小就过惯

了安逸的生活，这种思想就更显得自然而然，不足为怪。具有这种思想的学生，学习上动力不足，政治上不求上进，生活上吃喝玩乐，他们强调个性、自由和个人权利，而忽视集体、纪律以及责任和义务。

在实际消费方面，一些大学生通常很少考虑自己的经济能力，盲目地跟风、摆阔，讲求高消费，甚至借债消费。同学之间比吃喝、比穿戴、比花钱大方程度的现象日趋严重。这种生活方式的偏差使一部分学生生活在浅薄庸俗之中，他们不是把学习、充实自己作为大学生生活的主要内容，而是想方设法挣钱，或打工，做不正当的交易（如当枪手、黑笔等），或结交同学中的权贵，攀龙附凤，过寄生生活，甚至去偷去抢，走向犯罪。这种情况虽属少数，但也很值得大学生提高警惕。毕竟鼓励消费是社会刺激经济发展的重要途径，而且这种社会发展趋势会愈演愈烈，如果大学生不能正确认识自己的消费地位，一味地与社会上的高消费群体攀比，必然会给自己和家庭带来不必要的麻烦，给社会秩序产生不利影响。

四、理想的功利化和实用化

随着市场经济的发展，金钱作为衡量价值的主要标尺不足为怪，在一定程度上，它的确是将个人价值和贡献物化的最简单、最直观的手段。因此，一些大学生希望赚很多的钱，这本身无可指责。关键是对钱的认识和使用上的差异，才真正折射出个人境界和理想的高低。有些学生面对家乡的贫穷、环境的恶化、教育的落后，希望能赚大量的钱加以改变现状，这种赚钱的理想与完全满足自我享乐的金钱观相差何止天壤。所以，我们担心理想的功利化、实用化的消极影响，并不是要求大学生一定要再回到饿着肚子空谈理想的老路上去，而是要求学生正确认识金钱在人生追求中的位置：金钱只是价值衡量的一个标准，不是主要的更不是唯一的标准；一个人如果把金钱的获取作为唯一的人生目标，就会失去理智，从而走向自我毁灭的深渊。

五、理想缺乏执着信念的支撑

信念是指人们在一定认识基础上确立的对某种理论主张或思想见解坚信不疑并要努力身体力行的精神状态。相信不等于信念，因为三五分钟就可能相信某种事，但信念需要一个过程，它不只是一个认知问题，而是包含着强烈的情感倾向性与意志坚定性，是认识、情感、意志融合统一的一种综合的精神状态。这种坚定的信念正是理想得以实现的基本前提。古往今来，真正实现远大理想者无不得益于他们顽强的意志、行动的勇气和对理想的执着追求。但是，现在一些学生的理想往往在困难挫折面前因为意志薄弱或缺乏执着信念而破碎，他们不能正确认识和处理理想形成过程中遇到的各种矛盾与困难，在崇高的人生理想与多变的现实生活之间往往缺乏必要的理论修养和实践体验，有限的经历和阅历也使他们难以从容地把握理想与现实之间的距离，对理想实现的艰难过程缺乏足够的思想和心理准备。导致的后果是理想与行动之间脱节，虽然确立了人生理想，但有的不知道应该如何行动，有的由于意志薄弱而造成理想与行动的矛盾，不能用理想的目标来指导实践。在个人理想与社会理想之间的矛盾上，尽管在理智上承认个人理想应当服从社会理想，但在情感和行动方面却难以得到统一。这种情形更加剧了大学生理想的迷茫和动摇。如果深究其背后的原因，应该说还是理想的狭隘实用性桎梏了他们的手脚。

理想不论高低，都有一定的人生指导作用。这是每个人都能实实在在感受到的。但是，不同类型和层次的理想，在实践中发挥的作用及力度是不同的，这一点却不是人人都能明了的，或者更多地停留于抽象层面的明了，对于“科学先进的理想对个人和社会有促进作用，而落后反动的理想则起阻碍作用；理想的层次越高，其所提供的动力就越大，反之则越小”这些理论，不能还原为生动的社会生活。我们之所以说共产主义理想是人生的远大正确的理想，并不仅仅是因为这个理想的科学性、合理性，它体现着社会发展趋势，等等，而且更主要的是因为许多事实告诉我们，那些真正具有共产主义理想的人，具体表现在实际的社会活动中，就能正确地处理索取与奉献、享乐与创造、个人与他人、个人与社会等各种人生矛盾，表现出高尚的道德情操和思想境界，成为理想人格的化身和别人学习的典范，从而最大限度地实现自我价值和社会价值。我们可以设想，如果一个人在他赋予的生活意义里，总是希望对别人和社会有所贡献，他自然会把自己塑造成最有贡献的理想形态，为了他的目标而不断调整自我，消除自私和褊狭的认识，永远走在时代的最前列，为社会的进步和发展尽自己最大的努力。在这种理想指导和开放心胸的引领下，自然会“砍头如同风吹过”，蔑视任何艰难困苦而勇往直前。

第二节　大学生理想出现偏差的原因剖析

大学生理想信念出现偏差的原因是多方面的，有国际国内客观环境的原因，有教育方面的原因，也有大学生自身缺乏生活阅历、思想容易波动以及对理想的认知偏差等主观原因。其中有些方面我们在前面讨论存在的问题时已经有所涉及，另外一些客观原因的研究较多，也比较容易把握，所以这些方面我们只想简单提及。而关于人们和大学生对理想的一些认知偏差却研究较少，但恰恰这是大学生理想存在模糊、低层次和理想实用功利等问题的最根本原因，这是我们要研究的重点。

一、从国际环境来看

随着世界多极化和经济一体化趋势的发展，和平与发展已成为当今世界的主题。发展中国家尤其是中国近年来突飞猛进的发展，大大提高了中国在国际事务中的地位和作用，这有利于对大学生进行爱国主义教育，从而形成共同理想。

二、从社会价值观和社会风气的影响来看

当代大学生是伴随着我国改革开放的进程同步成长起来的。改革开放以来，中国社会在价值观念上出现了激烈冲突和深刻变化：人的主体意识被唤醒，但多元利益主体之间的矛盾冲突增多；价值体系的中心开始转移，由高度政治化、道德化价值取向转变为以经济为基础的功利、实用倾向；人们的价值行为发生转变，逐步开始从权力化的目标模式走向实力化目标模式；社会价值体系的运作机制发生转变，从静态调节为主走向动态调节为主，整个社会的活力增强、节奏感加快的同时，不安定和失落感上升。这种冲突和变化，必然制约和影响大学生对人生价值目标的选择，其理想定位也自然会表现出模糊低迷和重功利讲实际的特点。

三、从家庭和学校教育来看

家庭教育对大学生理想信念形成有较大影响。一方面，家长对大学生的职业理想、生活理想起指导和示范作用，大学生在升学填报志愿和毕业后的职业选择上大多是根据家长的“意思”行事；另一方面，家庭教育对大学生道德理想的确立有较大影响。当代大学生中独生子女的比重已非常高，他们没有经受艰苦的磨炼，容易以自我为中心，缺乏意志力，而多数家长又往往只注意孩子的学习及学业成绩，忽视思想品德的培养。或者说，家长在道德教育中往往只注重了道德知识的灌输，而忽视了对孩子情感、意志、行为的培养，忽视了对他们内心世界的塑造和自我教育、自我约束能力的培养，没有引导他们在学习知识的过程中，不断了解社会，理解人生，一步步确立对道德知识和道德理想的感性认识。作为知识经济时代的主力军，如果大学生的人生理想仅处在一种生活理想、职业理想层面，心中没有大目标，人生态度消极，价值目标低沉，那么理想信念教育的前景就令人担忧。因此，不抓住道德理想教育这一主题，理想信念教育就会始终处于一种低迷状态。

从学校来看，理想信念教育中存在某种程度的头脚倒置的怪现象（与养成教育反向而行）：小学强调为共产主义理想而奋斗，注重远大社会理想的理论灌输和理想道德价值教育；中学阶段，随着学生自我意识和独立个性的觉醒，远大理想的教育被认为是空而泛的，效果不好，于是，以强调爱国主义、集体主义和社会主义的现实社会理想教育代替远大理想教育；大学阶段则发现许多学生缺乏对社会基本规范和社会公德的了解，忙着补小学中学的课，更多强调的是“学会做事，学会认知，学会做人”，进行的是个人现实理想和理想道德行为的教育。这种描述虽然有些极端，但也的确反映出了我们在理想教育的目标定位、内容设定、教育方法等方面存在的问题。这种情况导致学生理想的确立缺乏一个自然而然的自我内在认可机制，始终觉得理想是自我之外的东西，而不是自我生活的一部分。大学生在理想信念上存在的知行分离和对远大理想追求的缺失，在一定意义上打上了这一阶梯倒置模式的烙印。同时，一些高校理想信念教育中存在的内容泛化、教育内容与现实脱节、教育方式过于单调、僵化以及学校的这种温室型教育、报喜式教育状况，使大学生对现实越发失望，从而不仅影响教育效果，甚至适得其反，强化了他们在正确理想确定中的逆反心理。

四、从大学生的人生实践水平来看

理想信念是在人们人生实践中逐步形成的。理想总是随着一个人的认识水平的不断提高和人生实践的不断深入而逐步提升的，由个人理想向社会理想拓展，最后，在这种深厚的认识和实践基础上确立起对理想的信仰。这一过程，实质上是人们的认识、情感和意志的融合统一过程，与人们的个体心理发展过程、社会化过程密切相关，统一于其人生实践过程当中。而我国当代大学生，恰恰在人生实践方面有着很多不足。他们大多是在改革开放和构建社会主义市场经济的新环境下成长起来的，因一直生活在宁静的环境中又承担着繁重的学习任务，这往往使他们以一种远离现实的特殊方式感受时代的变革，很少触及社会发展的深层次问题，缺少忧患意识，而主要是关注个人生存发展层面的一些现实问题。对他们来说，唯一重要的人生竞争就是高考，故当他们以天之骄子的优胜者的姿态跨入高等学府后，不少人就认为从此前途有了保障，放松了对自己的严格要求；加之，不少大学生是独生子女，家庭环境优越，从未经受过艰苦生活的磨炼。这种人生实践水平的局限，使大学生在理想信念问题上，往往困惑于现实与理想之间的差异，呈现出具有强烈个体情感色彩的“自我性”“崇我性”，而对社会价值理念层面的深层次问题缺乏理性思考和把握，缺乏宏大的历史视野和社会关怀。

五、从大学生理想认知的偏差来看

理想认识上的一个非常普遍的偏差就是把理想等同于具体的人生目标。

大多数学生认为，理想就是不断地及时确定目标并努力将其变为现实的连续性过程，目标的暂时缺位也就是理想的徘徊选择期。的确，大部分学生的学习目的是非常明确的，就是都踌躇满志要学好科学文化知识，将来以真才实学成就自己，报效祖国。但令人不解的是，大学生在理论上能很流利地道出一套套纯真、高尚志向的同时，却又会在一些细碎平常的生活挫折中极易产生失望和悲观情绪，认为“生活是没有意思的”“社会是复杂而无情的”和“自己是没有前途的”，等等。此时，理想或人生目标并没有发挥其应有的支撑作用。相反，挫折中，他们经常片面地认为实现理想的主动权并不掌握在自己的手中，而更多地抱怨现实条件的限制。

这种知行背离现象是普遍存在的。究其原因，就是囿于对理想的“目标化”理解，缺乏对理想的信仰层面的深入思考。理想和信念、信仰的关系是辩证统一的。理想的确立是信念形成的基础，但理想要不发生动摇，发挥它的巨大作用，又必须逐渐沉淀成信念，信念是理想产生不懈动力的重要支持。而大学生却普遍认为，信念、信仰和精神境界的追求必须转化为现实目标才能发挥作用。可见，正是这种转化在降低了理想的纯粹性的同时，也使理想失去了对人的不懈的动力作用。因为这种转化，一方面，使学生自以为概念明确，拥有理想；另一方面，也使理想成了他们的一种生活常识和日常话语。他们往往把人生的理想想象成生活列车的终点站，当他们的现实目标未能在生活进程中如愿以偿地达到时，理想的目标也就随之变得遥远和空泛，失去了向往的意义。

在这里，我们并不想否定确立人生目标的重要性和必要性，而是想指出信仰和目标这两种追求之间有一个精神活动的向度差别。理想的核心和意义是追求精神生活的“向上”，而不是“向前”。确立理想不是确立一串目标，而是确立人生的信仰。理想作为人类不断发展、不断创造的最美最崇高的思想，它不能在现实的教育中仅仅被理解成帮助每个人确立实用的生活“目标”。从字面上看，“终极目标”和“阶段性目标”的说法使大学生在理想和现实之间架起了可能性的桥梁，使现实中的每一次努力都围绕理想的实现而向目的地迈进了一步，但这个提法也使理想与现实之间失去了必要的空间和张力，这个提法在导向上给予大学生的是一种纯粹的线性思维指引，它使理想成为历史列车行驶道上的站牌和终点，模糊了理想超越现实、引导现实的精神实质。大学生必须明确一点：理想的价值就在于它对人生和社会有一种促进的力量，理想所具有的积极精神和建设性想象力使它成为人类文明不断完善的巨大动力，而这种动力的源泉正是坚定不移的信念。只有把被人类历史证明的正确、崇高的理想变成信念，才能勇敢地面对任何艰难困苦，永不气馁。

从人的本质上我们更容易理解理想发挥作用的内在机制。人在其本质上就是具有理想性和超越性的，人不仅天生就是政治、经济和社会的动物，而且在其进化和发展的过程中也始终是一个精神的动物和追求理想的动物，这也就是理想和理想教育的可能性之所在。我们熟悉这样的说法，即马克思主义将社会主义由“空想”引入“科学”，但这一改变并不是把理想变为可以实现的目标。正如马克思在巴黎公社期间指出的那样：“工人阶级并没有期望公社做出奇迹。他们不是要凭人民法令去推行什么现成的乌托邦。他们知道，为了谋求自己的解放，并同时创造出现代社会在本身经济因素作用下不可遏止地向其趋归的那种更高形式，他们必须经过长期的斗争，必须经过一系列将把环境和人都加以改造的历史过程。"理想就是马克思所说的"更高的生活方式"，而不是可以"实现"的"现成的乌托邦"。理想虽需要具体地化为生活现实，但并不需要用这种实现来证明自己的全部价值和意义；理想更需要在关怀和思考的行为中成为我们对社会和人生的一种把握，成为我们不断升华自我、不断改变社会历史的精神动力，成为我们在经历了失败、冲突、衰落甚至灭顶之灾之后的不变的信念。

第三节　对大学生进行理想信念教育的对策

当前理想信念教育中难度最大的是少数大学生对共产主义、马克思主义的信仰弱化甚至丧失。要改变这种状况，关键要加速社会发展，端正党风和社会风气。对大学生进行理想信念教育是个艰巨的任务和长期的过程，需要学生通过实践、自我教育、提高修养和社会发展、学校教育等多种途径的有机结合。针对以往我们教育方法单一、教育效果不佳的情况，努力改进的基本方向应该是采取更贴近学生实际的灵活多样的教育方式，讲究实效，绝不能空对空地煽情。下面我们主要从学校教育的角度谈一些对策。

一、加强中国特色社会主义理论教育，增强大学生对党和政府的信心

"两课"教学是对大学生进行思想政治教育的主渠道、主阵地，强化中国特色社会主义理论教育应该成为教学内容改革的一个重要方面。在教学中，教育者的使命不是照本宣科，而是应注重为大学生树立社会主义理想信念提供宽阔的政治视野和真挚的时代情怀。科学社会主义的理想信念，不是一种教义，也不是一种盲目崇拜，而是一种深刻的理性思考。因此，加强大学生理想信念教育，必须把着眼点放在科学认识人类世界的发生、发展和变化方面上，着重激发和引导大学生对人民群众的历史命运和社会发展走势进行理性思考。

当然，要使学生真正感受到这一理论的威力并帮助大学生从思想深处真正自觉地树立起科学的社会主义共同理想和信念，还要把学习理论同大学生正确认识、积极参与建设中国特色社会主义的伟大实践紧密结合起来，让学生走出课堂，走向社会，到基层和群众中进行实际考察，了解国情。通过广泛接触社会，既能使学生亲身感受改革开放的成果和人民群众开拓进取的良好精神风貌，倍感我们的国家和社会能有今天，完全是建设中国特色社会主义的结果，又能使他们在改革开放和现代化建设及实践中认识自我，以科学理智和求真务实的态度分析、评价并接纳社会万象，对中国特色社会主义理论、邓小平理论的巨大威力多一些感性认识，实现对社会倡导的理想道德观念的认同与升华。当然，也要让他们尽量多地了解我们在前进中遇到的各种矛盾、困难和问题，了解党和政府是怎样努力解决这些问题的，从而能够使他们由衷地认识到社会主义的发展任重而道远，坚定对中国特色社会主义的理想和信念，增加对祖国前途的责任感、使命感，为中华民族腾飞、立于世界民族之林而奋斗。

二、引导大学生正确认识社会现状以及理想和现实的矛盾，帮助他们实现个人理想和社会理想的统一

大学生在确立理想和实现理想的过程中，总会遇到理想与现实的矛盾。由于他们社会阅历浅，所以往往会在险恶的社会现实面前丧失理想追求的信念，迷茫彷徨。其实，理想虽然是具有现实可能性的目标，但它毕竟还只是一种奋斗目标，不是也不可能是社会现实。

社会现实和大学生理想信念之间反差的产生还与大学生是否协调了个人理想和社会理想的关系紧密相连。大学生如果不考虑社会的利益和需要去搞“自我设计”，一旦二者发生矛盾又不能自觉地服从于后者，这样的个人理想很难称其为正确，与现实产生反差也就在所难免了。这就需要教育工作者在引导大学生将个人理想与社会需要相统一方面多做细致的工作，帮助大学生随时了解社会需要的发展，并督促他们经常反省个人理想，不断地进行校正和调整，把大学生个人的抱负和追求引向同社会的利益和需要相结合，把个人理想融于社会理想之中。

理想要转化成现实，还有一个艰苦奋斗的过程，大学生对此必须要有清醒认识。应该说，懂得理想和奋斗精神之间的关系，是当代大学生的主流。但也应该看到，当代大学生中，一方面有远大的抱负，另一方面又是被长辈们“抱大的”，缺乏为实现自己理想目标而奋斗的毅力和品格，以致眼高手低成了他们中间普遍性的问题，在理想和奋斗精神之间存在着明显的反差。因此，要教育大学生继续发扬艰苦奋斗的优良传统，磨炼自己，创造价值，实现理想。价值是创造出来的，个人要实现理想，提高自己人生价值，在价值目标定位后，就必须致力于价值的创造，以自己的劳动创造来体现自己的价值，实现理想。这个过程是艰苦和漫长的，其中必然遇到很多艰难险阻，这就要求大学生奋力拼搏：顺境时，要开拓进取，发挥潜能；逆境时，更要艰苦奋斗，发愤图强，以顽强的毅力克服各种困难，化消极因素为积极因素，坚持不懈，创造自己的人生价值。

三、提高高校教师政治思想素质，鼓足其对大学生进行理想信念教育的勇气

依靠教师进行理想信念教育。自古以来，教师就承担着育人的天职。教师传道这是人所共知的事情。教师是教育的主导力量，不光教学工作要依靠教师去完成，而且大量的思想政治教育和理想信念教育也要依靠教师去做。教师如果不承担或不自觉地对学生进行理想信念教育，单纯传授知识，那只能算作“教书匠”。教师的理想信念坚定，品德高尚，才能教出高素质的人才。邓小平同志曾指出：一个学校能不能为社会主义建设培养合格人才，培养德、智、体全面发展、有社会主义觉悟的有文化的劳动者，关键在教师。所以教师，不仅是“两课”教师，而且必须将政治、育人放在第一位，并体现在教学的全过程中。

但是，现在一些高校院系的教育目标设计上就存在重智育、轻德育的倾向，用非专业化、非思想化的方式淡化德育。所谓用非专业化的思想淡化德育，就是认为德育作为一门公共课，不仅不是一门专业，而且也不属于具体哪一门专业。既然如此，在德育的具体实施活动中，无论是对于教育管理者来说，还是对于受教育者来说，都存在着重视专业知识、技术的教育和学习而轻视德育的思想和行为。而以非思想化的方式淡化德育，就是在德育中认为内容实用的课程是主要的，政治导向、价值导向是次要的。这种认识不同程度地导致德育非思想化的倾向，片面强调诸如心

理健康、人际交往等实用的内容，而对社会主义的理想、信念教育则采取回避或一笔带过的做法，既违背了坚持正面的舆论导向和以正面宣传为主的原则，也影响了学生对国情形势的正确认识和判断，甚至使人产生对大方向的动摇。

固然，心理健康、人际交往等实用的内容，在防止过去德育只注重政治教育“一边倒”的倾向，预防大学生心理疾病等方面均有积极作用。但是我们不能从一个偏向走向另一个偏向，须知用心理健康教育淡化或者替代思想政治教育，将会导致大学生理想信念和社会责任感的淡化，这不符合现代社会人的培养的科学规律，对大学生的成长更为不利。应该说，这种情况的产生，与一些教育管理者和专业教师的认识导向有直接关系。一是他们对于教书和育人的关系认识片面，总认为对大学生进行理想信念教育是德育教师、思想政治工作者、党政领导的事，与自己无关。二是他们认为一讲理想信念教育就是讲假大空等不切实际的东西，学生不愿听，从而产生畏难情绪，即使对大学生进行理想信念教育也是羞羞答答，理不直，气不壮。更有少数教师非但不从正面引导大学生树立正确的理想信念，正确认识社会现实和理想信念的反差，而且还在学生中发牢骚，发泄对现实的不满情绪，人为加大学生的困惑及其理想和现实的反差。对于这些不良倾向，高校各级党政班子要引起足够重视，加大力度从整体上提高高校教师队伍的政治思想素质，增强其政治责任感，做到把理想信念教育渗透到业务课的教学和日常生活管理及活动当中去。这也是实施素质教育对教师的基本要求。

四、紧密联系大学生实际，寓理想信念教育于多样化的社会实践活动之中

依靠实践调查进行理想信念教育。实践是最好的教师，是最生动的课堂，是理想信念教育的最好方法。青年学生的一个突出弱点，就是书本知识多，社会实践经验少。尤其是当前大学生中独生子女的比重在增加，社会实践活动越发显示出其重要性和紧迫性。大量事实和心理学研究都证明：在现实生活和实践活动中形成的积极的情感体验、高度的责任感和义务感是形成远大理想的重要心理因素，是理想和信仰结合的必要媒介。

针对大学生专业思想不端正，过于功利化的择业倾向，可以让他们到相关领域参观、实践，亲自感受这些专业对社会发展的重要性。如组织所谓“冷门”文科的学生到机关、企业等做“见习局长助理”“见习总经理助理”，或做一些社会实际生活状况的调查，从而使学生更好地了解社会，理解一些看似玄想的概念范畴与社会生活的真正联系，用自己的眼睛发现理论的现实基础和实际意义，这必然会增强他们的学习兴趣。理工科的学生则可以深入到工厂、企业解决实际的技术问题，这种实践会既长知识又长志气，可以让学生更直接地了解知识的重要性，改变一些学生对所学专业存在的不合理认识，提高学习积极性，自然树立起服务社会的正确理想。

针对大学生理想的低层次性问题，可以组织学生通过访问英模、重游革命圣地、到基层和落后地区挂职锻炼和知识咨询等实践活动，唤起学生爱家乡、爱祖国、爱人民的无限真情和美好理想，使他们实实在在地感受到自己的责任，自觉肩负起建设祖国、保卫祖国的光荣使命。现在各高校组织的假期社会实践活动也的确收到了很好的效果，积极参加西部建设、回家乡创业、到边远贫困地区执教等已蔚然成风。这种对祖国对人民的责任感在国家经历了重大困难和取得巨大成绩的情况下，更会被激发起来。

还有针对大学生的理想不坚定等情况，可以请成功的专家名人做报告，讲他们的理想追求，讲他们的奋斗史，讲他们的成功和喜怒哀乐，从而使学生明白：正确的理想信念使人生更有意义；

理想还要加苦干、实干才等于成功，等等。

可以说，这些教育方式都注重化理想信念教育为学生实实在在的自我教育过程，而这应该成为我们新时期进行理想信念教育的基本模式。说到底，教育的目的就是为了不教育或转化成自我教育。

第八章　弘扬民族精神　做坚定忠实的爱国者

我是中国人民的儿子，我深情地爱着我的祖国和人民。

——邓小平

风声、雨声、读书声，声声入耳；家事、国事、天下事，事事关心。

——顾宪成

天下兴亡，匹夫有责。

——顾炎武

爱祖国高于一切。

——肖邦

纵使世界给我珍宝和荣誉，我也不愿离开我的祖国，因为纵使我的祖国在耻辱之中，我还是喜欢、热爱、祝福我的祖国。

——裴多菲

什么是爱国？人为什么要爱国？是祖国需要我们来爱，还是我们需要爱祖国？已经逝去的陆幼青在他留下的那本《生命的留言——〈死亡日记〉》的国庆篇中向我们提出了一个严肃的话题，却是多年以来我们不曾认真想过的："我们还有一个很严重误区，那就是常常弄错了一个重要的关系：到底是祖国需要我们来爱，还是我们需要爱祖国？一个头枕世界之巅，脚踏浩瀚海洋的国中巨人他不会在乎几十亿的子民当中多一个不肖子孙的，所以，你爱不爱国，对国是无所稀罕的，但是有没有国爱，有没有一个伟大的祖国去让你爱，对你可能就意义非常。就看看犹太人这几千年的历史吧，看看他们惶惶不可终日的奔走吧，直到今天，这种奔走已经成为一种根深蒂固的恐惧感，为什么？因为他们的祖国没有山一样的根基，能够屹立在地球之上。在以往的爱国主义教育当中我们说的是，爱祖国、建设祖国，那口气好像是因为祖国有了我们的爱会如何，我们很少去宣扬那种因为有了一个伟大的祖国可爱，所以我们的精神是多么的愉悦，我们是多么快乐这样一个事实。"他以自己的方式谈的这个问题难道不值得我们深深思考吗？

第一节　爱国主义是宝贵的精神财富

祖国是一个综合性的概念，是指在一定的社会历史条件下，由本民族所赖以生存发展的一定区域内的自然环境（国土）、社会环境（国民）和政治环境（国家）等基本要素构成的社会共同体。爱国，呈现出热爱河山、热爱人民和热爱国家三个方面的丰富内涵，体现为爱国情感、爱国思想和爱国行为三个层面的有机统一。

一、爱国主义的科学内涵

爱国主义是千百年来人们形成的一种对自己祖国的最深厚的感情，是一种民族意识和社会心理。就文化本身的民族性而言，在一定程度上可以说是对祖先生存、生活的悠远记忆以及根系的依恋，是对自己生长、繁衍土地的一种感情。正如童年的生活记忆总是活泼有情趣的，相应根基于农业生产的中国文化就有一种浓郁的对故乡山水、风土人情的眷恋，并进而升华成对祖国锦绣山河、语言文字、历史文化的崇敬和热爱；由对父老乡亲的爱升华成为对广大人民群众、统一的中华民族的关心和热爱。这可以说是社会遗传的家乡眷恋，是以血缘根基为情怀的特殊的爱国主义。有人曾经从文字的角度研究了这个问题，认为在各国文化中，只有中国把“country”译为国家，即放大了的家。如要追根溯源，则我国先民跨入阶级文明社会的标志是氏族首领直接转化为奴隶主贵族。氏族是以家庭为基本单位，以血缘为纽带联结起来的聚居的家族群体，氏族长就是具有较强生存能力的家族长。以血缘、以家为根本的氏族直接走向国时，家就成为国的原型与母体，国变成家的扩充与放大。这种家国一体、家天下的模式，被以后历代统治者强化，秉承为“祖宗家法不可变”。这种“家国一体”在文化的生长、传承中，又把母亲与国家联系起来，称为“祖国”。祖国是祖祖辈辈生活的地方，是我们的根，有了根才踏实，才有精神的寄托，才有底气。于是有那么多港、澳、台同胞回大陆寻亲祭祖；有那么多旅居海外多年的侨胞，回国后无论如何要去拜谒黄帝陵，因为他是炎黄子孙。以强烈的根的意识而产生的爱国情怀，牵动凝聚了美籍华人女作家包柏漪女士多次表白根系：“我虽然在美国长大，但我还是一个中国人”“我的根在中国”。正是这种根的意识，使得天下的华人儿女对祖国情系于心；也正是这种浓郁的爱国之情升华为神圣的民族自尊心、自信心、向心力和凝聚力。

我们应该看到，我们所讲的这些文化内容所体现的只是对爱国主义的感性认识，而要揭示爱国主义的科学内涵，就必须上升到理性认识的阶段。

（一）爱国主义的精神实质

现代意义上的祖国，至少包含了三个方面的要素。

1. 自然要素

自然要素，即本民族赖以生存的，一定区域内的土地、山河、海洋等自然风貌和矿产、森林、物产等自然资源所构成的国土。

2. 社会要素

社会要素，具有共同的经济生活、语言文化、社会心理和历史传统，纵横交织的社会关系紧密联成一体的人民或国民。

3. 政治要素

政治要素，是为了维护社会共同体的秩序安全、主权和稳定而建立起来实施阶级统治的强力政治机构——国家。

由此可见，祖国是一个集自然、政治、经济、文化和历史于一体的综合概念。既然爱国主义所忠诚、热爱、报效的祖国是国土、国民、国家组成的社会共同体，那么，爱国主义就必然以爱故土、爱人民和爱国家为最基本的内容。热爱故土山河，是爱国主义的重要内容。祖国，从来都不是一个抽象的概念，她首先就是我们脚下这块世代生息、繁衍的广袤土地，是我们生于此、长于此的故土家园，我们对祖国的爱也就源于对这片养育自己的土地的最朴素而真挚的爱。俗话说，一方水土养一方人。那些远离故乡的游子，总是怀着对故乡故土的深深的爱恋，在一些文学作品里，我们经常能欣赏到充满爱国之情的文字。著名作家余光中的《乡愁》之所以流传那样广，除了他的文字比较通俗、朗朗上口外，还在于他写出了所有海内外华人的心声。

（二）爱国主义的基本内容

人们为什么会对自己的祖国产生这样一种深厚的感情呢？这是千百年来人们对个人与祖国依存关系不断认识的结果。古今中外，人们都把自己的祖国比作母亲，对她怀着极其深厚的感情，“祖国”这个词的英文就是直译为“motherland”，就是由“母亲”与“土地”两个词合在一起构成的。我国古代盛行的祖宗崇拜，“祖国”二字就是有“祖先的国度”的含义，祖国的内容无比丰富深广，它不仅包含人们对自己及其祖先出生的那个民族所赖以生存的疆域土地、山川河流、矿藏物产，而且还包含着民族的语言文字、生活习俗、历史文化、心理素质等。

第一，爱国主义对祖国的最深厚的情感，就是为了祖国人民可以抛弃自己的一切，包括荣誉、事业、优越的工作条件和生活待遇等。新中国成立初期，许多旅居海外的科学家，甘愿放弃自己在国外的一切，冲破重重阻力，回到祖国。著名的桥梁专家茅以升，23 岁时在美国获得工科博士学位。人们纷纷向他投来尊敬、赞美的目光，一份份诱人的聘书也向他飞来。有人劝他留在美国，说是科学无国界。但是茅以升却斩钉截铁地回答：“不！纵然科学没有国界，科学家却是有祖国的！我是中国人，我的祖国更需要我！”他毅然踏上了回国的归途。正是对祖国的热爱，茅以升才放弃国外优越的生活条件。像茅以升这样的科学家还有许多，如钱学森、钱三强、李四光、华罗庚、邓稼先、王淦昌等，在他们看来，事业和荣誉只有同祖国联系在一起才是有意义的。

第二，爱国主义情感还表现在人们对于祖国的物质文明和精神文明的热爱。祖国的物质文明和精神文明包括经济生产、科学技术、语言文字、文化艺术等，是最为宝贵的财富。它既是对世界文明发展的贡献，也是祖国人民所赖以生存和发展的物质和精神条件。热爱自己祖国的文明，是各国人民共同的情感。祖国总是人民世代生息繁衍的地方，它的存在发展是个人存在发展的基础。祖国的前途和命运，决定着她每个儿女的前途和命运。我们每个人都必须树立祖国高于一切的观念，把爱国作为自己的神圣义务。

第三，爱国主义体现了人民群众对自己祖国的深厚感情，反映了个人对祖国的依存关系，是人们对自己故土家园、种族和文化的归属感、认同感、尊严感与荣誉感的统一。它是调节个人与祖国之间关系的道德要求、政治原则和法律规范，也是民族精神的核心。每个人来到这个世界，都要在社会中生存，都要获取生存发展的物质条件，都要寻求慰藉心灵的精神家园，这一切首先得益于祖国。没有国哪有家，没有家哪有我——这看似平常的话语，道出了最深刻的爱国理由：国家是小家的寄托，更是个人的寄托；国家是物质利益的寄托，更是精神家园的寄托。失去祖国母亲的保护，人们就是无家可归的流浪儿。爱国是每个人都应当自觉履行的责任或义务。履行爱国的责任或义务，是对祖国母亲的报答。

（三）爱国主义的基本要求

爱国主义的基本要求主要包括以下几点。

1. 爱祖国的大好河山

祖国的河山在人们的心中占据着至高无上的地位。“一方水土养一方人”，祖国的山山水水滋养哺育着她的子子孙孙。“禾苗离土即死，国家无土难存”，祖国的大好河山，不只是自然风光，而且是主权、财富、民族发展和进步的基本载体。因此，每一个爱国者都会把“保我国土”“爱我家乡”、维护祖国领土的完整和统一，作为自己的神圣使命和义不容辞的责任。

2. 爱自己的骨肉同胞

爱自己的骨肉同胞反映的是对整个民族利益共同体的自觉认同。民族利益是整体的利益、长远的利益，这种利益高于民族内部的、局部的、暂时的利益。爱自己的同胞就是爱人民群众。人民群众是历史的创造者，他们的意志决定着祖国的命运和前途。对人民感情的深浅程度，是检验一个人对祖国忠诚程度的试金石。爱自己的骨肉同胞，最主要的是培养对人民群众的深厚感情，紧紧地和人民群众站在一起。

3. 爱祖国的灿烂文化

文化传统作为一个民族群体意识的载体，常常被称为国家和民族的“胎记”，是一个民族得以延续的“精神基因”，是培养民族心理、民族个性、民族精神的“摇篮”，是民族凝聚力的重要基础。人们在现实生活中，或许会背井离乡，或许会彼此隔绝，但对祖国灿烂文化和历史传统的认同总会把人们的心连在一起。爱祖国的灿烂文化就应该认真学习和真正了解祖国的历史，深入理解祖国优良的历史文化传统。

4. 爱自己的国家

爱祖国不是抽象的，而是具体的。祖国的大好河山，自己的骨肉同胞，民族的灿烂文化，是同具体的国家相联系的。我们每个人的发展都是同国家的发展和进步紧密联系在一起的，爱祖国就要心系国家的前途和命运，就要把国家和人民的利益摆在首位，为祖国的独立和富强，为人民的解放和幸福贡献力量。

（四）爱国主义的基本特点

爱国主义是历史的、具体的，在不同的历史时期和文化背景下所产生的爱国主义，总是具有不同的内涵。爱国主义的丰富性和生命力，正是通过它的历史性和具体性来表现的。在我国新民主主义革命时期，爱国主义主要表现在为致力于推翻帝国主义、封建主义和官僚资本主义的反动统治，把黑暗的旧中国改造成光明的新中国。在现阶段，爱国主义主要表现在献身于建设和保卫社会主义现代化事业，献身于促进祖国统一大业。爱国主义随着国家的产生而产生、发展而发展。在未来的共产主义社会，国家消亡后，爱国主义就会失去存在的条件和意义。在阶级社会中，爱国主义具有阶级性，不同的阶级对待祖国的感情，既有一致的方面，也有差异的方面，甚至有对立的方面。爱国主义是对整个民族大家庭的热爱，要以实际行动维护中华民族的大团结，当外敌入侵、国家民族面临生死存亡威胁的时候，中华民族大家庭总能团结一致，共同对外。爱国主义的这些特点，要求我们以历史唯物主义态度，去认识历史发展过程中的爱国主义，将其放到历史发展的链条中，依据当时的具体条件去进行评价，尊重历史，不苛求古人，既要充分肯定历史上的爱国人物、爱国情感、爱国思想和爱国行为，又要看到这些人物、情感、思想和行为的历史局限性，从爱国主义的丰富表现中，升华出爱国主义的普遍情怀。

二、爱国主义是中华民族的优良传统

中华民族的爱国主义优良传统源远流长。自古以来，爱国的思想和行为受到人们的褒奖和景仰。中华民族由多民族融合而成，汉族与各少数民族共同为中华民族的繁荣发展做出了贡献，各民族中都涌现出了许多为国家和民族做出杰出贡献的仁人志士，他们的英雄业绩为历史所铭记。中华民族的爱国主义优良传统内涵极为丰富，要在新的形势下进一步发扬光大。概括起来，中华民族爱国主义传统的内涵有以下几方面。

（一）热爱祖国，矢志不渝

刻骨铭心的爱国之情，矢志不渝的报国之志，生死不移的爱国之行，写满了中华民族的光辉史册。“苟利国家生死以，岂因祸福避趋之”“位卑未敢忘忧国”“报国之心，死而后已”等名言，都寄托了对祖国的热爱和一片赤诚之心。中华民族历史上有许许多多爱国故事，感人肺腑，流芳四海，代代传颂。

（二）天下兴亡，匹夫有责

以天下为己任，无论身居何位，都心忧天下，关心国家的命运和民生的苦乐，自觉地把个人的前途与国家的兴衰联系起来，把爱国的思想付诸实际的行动。“先天下之忧而忧，后天下之乐而乐”“天下兴亡，匹夫有责”等思想深刻表达了中华民族的爱国情怀。

（三）维护统一，反对分裂

中华民族是一个多民族的统一体，除了汉族之外，还有许多少数民族，而汉族本身也是在历史发展的过程中与许多民族融合而成的。民族团结和睦，始终是各族人民的共同心愿；维护民族团结和祖国统一，始终是各族人民的最高利益和神圣职责。在中国的历史上，尽管发生过民族之间的战争，也出现过分裂和内乱，但是促进民族团结和维护祖国统一始终是人心所向，是中国历史发展的主流。

（四）同仇敌忾，抗御外侮

中华民族爱好和平与自由，但决不容忍外来的侵略和压迫。面对外来侵略，各族人民总是团结一致，同仇敌忾，奋起反抗。在中国的历史上，所有侵略者最终都难逃失败的命运。也正是在抵御侵略，维护国家主权和民族尊严的过程中，中华民族形成了坚持国家和民族利益至上、誓死不当亡国奴的民族品格；万众一心、共赴国难的民族团结意识；不畏强暴、敢于同敌人血战到底的民族英雄气概；百折不挠、勇于依靠自己的力量战胜侵略者的民族自强精神；开拓进取、善于在危难中开辟发展新路子的民族创造精神；坚持正义、自觉为人类和平进步事业贡献力量的民族奉献精神。

三、爱国主义是推动社会历史前进的强大精神力量

江泽民同志指出：“在我国历史上，爱国主义从来就是动员和鼓舞人民团结奋斗的一面旗帜，是各族人民共同的精神支柱，在维护祖国统一和民族团结、抵御外来侵略和推动社会进步中，发挥了重大作用。在爱国主义精神的激励下，我们的国家和民族自强不息，具有伟大的凝聚力和生命力。”爱国主义之所以具有发挥团结、凝聚国家和民族，推动历史发展的强大功能和价值，源于行动主体的“恋母（祖国）情结”，它发展为明确的民族意识、对祖国的挚爱深情和执着的意志行

为，构成实现祖国大团结、大统一、大振兴的重要思想基础。爱国主义思想是通向共产主义思想的桥梁。

（一）爱国主义是对祖国、民族的强烈激情和崇高责任

这种伟大的情愫有着深刻的理性蕴含，激励着历代爱国者去思考和探求民族的振兴和祖国的富强，从屈原自沉汨罗江到孙中山倡导“三民主义”，推翻封建帝制；在 90 多年的峥嵘岁月里，中国共产党人团结和带领人民在艰难困苦中奋起，在艰辛探索中前行。抚今追昔，无数热忱的爱国者前仆后继，用热血和生命绘就了壮丽的历史画卷。

（二）爱国主义是基本的道德规范

爱国与否是评价历史人物善恶、美丑和事件好坏的决定性价值标准，是人们利益关系在道德关系上的折射。祖国利益具有全局性、广泛性、长久性，它体现了人民的最高利益。个人利益必须服从祖国利益，这是人们基本的道德行为准则，是道德评价和道德判断的重要标尺。爱国主义是我国公民道德建设的主题。

（三）爱国主义是重要的政治原则

它以法律形式固定下来，作为个人对国家应尽的义务，以此确定其国家公民的资格。《中华人民共和国宪法》（以下简称《宪法》）规定：中华人民共和国公民有维护国家统一和各民族团结的义务；有维护祖国安全、荣誉和利益的义务；保卫祖国、抵抗侵略是每一个公民的神圣职责。

（四）爱国主义是全民族的精神支柱

它作用于民族的经济生活、风俗习惯和文化心理之中，汇聚成一种强大的凝聚力，潜藏在全民族心灵深处，同人们的情感、信念、使命和责任汇合，成为维系中华民族生存与发展的内在文化心理机制，锻造成中华文明永不消逝的精神柱石和民族魂魄。

四、爱国主义的时代价值

（一）爱国主义是中华民族继往开来的精神支柱

爱国主义是动员和鼓舞中国人民团结奋斗的一面旗帜，是全国各族人民共同的精神支柱。在人类的发展史上，有哪一个国家像中国这样从未间断地保持延续了本民族的原生文明？有哪一个民族像中华民族这样尽管经历了如此多的内忧外患，饱受了种种苦难，却从来没有被外来的敌人所征服？

综观历史，曾与中国一起被列为世界文明古国的其他国家，几乎无一例外地衰落在历史的风尘中。早在 19 世纪，德国哲学家黑格尔在比较了各个文明古国发展史之后就曾断言：“只有黄河、长江流过的那个中华帝国是世界上唯一持久的国家。”而 100 年后的另一位英国著名学者罗素也发出惊叹：“自孔子以来，埃及、巴比伦、波斯、马其顿，包括罗马的帝国，都消亡了；但是中国却以持续的进化生存下来了。”翻阅一下世界历史就可以看到，中国与埃及、巴比伦、印度曾经是世界的四大文明古国。但是，古埃及国家于公元前 6 世纪被波斯所灭，以后一直处在外族统治下，

当年的埃及人逐渐被阿拉伯人所同化；巴比伦曾在历史上盛极一时，但也不过是匆匆而去的历史过客；印度有很长的一段时间被外族入侵，传统的文化受到很大的摧残，要研究这段印度史，不少史实要借助其他国家的史籍记载才能弄清。唯独中国，从 5000 年前一直延续到现在，并继续蓬勃发展。这件事本身就是世界上的奇迹。是什么力量使我们的祖国无坚不摧呢？

这其中当然有着非常深刻而复杂的社会历史原因。但是有一点是肯定的，古老中华民族之所以顽强地走到今天，一个重要的原因就是千百年来的爱国主义传统，从形成到不断延续和发展，已经深深地融入我们的民族意识中。爱国主义唤起了整个中华民族对自己祖国的热爱，并由此激发了强大的民族凝聚力和国家凝聚力，成为动员和鼓舞人民团结奋斗的一面伟大旗帜。这种伟大的爱国主义精神，推动古老的中华民族自强不息、艰苦奋斗，历经磨难而不衰，屹立于世界民族之林。毫无疑问，中华民族的爱国主义精神，作为一种伟大的凝聚力和向心力，起着巨大的作用。这种作用表现在：一是在外敌入侵时，它能激发人们为保卫祖国和家园，奋起反抗，英勇杀敌；二是在国家民族遭到困难、不幸或危难时，它能唤起广大民众的忧虑悲愤而团结战斗；三是在和平发展时期，它能鼓励人们为把自己的祖国建设的繁荣昌盛而努力。因此，中华民族的爱国主义是推动中国社会历史前进的强大精神动力。

当代的大学生中也有一些同学困惑不已，中国到底有什么可爱之处？他们有人认为中国与发达国家相比，经济落后，不够发达，人口多且素质不高，改革开放虽然改变了一些经济状况，但又出现了其他的问题，如下岗、社会保障、大学生就业难等。他们往往只看到问题的一个方面，没有去认真思考这样的问题，即为什么对于在外国人眼中飞速发展的中国，我们自己的大学生却麻木而迟钝呢？

在历史发展过程中，中华民族表现出了强大的生命力。中华文明一脉相承的延续发展，成为人类文明史上的一道奇观。这有着非常深刻的原因，其中无可置疑的是，千百年来深深融入民族意识之中的爱国主义优良传统，成为鼓舞中华民族艰苦奋斗、继往开来的重要精神支柱。

在新的历史条件下，致力于中华民族的伟大复兴，必须在爱国主义的伟大旗帜下，建立最广泛的爱国统一战线，集中整个民族的智慧和力量来谋求国家的发展和民族的振兴。正如胡锦涛同志所指出的："包括大陆同胞、港澳同胞、台湾同胞、海外侨胞在内的全体中华儿女，都应该为自己是中华民族的成员而感到无比自豪，都应该承担起实现中华民族伟大复兴的历史责任，都应该以自己的努力为中华民族发展史续写新的光辉篇章。"

（二）爱国主义是维护祖国统一和民族团结的纽带

在中华民族的发展史上，爱国主义精神对于维护祖国统一和民族团结起到了十分重要的作用。什么时候团结统一，国家就强盛安宁，什么时候分裂内乱，国家就积贫积弱。千百年来的历史经验，已铭刻在中华儿女的心中。团结统一始终代表了中国社会历史的发展方向，代表了中国各族人民的共同心愿。

维护国家主权和领土完整，是国家的核心利益。在反对分裂、维护国家统一这个重大原则问题上，中国人民从未有丝毫犹豫和退让。骨肉离别和纷争，是让亲者痛、仇者快的事情，只有骨肉团聚，祖国统一，才是各族人民的共同期盼和福祉。

（三）爱国主义是实现中华民族伟大复兴的动力

辉煌灿烂的中华世代文明，曾经长期处于世界领先地位，并且远播海外，为人类文明的发展做出了重要贡献。进入近代以后，长期的内忧外患，阻碍了中国的发展，导致了山河凋敝、国力日衰，受尽了外国列强的侵略和奴役。无数爱国志士发愤图强，努力探索和寻求民族复兴的道路。在中国共产党的领导下，中国人民以马克思主义为思想武器，经过艰苦卓绝的长期奋斗，实现了民族独立和解放，建立了社会主义新中国，为中华民族的伟大复兴奠定了坚实的基础。新中国成立以来，特别是改革开放以来，中国人民的爱国主义热情空前高涨，爱国主义在推动祖国的全面发展和进步方面，发挥着越来越重要的作用。

新世纪以来，各国之间综合国力的竞争日趋激烈。在激烈的国际竞争中，中华民族立于不败之地的一个重要保障，就是高扬爱国主义旗帜，最大限度地团结全国各族人民和港、澳、台以及广大海外同胞，激发起爱我中华、建我中华、强我中华的爱国热情。“人心齐，泰山移”，中华儿女只要万众一心，奋发图强，艰苦奋斗，就一定能战胜任何艰难险阻，多少代人所企盼的中华民族伟大复兴的目标就一定会实现。

（四）爱国主义是个人实现人生价值的力量源泉

爱国主义体现了每一个中华儿女对祖国的责任，这种责任是社会发展的客观要求，也是每个人自身发展的客观需要。一个人能够成为什么人，应该成为什么人，在很大程度上要依赖于社会，依赖于生于此、长于此的祖国。祖国给个人的成长发展创造条件，对个人创造的成果做出评价，为个人实现人生价值提供舞台，指明方向。

伟大的人生目标往往产生于对祖国深厚的爱。一个人对祖国爱得越深，历史责任感就越强烈，人生目标就越明确，人生信念就越坚定。古往今来，载入中华民族史册的，无一不是忠诚的爱国者。他们之所以能做出一番事业，使自己的人生有价值、有意义，根本原因在于对自己的祖国和人民有一颗滚烫的赤子之心。

第二节　新时期的爱国主义

新时期中华民族的爱国主义，既承接了历史上爱国主义的优良传统，又吸纳了鲜活的时代精神，内涵更加丰富。建设中国特色社会主义是新时期爱国主义的主题。在现阶段，爱国主义主要表现为献身于建设和保卫社会主义现代化事业，献身于促进祖国统一的事业。

一、爱国主义的时代特征

爱国主义具有历史性和时代性，每个国家、民族都有自己的爱国主义，都与其自身的政治状况、经济状况特别是文化价值观相联系。当前，加强爱国主义教育是由国内外环境和形势所决定的，中华民族在发展中面临着特殊的矛盾和前景，即挑战与机遇并存，困难与希望同在。新世纪将是中华民族实现伟大复兴的世纪，中国社会将发生更加深刻的变革，我国各族人民正在从事着建设中国特色社会主义的宏伟而壮丽的事业。新时代、新阶段呼唤强化爱国主义教育，而以爱国主义为核心的民族精神又有助于全体中华儿女的空前团结和高度凝聚，共同创造幸福生活和美好未来，使中华民族以崭新的姿态屹立于世界民族之林。

（一）坚持爱国主义与爱社会主义相统一

祖国是“祖先的国度”“父母之邦”，更具民族、地域的特性，爱祖国是各族人民神圣的疆土意识和大地情怀。在阶级社会里，爱国的内涵不同，通常有爱祖国和爱国家的分离甚至对立现象：封建时代的爱国常与忠君相联系；资产阶级革命时期的爱国主义与反对封建主义、反抗外敌异族压迫、推翻本国反动统治相联系；新民主主义革命时期，中国共产党人的爱国主义运动与推翻“三座大山”，建立新中国相联系。当无产阶级掌握政权，建立社会主义制度后，爱国主义就与热爱社会主义事业紧密相连。只有无产阶级社会主义的爱国主义才能最集中、最深刻地揭示最广大人民的根本利益，展现民族的愿望，引领祖国的未来，是历史上最高类型的爱国主义。

正如江泽民同志所说：“在当代中国，爱国主义和社会主义本质上是统一的。历史证明，坚定捍卫中华民族尊严、期望中国繁荣昌盛的爱国者，大都会成为忠诚的社会主义者或社会主义的可靠朋友。”建设中国特色社会主义是新时期爱国主义的主题，是我国各族人民爱国主义的主要内容。当前，爱国主义与社会主义有机地统一在全面建设小康社会，开创中国特色社会主义事业新局面的伟大实践中。

（二）坚持爱国主义与对外开放相统一

对外开放，走向世界，在中华民族史册里并不鲜见。但是，当今中国的对外开放是一项长期的基本国策，它整合并协调了中国与世界、与我们所实行的社会主义制度的关系。社会主义市场经济体制是同社会主义基本制度结合在一起的，作为最大的发展中国家，中国通过 30 多年的改革开放，取得了举世瞩目的成就。世界多极化和经济全球化在曲折中发展的趋势不仅是一股潮流，更是一种现实，这一进程势必为我国未来的经济持续发展、人民生活水平不断提高、社会全面进步以及综合国力国际地位的提升提供历史性的挑战与机遇。中国离不开世界，世界也需要中国。形势逼人，不进则退，我们要坚定不移地推进改革开放，把对外开放同强化民族自尊心、自信心、自豪感联系起来，同维护祖国的利益、荣誉、尊严联系起来，同居安思危、励精图治、民族复兴联系起来。必须处理好扩大对外开放和坚持自力更生的关系，把立足点放在艰苦奋斗、依靠自己力量的基础上。

邓小平同志指出：“对外开放具有重要意义，任何一个国家要发展，孤立起来，闭关自守是不可能的。”江泽民同志也指出：“我们坚持的爱国主义同狭隘的民族主义是有本质区别的。要使我们的人民懂得，坚持对外开放，认真学习世界各民族的长处，积极引进先进的科学技术和经营管理经验，增强我们自力更生的能力，加快祖国的发展，这本身就是爱国主义的重要内容。”要以更加积极的姿态走向世界，实施“引进来”和“走出去”相结合的战略，“适应经济全球化和加入世贸组织的新形势，在更大范围、更广领域和更高层次上参与国际经济技术合作和竞争，充分利用国际国内两个市场，优化资源配置，拓宽发展空间，以开放促改革促发展。”在当今国际舞台，主导规则的基础是实力，实力来源于发展，发展是党执政兴国的第一要务，改革开放是强国之路。我们要在全球化浪潮中沉着应对，抓住重要战略机遇期，全面提高对外开放水平，聚精会神搞建设，一心一意谋发展。

（三）保持健康向上的民族心态

坚持和弘扬中华民族爱国主义的光荣传统，必须保持健康向上的民族心态。要在全社会大力倡导爱国主义，增强民族自尊心、自信心、自豪感，激励全国人民为振兴中华而不懈奋斗。

中国人民具有自己的民族自尊心、自信心和自豪感，以热爱祖国、报效人民为最大光荣，以损害祖国利益、民族尊严为最大耻辱。我们要维护民族尊严和利益，珍惜民族独立，捍卫祖国荣誉，对新世纪的伟大征程充满必胜的信心和力量。在当代中国，既要坚持独立自主，自力更生，立足于中华民族的优秀文化传统，绝不屈从于任何外来压力而损害国家尊严和主权，绝不丧失国格成为他人的附庸，绝不牺牲民族利益以换取别人的施舍，又要趋利避害，博采众长，充分学习和吸收人类文明的一切优秀成果。既要反对妄自尊大、故步自封的国粹主义和狭隘的民族排外倾向，又要反对妄自菲薄、崇洋媚外的“西化”主张和自卑的民族虚无心态。当前，强调国家主权和经济社会安全，强调民族文化的与时俱进，强调纯洁和珍视祖国的语言文字尤为重要。

“当今世界，文化与经济和政治相互交融，在综合国力竞争中的地位和作用越来越突出。文化的力量，深深熔铸在民族的生命力、创造力和凝聚力之中”。文化是综合国力的重要标志，由中华文化衍生的中华民族凝聚力是我国综合国力的重要体现，它在爱国主义旗帜下，把全国人民凝聚成具有坚强意志、坚不可摧的民族整体。综合国力的竞争，归根结底是民族意志和精神的较量。我们要用社会主义核心价值观统领社会主义文化建设，创造更加灿烂的先进文化，树立坚定的民族自信，加强爱国主义教育，传承中华文明，振奋民族精神。

1. 坚决反对和消除民族离散势力

民族离散势力与爱国主义尖锐对立，具有削弱民族整体对其成员的凝聚力、吸引力和向心力，瓦解民族成员间亲和力的负面功能，起着阻碍民族生存、团结、发展和进步的消极作用。它的产生既有经济根源，也有思想政治根源，还有文化心理根源。民族离散势力主要有以下几个方面：

第一，民族投降主义，指的是为保全和扩大个人、小集团或狭隘的民族利益，不惜投靠外部势力或屈服于外部势力的压力，出卖全民族整体利益的思想和行为。

第二，民族分裂主义，指的是试图使兄弟民族或某个民族的一部分从中华民族大家庭中分离出去；或把行政区从中国的版图中分化出去；或试图破坏多元一体格局的社会安定团结和全民族的正常发展。

第三，民族虚无主义，指的是全盘否定本民族的文化传统，自怨自艾、自暴自弃，认为凡是外国的、其他民族的一切皆好。

第四，民族沙文主义，指的是某一国家、民族鼓吹其优越于其他国家、民族，煽动民族仇恨，主张征服和奴役别的国家、民族的一种反动思潮和理论。

2. 坚决反对霸权主义和“单极世界”

社会主义的爱国主义是和无产阶级国际主义相结合的。它要求把本国、本民族的利益和全人类的利益看作一个整体，绝不为了狭隘的民族利益而损害世界人民的根本利益。中国始终不渝地奉行独立自主的和平外交政策，首先把中国特色社会主义事业搞好，维护国家的独立、主权和尊严，同时，大力倡导国际主义，坚持原则，支持公道，伸张正义，支持被压迫民族和国家的正义斗争，努力维护广大发展中国家的正当权益。树立互信、互利、平等和协作的新安全观，坚决反对各种形式的霸权主义和强权政治，反对一切形式的恐怖主义。提倡国际关系民主化和发展模式多样化，尊重多样文明，从而维护世界的多样性与世界人民的根本利益，为人类的进步事业做出更大的贡献。

近年来，“主权过时论”甚嚣尘上，宣称国家主权的固有含义已经过时，需要重新定义。联合国和某些地区组织有权通过联合军事手段对一些国家进行“人道主义干涉”，而“国家主权”不能成为那些“践踏人权国家”“支持恐怖主义国家”“邪恶轴心”拒绝国际干预的依据。更有甚者，主张有关国家在根据其国家利益对其他主权国家采取“先发制人”的干预行动时，可以无须联合国的授权和支持。显然，这是危害国际和平与安全的极其危险的论调。《联合国宪章》总结人类历史的深刻经验教训，明确规定所有会员国主权平等，不得干涉各国内部事务，由此维系了第二次世界大战后几十年世界的总体和平与安全。如果背离尊重主权和互不干涉内政的原则，公认的国际关系准则将名存实亡，安理会的威信就会下降，霸权强权便会横行天下，恐怖主义也会逐步升级。

“主权过时论”的出笼，有其特殊的国际背景，它与“人权高于主权”“国家主权有限”等论调密切呼应，实质都是为使“超越国家主权进行军事干预”合法化。国家主权是一国人民充分享受人权的前提和保障，人权要靠主权来保护，没有主权就没有人权。我们反对借口人权干涉别国内政，也反对把人权作为实现对别国的某种政治企图的工具。单边主义、新干涉主义的泛滥，不仅给新世纪的国际秩序带来极大危害，还会对全球范围内的人权状况造成灾难性破坏。国际社会应在平等和相互尊重的基础上进行合作，共同推进世界人权事业。

二、爱国主义的基本特征

爱国主义与集体主义、社会主义共同构成社会主义社会意识形态的主旋律。四项基本原则是立国之本，是现代化建设最重要的政治保证，是社会主义爱国主义的生命线。社会主义爱国主义的基本特征如下。

（一）热爱祖国与热爱社会主义的统一

社会主义是中国历史发展的必然选择，只有社会主义才能救中国，只有社会主义才能发展中国。社会主义在中国展现出蓬勃的生机和活力，我们胜利实现了现代化建设“三步走”战略的前两步目标，人民生活总体上达到小康水平。中国人民已拥有一个欣欣向荣的社会主义祖国。这个巨大变化，是社会主义制度的伟大胜利，是中华民族发展的一个历史奇迹和新的里程碑。我们要坚持走中国特色社会主义道路，全面建设小康社会，加快推进社会主义现代化，到21世纪中叶基本实现现代化，把我国建成富强、民主、文明的社会主义国家。实现了全面建设小康社会的目标，经济更加发展、民主更加健全、科教更加进步、文化更加繁荣、社会更加和谐、人民生活更加殷实，中国特色社会主义就必将进一步显示出巨大的优越性。

（二）热爱祖国与热爱中国共产党的统一

中国共产党是中国工人阶级的先锋队，同时也是中国人民和中华民族的先锋队。它深深扎根于中华民族之中，代表中国最广大人民的根本利益，不愧为领导中国人民的核心力量。新民主主义革命时期，党团结和带领人民完成民族独立和人民解放，为民族复兴创造了前提。新中国成立后，党创造性地完成由新民主主义到社会主义的过渡，实现了中国历史上最伟大最深刻的社会变革，开始了在社会主义道路上实现民族复兴的历史征程。必须坚持、加强和改善党的领导，不断增强创造力、凝聚力和战斗力。立党为公，执政为民，把全国各族人民紧紧团结和凝聚在党的周围。

（三）热爱祖国与坚持人民民主专政的统一

人民民主专政是具有中国特色的国体。中国人民当家做主，真正成为国家、社会和自己命运的主人，社会政治地位发生了根本变化，实现了从几千年的封建专制政治向人民民主政治的伟大跨越。对内实行依法治国，建设社会主义法治国家，巩固和发展民主团结、生动活泼、安定和谐的政治局面；对外同各国友好往来，推进人类和平与发展的进步事业，同时防御外敌的颠覆和侵略，保卫国家主权和领土完整。推进政治体制改革，发展社会主义民主政治，建设社会主义政治文明，是全面建设小康社会的重要目标。要坚持党的领导、人民当家做主和依法治国的有机统一。健全民主制度，丰富民主形式，扩大基层民主和公民有序的政治参与，保证人民群众依法直接行使民主权利，切实提高主人翁意识，增强对改革开放和现代化建设的信心，朝着国富民强、繁荣昌盛的方向稳步前进。

（四）热爱祖国与自觉以马列主义为指导的统一

马克思列宁主义是指导中国革命、建设和改革的行动指南，毛泽东思想、邓小平理论、“三个代表”重要思想和科学发展观是马列主义中国化的理论成果。

三、爱国主义与经济全球化

经济全球化是当今时代发展的重要趋势。它的发展使世界各国在经济上的联系日益紧密，同时影响到世界各国的政治和文化，对爱国主义也提出了挑战。正确认识当今时代的爱国主义，必须联系并把握经济全球化的发展趋势及其影响。

（一）经济全球化形势下要弘扬爱国主义

在经济全球化背景下，科学技术的发展和利用是跨国界的，商品在全世界销售，资本跨国界流动，信息得以共享，各国经济交往中需要遵循共同规则，跨国公司本土化的程度不断提高，不仅利用当地的自然资源，而且还充分利用当地的人力资源。各国公民在世界范围内流动，一个国家的公民可能工作和生活在另一个国家，并对另一个国家产生感情。这种情况使有的人对自己的归宿感产生了困惑，甚至认为爱国主义在今天已经过时了。

事实上，爱国主义并没有也不会过时。在经济全球化的条件下，国家仍然是民族存在的最高组织形式，是国际社会活动中的独立主体。只要国家继续存在，爱国主义就有其坚实的基础和丰富的意义。我们在参与经济全球化的过程中，必须坚定地捍卫自己国家的利益，这就更需要爱国主义的支撑。经济全球化是一把双刃剑，既是机遇，更是挑战。现实情况表明，经济全球化背景下，发展中国家不仅要面对经济方面的挑战，而且也必然要面对政治和文化上的挑战。西方发达国家利用经济、科技和军事等方面的优势，竭力输出他们的政治观、价值观、文化观和生活方式，力图主导经济全球化进程，把发展中国家纳入西方的发展模式和发展轨道。在这种情况下，更需要大力弘扬爱国主义，维护本国、本民族的利益。

经济全球化是世界经济发展的必然趋势，我们只有勇于和善于参与经济全球化的竞争，才能加快我国经济的发展，不断增强国家的经济实力和综合国力。大力弘扬爱国主义，必须以宽广的眼界观察世界，以积极而理性的姿态参与经济全球化进程，实施互利共赢的开放战略，促进国家更快更好的发展。爱国主义不是狭隘的民族主义，也不是大国沙文主义。要正确处理热爱祖国与关爱世界、为祖国服务与尽国际义务、维护世界和平与促进共同发展的关系。

（二）经济全球化与当代大学生的爱国主义

对于当代大学生来说，在如何把握经济全球化趋势与爱国主义的相互关系问题上，需要着重树立这样一些观念。

1. 人有地域和信仰的不同，但报效祖国之心不应有差别

在经济全球化背景下，无论你是生活在国内还是在国外，无论你的政治立场和宗教信仰如何，也无论你在何种所有制企业中工作，作为中华儿女，都可以以自己的方式来报效祖国。应当说，经济全球化趋势为个人报效祖国消除了许多障碍或阻隔，开辟了更多的渠道和更大的空间。

2. 科学没有国界，但科学家有祖国

科学是人类智慧的结晶，是属于全人类的财富，理应为全人类服务。科学无国界，但科学事业的发展和科学家的命运都与自己的祖国有着密切的关系；科学知识是无国界的，但科学知识的运用却不可能离开具体的国家。钱学森是功勋卓著的科学家，又是心系祖国母亲的赤子。新中国成立后，他抛弃国外优越的生活与工作条件，历尽千难万险，回归祖国的怀抱，投身到祖国的建设中。钱学森被评为"两弹一星"的功臣而受到国家的表彰。在荣誉面前，他是这样说的："说是表彰我对中国火箭导弹技术、航天技术和系统工程论方面所做的一切工作。我想这里面'中国'两个字是最重要的。"当今世界综合国力的竞争，集中体现为科技的竞争和人才的竞争。自然科学家和社会科学家都对国家的繁荣富强担负着重大的责任。

3. 经济全球化过程中要始终维护国家的主权和尊严

在经济全球化背景下，西方一些人极力鼓吹政治一体化和文化一体化。这是别有用心的，实际上是企图借经济全球化，推行西方的政治制度和价值观念，损害别国的主权和尊严。世界是丰富多彩的，不能以一个或几个国家的政治制度、价值观念和意识形态，来衡量多样性的世界。用一种政治制度、价值观念和意识形态去统一世界，不仅是对别国的侵害，也是根本行不通的，只会危害世界的和平和发展。在参与经济全球化的过程中，一定要保持清醒的认识，既充分利用经济全球化所提供的机遇发展自己，又坚决维护国家的主权和尊严，按照本国国情发展自己的政治制度和民族文化。

四、爱国主义与弘扬民族精神

所谓民族精神，是指一个民族在长期共同生活和社会实践中形成的，为本民族大多数成员所认同的价值取向、思维方式、道德规范、精神气质的总和。民族精神集中体现了一个民族在一定的自然环境和社会历史条件下生存和发展的独特方式，反映了一个民族的心理特征、文化传统、精神风貌，是一个民族赖以生存和发展的精神支柱。在五千多年的发展中，中华民族形成了以爱国主义为核心的团结统一、爱好和平、勤劳勇敢、自强不息的伟大民族精神。中华民族精神博大精深、源远流长，是中华民族生命机体中不可分割的重要组成部分。

（一）中华民族精神的内涵

爱国主义是中华民族精神的核心。在中华民族的悠久历史中，爱国主义始终发挥着民族精神的核心作用。正是出于对自己故土家园、骨肉同胞和灿烂文化的眷恋与热爱，中华民族才能够求同存异，维护整体，在自己的国土上繁衍生息、相互学习、相互帮助，共同劳动、共同生活、共同发展，创造了灿烂的中华文明。为了维护国家的主权和领土完整，捍卫民族的尊严和利益，中华民族同侵略者展开了殊死的斗争，对侵略者无比痛恨，对出卖国家和民族利益的人极端鄙视，对为国家和民族做出贡献的民族英雄无比崇敬。热爱祖国是贯穿中国历史发展的一条主线，也是中华民族精神的核心。

1. 团结统一

团结统一植根于中华大地，深深地印在中国人的民族意识中，是中华民族的立身之本。在漫长的历史岁月中，中国的主体一直是一个统一的多民族国家，虽有分合离乱，但统一的时期远远多于分裂的时期，其根本的原因就在于中华民族具有高度一致的整体感、责任感和忠实于国家民族整体利益的价值取向，以及各个民族之间和睦相处、友好相待、共赴国难、共渡难关的优良传统。在中国历史上，一些杰出的政治家站在维护民族团结的高度，坚持“和为贵”和宽厚仁爱的原则，用信义、和平的方式处理复杂的民族矛盾，“化干戈为玉帛”，使各民族和睦相处，亲同一家。中国各族人民在长期实践中特别是近代以来，在反对外来侵略的斗争中，切身感受到国家的统一是民族生存和发展的基本前提，用自己的实际行动谱写了一曲又一曲维护统一、反对分裂的颂歌。

2. 爱好和平

爱好和平不仅表现在中华民族各兄弟民族之间以和为贵、携手共进等方面，而且表现在与世界上其他民族的友好交往、休戚与共上。中华民族历来以爱好和平著称于世。“礼仪之邦”“协和万邦”“德莫大于和”等观念，深深地扎根于中华民族的传统之中。“亲仁善邻”“讲信修睦”等，充分表现了中华民族在处理民族问题上的宽宏胸襟。连欧亚，开辟丝绸之路；通亚非，郑和七下西洋；历万难，玄奘印度取经；为传经，鉴真东渡扶桑……这些典型的事例，是中华民族爱好和平，与其他国家和民族进行文化交流、发展友好关系的历史见证。

3. 勤劳勇敢

自古至今，勤劳勇敢贯穿于中华民族社会生活的各个领域，体现在中华民族德行的各个方面，鲜明地体现了中华民族的民族性格和道德精神。在中华民族的意识中，勤劳是一切事业成功的保证，是兴家立国之本。在中华民族的历史上，勇敢是广为推崇褒扬的美德，它要求人们无论是遭遇险风恶浪，还是面对残暴权势，都要有无所畏惧的精神；为了追求真理、坚持正义，要有置个人得失、贫富、生死于度外的勇气。勤劳勇敢是中华民族创造一个又一个人间奇迹的重要精神动力。

4. 自强不息

作为中华民族精神的重要内涵，自强不息具体体现为“富贵不能淫，贫贱不能移，威武不能屈”的坚贞刚毅品质，体现为“夸父追日”“精卫填海”“大禹治水”“愚公移山”等不屈不挠的精神，体现为“因时而变”“随时而制”“与时偕行”“与日俱新”等与时俱进的精神。中华民族之所以能在五千多年的历史进程中历经挫折而不屈，屡遭坎坷而不馁，靠的就是这样一种自强不息的精神。自强不息是中华民族生生不息的力量源泉，体现了中华民族勇于进取的精神境界，激励着一代代中国人发愤进取、不懈奋斗。

在中华民族的辉煌历程中，爱国主义在观念上和实践中，都发挥出了作为民族精神核心的作用。团结统一、爱好和平、勤劳勇敢、自强不息的精神，服务于爱国兴邦这一主题。以爱国主义为核心的民族精神，是在历史的发展过程中逐渐形成的，也会随着中华民族的历史延续而变得更加厚重并显示出旺盛的生命力。

（二）要大力弘扬和培育民族精神

中华民族精神，是在中华民族五千多年的历史发展中形成的。它既植根于我国优秀的民族文化传统之中，又同我们党领导人民在长期革命、建设和改革中形成的优良传统和时代精神结合在一起，是中华民族生生不息、发展壮大的强大精神动力。建设中国特色社会主义事业，是一项充满艰辛、充满创造的壮丽事业。伟大的事业需要共产主义崇高的精神，崇高的精神支撑和推动着伟大的事业。面对世界范围内各种思想文化的相互激荡，我们必须大力弘扬和培育民族精神。

弘扬和培育民族精神，既要弘扬中国古代的民族精神，更要大力弘扬和培育近代以来中国人民在争取民族独立和人民解放、实现国家富强和人民共同富裕的历史进程中形成的伟大民族精神。中国共产党在领导人民进行革命、建设和改革的伟大实践中，不断把中华民族精神提升到新的水平。井冈山精神、长征精神、延安精神、西柏坡精神、雷锋精神、“铁人精神”“两弹一星”精神、载人航天精神等，都是伟大的中华民族精神的发扬光大，是中华民族长期形成的民族精神再现、当代历史中震撼人心的表现，为中华民族精神增添了富于时代精神的新内涵，值得每一个中华儿女倍加珍惜。

弘扬和培育民族精神，要立足中国特色社会主义建设事业的伟大实践，反映社会主义初级阶段的基本特征，反映完善社会主义市场经济体制的现实需要，反映发展社会主义先进文化的前进方向。要以人民群众创造历史的火热生活为源泉，批判地继承中国古代的传统文化和道德，吸收和借鉴外来文化和道德的积极成果，坚持古为今用、洋为中用、以我为主、为我所用的原则，不断丰富民族精神的时代内涵，使民族精神得到大力弘扬。

（三）全球化视野下大学生民族精神教育

民族精神是一个民族的自我意识和自我认同，是民族文化的灵魂和升华。弘扬和培育民族精神，对鼓舞和激励大学生为实现国家繁荣富强而团结奋斗，具有重大的现实意义。

经济全球化以全方位、多层面、多领域的态势向世界各个角落蔓延，给人类社会的生存和发展带来了深刻的影响，特别是对青少年的民族文化心理素质构成了严峻考验和挑战。大学生作为未来中国特色社会主义建设的中流砥柱，是民族文化和民族精神的重要传承者。加强对大学生的民族精神教育，树中华民族文化之根，立中华民族精神之魂，是增强大学生的民族国家意识，保持高度民族文化自觉，促进其自我成长成材，从容应对全球化挑战的重要举措。

第一，民族精神教育是增强大学生民族意识，保持民族文化自觉，应对全球化挑战的重要方略。在经济全球化环境下，西方发达资本主义国家凭借自己在经济、科技上的优势，有意识地向发展中国家，特别是其青少年进行文化观念和意识形态等方面的灌输。因而，加强对大学生进行民族精神教育，使他们牢固树立国家意识和民族意识，是我们以清醒的头脑来认识、参与、应对全球化挑战的重要举措。同时，加强民族精神教育，也有利于培养大学生的国际眼光，使他们从人的全面解放出发，承担起维护世界和平与发展的重大历史使命。

第二，民族精神教育是帮助大学生完成新时期重大历史使命的力量源泉。在经济全球化背景下，世界范围内各种思想文化相互涤荡、各国利益冲突此起彼伏。如何在交流对话中吸收借鉴人类社会发展的宝贵经验，如何在激烈的国际竞争中提升中国的国际地位，实现中华民族的伟大复兴，这需要强大的精神动力。大学生肩负着实现中华民族伟大复兴的重大历史使命，更需要民族精神作为其内在的精神动力，以推动其勇敢承担和出色完成使命。

第三，民族精神教育是顺应国际大趋势和借鉴他国成功经验的体现。经济全球化背景下，世界各国各地区出现一种新趋势，即对青少年的思想政治教育注重世界性与民族性的有机统一。一方面，世界各国各地区都注重放眼世界，吸纳人类在发展过程中创造和形成的优秀文化成果；另一方面，世界各国各地区也越来越重视本民族精神的继承和弘扬，在消化、吸收和弘扬本民族优秀传统文化的过程中，重塑本国的思想、道德文化价值观。事实证明，在对大学生进行思想政治教育的过程中，越重视民族精神的弘扬与培育，该国学校的思想政治教育的成效就越大。这种重视本民族传统文化教育的共同意识，已成为当今世界各国各地区学校思想政治教育的核心内容和重要目标之一。

第四，民族精神教育是提高大学生文化心理素质，丰富他们的精神世界，促进他们全面发展的重要保证。提高国民素质，促进人的全面发展是社会主义现代化建设的根本目的，是社会主义本质的根本要求。中华民族所特有的价值观念、思维方式、道德标准、人生态度、审美情趣是中华民族宝贵的精神财富。在全球化浪潮席卷世界的形势下，中国与世界的交流日益频繁，中国人更加重视自己在国际社会中的地位，更加注重自己的国际形象。中国人正以开放的心态、解放的思想来对待外来文化，努力吸收世界其他国家和民族文化的精华。弘扬和培育民族精神，有利于增强大学生的国家意识和民族意识，有利于激励中华儿女以更加开放的姿态、广阔的胸怀、健康的心态以及清醒的头脑参与到全球化进程中来。

对大学生进行民族精神教育是一项系统工程。弘扬和培育民族精神需要遵循一定的原则，即把它纳入国民教育的全过程，纳入精神文明建设的全过程。同时，更需要遵循高校开展民族精神教育的渗透性原则，即遵循人的思想受“综合影响”与“渐次发展”的规律，把育人工作渗透到管理、服务中去，结合大学生日常生活去开展，整合各方面的资源，形成党、政、工、团齐抓共管的立体化网络体系。

五、爱国主义与弘扬时代精神

我们所强调的时代精神，是在新的历史条件下形成和发展的，是体现民族特质、顺应时代潮流的思想观念、行为方式、价值取向、精神风貌和社会风尚的总和。时代精神与民族精神紧密相连，时代精神是民族精神的时代性体现，民族精神是时代精神形成的重要基础和依托，它们都共同体现了爱国主义这一中华民族的伟大传统。在新的历史条件下，发扬爱国主义传统要把弘扬民族精神与弘扬时代精神有机统一起来，坚持解放思想、实事求是、与时俱进、勇于创新、知难而进、一往无前、艰苦奋斗、务求实效、淡泊名利、无私奉献，大力弘扬以改革创新为核心的时代精神。

（一）时代精神的内涵

改革创新是时代精神的核心。时代精神的内涵十分丰富，其中改革创新居于核心地位。改革创新是中华民族进步的灵魂，是我国兴旺发达的不竭动力，是中国共产党永葆生机的源泉。改革创新充分体现和吸纳了时代要求，为实践的发展注入了鲜活力量。改革创新，包括理论创新、制度创新、科技创新、文化创新以及其他方面的创新。

1. 改革创新是进一步解放和发展生产力的必然要求

社会主义的根本任务是发展社会生产力。社会主义现代化必须建立在发达的生产力基础之上。

实现社会主义现代化，最根本的就是要通过改革创新，不断促进先进生产力的发展。党的十一届三中全会以来的辉煌成就雄辩地证明，改革开放是中国走向繁荣富强的必由之路，是中国特色社会主义发展前进的成功之路。只有通过改革开放，才能解决阻碍经济社会发展的体制性、机制性问题，保持经济社会发展的生机和活力，促进我国经济社会更快更好地发展。

2. 改革创新是建设社会主义创新型国家的迫切需要

我国的国情决定了不可能选择资源型和依附型的发展模式，只有通过全面的改革创新，走创新型国家的发展道路，全面提高民族的自主创新能力，才能在日趋激烈的国际竞争中立于不败之地。因此，党中央向全党全社会发出了建立创新型国家的号召。建设创新型国家，就要把增强自主创新能力作为发展科学技术的战略基点，把增强自主创新能力作为调整经济结构、转变经济增长方式的中心环节，把增强自主创新能力作为国家战略，抓住那些对我国经济、科技、国防和社会发展具有战略性、基础性、关键性作用的重大科技课题，抓紧攻关，自主创新，推动关键技术创新和系统集成，努力在关键生产领域和若干科技发展前沿掌握核心技术和拥有一批自主知识产权，不断增强科技的创新能力，增强经济社会的持续发展能力和强大竞争力。

3. 改革创新是落实科学发展观、构建社会主义和谐社会的重要条件

科学发展观是中国共产党在准确把握世界发展趋势、认真总结中国社会主义发展经验、深入分析中国发展阶段性特征的基础上提出的重大战略思想，是对经济社会发展一般规律认识的深化，是指导发展的世界观和方法论的集中体现。构建社会主义和谐社会，是推进经济社会发展的重要目标，是社会主义现代化建设的客观要求，是广大人民群众的共同愿望。贯彻落实科学发展观、构建社会主义和谐社会，必须不断推进改革创新。只有通过改革创新才能够建立起统筹城乡发展、区域发展、经济社会发展、人与自然和谐发展、国内发展和对外开放的长效机制，才能形成全体人民各尽其能、各得其所而又和谐相处的社会，才能优化经济结构和转变经济增长方式的体制与机制，走新型工业化的道路，建设资源节约型和环境友好型社会，促进社会的公平和正义，使广大人民群众共享改革和发展的成果。

（二）弘扬以改革创新为核心的时代精神

以改革创新为核心的时代精神，是当代中国人民精神风貌的集中写照，是激发社会创造活力的强大力量。建设中国特色社会主义是一项前无古人的创造性事业。只有坚持解放思想，实事求是，与时俱进，大力弘扬以改革创新为核心的时代精神，才能使全体人民始终保持昂扬向上的精神状态，不断推进中国特色社会主义伟大事业。

1. 弘扬以改革创新为核心的时代精神，必须大力推进理论创新、制度创新、科技创新、文化创新以及其他各方面的创新

实践基础上的理论创新是社会发展和变革的先导。要使我们的事业不停顿，首先理论上不能停顿。如果因循守旧，思想僵化，社会的创造活力就会被扼杀、生机就会被窒息。当今世界的变化日新月异，我国改革开放和现代化建设事业的伟大实践在不断向前推进，迫切要求我们大力推进理论创新。要坚持以实践来检验一切，自觉地把思想认识从那些不合时宜的观念、做法和体制的束缚中解放出来。从主观主义和形而上学的桎梏中解放出来，不断有所发现、有所创造、有所前进。制度创新是其他一切创新的重要保障。制度建设具有根本性、全局性、长期性和稳定性。要大力推进体制、机制创新，不断完善适应发展社会主义市场经济、全面建设中国特色社会主义要求的各方面的体制，进一步解放和发展社会生产力，使上层建筑进一步适应经济基础发展的要求，使中国特色社会主义始终充满生机和活力。科技创新能力是国家竞争力的核心。一个国家只有拥有强大的科技创新能力，才能有效地应对激烈的国际竞争。要把提高自主创新能力摆在重要位置，大力推进科技创新，实现科学技术的跨越式发展，使科学技术成为我国经济社会发展的强大推动力量，不断为建设创新型国家奠定坚实基础。大力推进文化创新是繁荣发展社会主义先进文化的需求。要坚持以马克思主义为指导，坚持中国先进文化的前进方向，坚持贴近实际、贴近生活、贴近群众，立足于改革开放和现代化建设的实践，着眼于世界文化发展的前沿，发扬民族文化的优秀传统，汲取世界各民族文化的长处，不断创新形式、创新内容、创新手段，提高中华文化的吸引力和感召力，丰富人们的精神世界、增强人们的精神力量，激励各族人民积极投身于社会主义现代化建设的伟大实践。

2. 弘扬以改革创新为核心的时代精神，要自觉投身于改革创新的伟大实践

创新的基础在人才。弘扬改革创新的时代精神，必须培养一大批具有创新精神的人才。要在全社会形成尊重人才、吸引人才、用好人才的制度环境、文化环境和舆论环境，努力为培养创新型人才营造良好的社会氛围。要通过良好的竞争机制选拔人才，在事业中凝聚人才，在生活中关心人才，推动我国优秀人才数量和质量有一个质的飞跃，把人才强国战略落到实处。创新的希望在青年。树立以改革创新为核心的时代精神，是对当代大学生成长成材的基本要求，也是大学生必须具备的重要品质。当代大学生要立足于掌握丰富的知识和过硬的本领。要养成团结协作、艰苦奋斗、脚踏实地的作风。要积极投身社会实践，深入实际，深入群众，从广阔的社会实践中提炼研究题目，在深入了解社会的基础上提出真知灼见。当代大学生风华正茂，敢于冲破落后、陈腐的观念，有较丰富的文化科学知识和较高的科学素质，思维比较敏捷，最具创新潜力，是国家创新型人才的重要后备军。在已举办多届的高校“挑战杯”科技创新大赛中，大学生展现了自己的创新才能，充分证明他们是勇于创新、善于创新的群体。同学们要树立创新意识，发扬创新精神，确立与时代进步潮流相适应的思想观念、价值取向和行为方式，努力走在全社会创新的前列，努力为理论创新、制度创新、科技创新、文化创新以及其他各方面的创新做出应有的贡献。

第三节　做坚定忠实的爱国者

爱国主义包含着情感、思想和行为三个基本方面。其中，情感是基础，思想是灵魂，行为是体现。爱国情感是人们对祖国的一种直接感受和情绪体验；爱国思想是人们对祖国的理性认识；爱国行为是指人们身体力行，报效祖国的实际行动，是爱国主义精神的落脚点和归宿。只有做到爱国的情感、思想和行为一致的人，才是真正的爱国者。爱国主义不仅代表了人们对自己祖国的深厚情感，更体现为现实的义务和责任。脚踏实地，做忠诚的爱国者，应当成为每一个中华儿女的基本追求。

一、自觉维护国家利益

（一）自觉维护国家利益，就要承担起对国家应尽的义务

每一个中国公民都要把国家的安全、荣誉和利益放在高于一切的地位，与祖国同呼吸共命运。当祖国的领土和主权受到外来侵略时，自觉地担负起保卫祖国的神圣职责；当国家的利益受到损

害时，同一切损害国家利益的行为作斗争；当个人利益与国家利益发生矛盾时，个人利益应当服从国家利益。

（二）自觉维护国家的利益，就要维护改革发展稳定的大局

爱国应当是一种理性的行为，不是简单的情感表达，要讲原则、守法律，以合理合法的方式来进行。不管在国内还是国外，既要体现中国人维护国家利益的坚定信念，又要体现出中国公民的文明形象和风范。应充分认识和尊重人类文化的多样性，虚心学习和借鉴别国的长处和经验，并积极承担国际责任，为世界的和平与发展做出贡献。

（三）自觉维护国家利益，就要树立民族自尊心和自豪感

民族自尊心和自豪感就是相信依靠本民族的力量能够迎接挑战、战胜困难，使自己的祖国蔚然屹立于世界民族之林。坚定的民族自尊心和自豪感，是维护国家利益、促进民族进步的取之不尽、用之不竭的强大精神动力。邓小平同志曾告诫我们："谈到人格，但不要忘记还有一个国格。特别是像我们这样第三世界的发展中国家，没有民族自尊心，不珍惜自己民族的独立，国家是立不起来的。"真正的爱国者，在任何时候、任何情况下都要把维护国家的安全、荣誉和利益放在第一位，把民族自尊心和自豪感体现在爱国的实际行动中。

二、促进民族团结和祖国统一

当代大学生是促进民族团结、完成祖国统一大业的生力军，要自觉做促进民族团结和祖国统一的模范，同一切破坏民族团结和祖国统一的思想、行为进行坚决的斗争。要努力学习掌握党和政府加强民族团结、实现国家统一的方针、政策及相关法律，努力增长才干，为全面开创各族人民共同团结奋斗、共同繁荣发展的新局面，实现祖国统一做出自己的贡献。

在中华民族漫长的历史发展过程中，共同缔造统一的多民族国家，使中华民族大家庭团结和睦，始终是人心所向，国家民族的整体利益把各民族的兴衰荣辱牢牢地维系在一起。新中国成立后，党和国家在解决民族问题上实行民族区域自治制度，强调尊重不同民族的文化传统、宗教信仰和风俗习惯。实践证明，民族区域自治制度的实行，对于维护和巩固祖国的统一，维护各民族的利益和权利，促进各民族的共同奋斗和共同繁荣发展，发挥了极其重要的作用。

实现祖国完全统一，是海内外中华儿女的共同心愿，是中华民族的根本利益所在。为了早日实现祖国统一，中国共产党和中国人民做出了不懈努力。推进中国大陆和台湾两岸关系发展和祖国统一大业，必须坚持"和平统一、一国两制"的基本方针和现阶段发展两岸关系、推进祖国和平统一进程的八项主张，坚持胡锦涛同志就新形势下发展两岸关系提出的四点意见，坚持一个中国的原则决不动摇、争取和平统一的努力决不放弃、贯彻寄希望于台湾人民的方针决不改变、反对"台独"分裂活动决不妥协。要贯彻实施《中华人民共和国反分裂国家法》，以最大的诚意、尽最大的努力争取和平统一的前景，同时绝不允许"台独"分裂势力以任何名义、任何方式把台湾从祖国分裂出去。不管国际形势如何变化，中华民族实现国家统一的决心和信心是不可动摇的。

三、增强国防观念

中华民族是一个爱好和平的民族，中国坚持走和平发展的道路，永远不称霸，永远不会侵略别国。但是，中华民族也是一个不畏强暴、不容他人侵略的民族。在当今时代，维护世界和平、

维护国家的安全、促进国家统一和发展，需要建立强大、巩固的国防。

（一）增强国防观念是新时期爱国主义的重要内容

国防是国家为抵御外来侵略与颠覆，捍卫国家主权、领土完整，维护国家安全、统一和发展，而进行的军事以及与军事有关的政治、经济、科技、文化、教育等方面的建设和斗争。

国防观念是指一个国家和民族对国防建设的目的、内容、途径和重要性等问题的认识，它主要包括国防忧患意识、国防目标意识、国防价值意识、国防责任意识、国防法制意识和国防献身意识等。在我国，国防观念鲜明地反映了全国人民对防御外来侵略、捍卫祖国统一、维护民族和国家根本利益的自觉关注。

增强国防观念，不仅是保障国防安全的需要，也是增强民族凝聚力和向心力的“黏合剂”。国防是国家生存与发展的安全保障。历史证明，国防与国家的兴衰、国民的安危密切相关。国防力量强大能为国家、民族的生存发展提供有力的保障，而国防力量羸弱则会使国家、民族面临凌辱甚至被侵略的灾难。

新中国成立后，党和国家非常重视国防建设，反复强调加强国防教育，增强全民的国防观念。要认真贯彻落实《中华人民共和国国防教育法》，深入开展以爱国主义为核心的国防教育，不断增强全民的国防意识，增强关心国防、热爱国防、建设国防、保卫国防的光荣感和责任感，更加自觉地履行国防义务。

（二）增强国防观念的重要意义

1. 增强国防观念是大学生报效祖国、弘扬爱国主义精神的重要体现

爱国主义是我国社会主义国防观念的重要思想基础。爱国就要热爱祖国、建设祖国、保卫祖国。《中华人民共和国宪法》明确规定，保卫祖国、抵抗侵略是中华人民共和国每一个公民的神圣职责。革命战争年代，无数青年学子在国家和民族危难之际，以报国为已任，义无反顾地投笔从戎，甘洒热血，奉献全部的青春和智慧，甚至宝贵的生命。今天，尽管我们国家处于和平时期，但“天下虽安，忘战必危”，同样需要这样一种强烈的爱国之情、报国之心、卫国之志。大学生作为社会主义事业的建设者和接班人，增强国防观念，心系国家的安危，在祖国和人民需要的时候就能够挺身而出，肩负起保家卫国的重任。

2. 增强国防观念是大学生履行国防义务，关心支持国防和军队建设的必然要求

当今世界，和平与发展仍然是时代的主题。但天下并不太平，影响和平与发展的不确定因素在增加。传统安全威胁和非传统安全威胁的因素相互交织，恐怖主义危害上升，霸权主义和强权政治有新的表现，国际局势错综复杂。西方敌对势力从来就没有放弃“西化”“分化”我国的图谋。我国国家安全形势总体是好的，但不稳定、不确定因素仍然存在。我国在走和平发展道路的征程中，还会遭遇各种风险和挑战的考验。我们在集中精力发展经济的同时，必须大力加强国防和军队建设，为捍卫国家的主权、安全和领土完整，维护国家利益、促进经济社会发展提供有力保障。我国的国防是全民的国防，大学生既是社会主义现代化建设的有用人才，也是国防建设的后备人才，必须具有很强的国防观念和忧患意识，自觉关心国防、了解国防、热爱国防，积极履行国防义务，努力为国防和军队现代化建设贡献智慧和力量。

3. 增强国防观念是大学生提高综合素质、促进自身全面发展的迫切需要

国防素质是每个大学生应当具备的基本素质之一。大学生通过接受国防和军事方面的教育训练，增强国防观念，掌握基本的国防知识，不仅有助于强健体魄，磨炼意志，也有助于养成讲道德、守纪律的良好风尚，在思想、知识、技能和体质等各方面得到全面发展，从而有力地促进自身综合素质的提高，成为既能建设祖国，又能保卫祖国的栋梁之材。

大学生增强国防观念，要体现在日常学习、生活和社会实践的方方面面，主要有学习国防知识，提高国防意识和素质；参加军事训练，学习国防知识和军事技能；参与国防教育活动，增进对国防的感性认识；关注国家的安全与发展，强化忧患意识。

四、以振兴中华为己任

继承爱国主义的光荣传统，以振兴中华为己任，为实现社会主义的现代化不懈奋斗，努力学习，在艰苦创业中报效祖国。

曾任中国驻美国、匈牙利、几内亚、埃及等国大使，纵横四大洲的柴泽民，以他的人生经历告诫我们："少者当将活力激素与母亲，长者当给国力以养生之道。"年轻时的山东大学前校长展涛曾说："留学海外的经历会让你做事情、爱国家都变得比较大气。全球的视野，世界那么大，你在世界的不同文化中重新看待我们自己的国家，当然你对她会生出一种前所未有的责任感，这是很自然的。"

在新的历史条件下，大学生要继承爱国主义的光荣传统，以振兴中华为己任，弘扬为实现社会主义现代化而不懈努力的奋斗精神，努力学习工作，在艰苦创业中报效祖国。中华的振兴、祖国的腾飞关键是要有好的人才。青年是祖国的未来和社会的希望，党和国家对青年寄予了无限的希望。实现民族复兴的重任，已经历史地落在了这一代青年的肩上。作为一个有志青年，就应当通过自己脚踏实地的学习和工作，使自己对祖国的深厚感情，转化为坚强的爱国意志和信念，进而变为爱国的行动。当代大学生应该积极投身于全面建设小康社会的洪流中去，用扎扎实实的行动去实现报效祖国的远大志向。

（一）要抓住大好的学习时机，努力深造

尽量多地掌握各门科学技术知识来充实自己，今天的主要任务就是学习，当代世界各国的竞争，归根结底是人才和智力的竞争。新时期的大学生就应当担负起向科学技术进军的历史重任。随着知识更新的不断加快，青年们要树立新的学习观，注重创新能力的培养，面向未来，持之以恒，用科学的世界观、人生观、价值观武装自己，把自己培养成为有理想、有道德、有文化、有纪律的建设祖国的人才。

（二）认真对待工作，把每一天的平凡工作与爱国主义的远大抱负结合起来

艰苦的环境对每一个爱国者都是最好的锻炼，青年一代要能够在艰苦条件下锻炼自己，只有这样的青年，才能成为民族的脊梁、党和国家的栋梁。

"振兴中华，从我做起"，这是改革开放初期的大学生所喊出的响亮口号。这个口号鼓舞着无数青年学子投身于祖国的现代化建设事业，在各自的工作岗位上建功立业。在新的历史时期，大学生应当继续坚持以振兴中华为己任，努力做到立报国之志、增建国之才、践爱国之行。

报国之志是爱国之情、忧国之心的深化，又是自觉地增建国之才和践爱国之行的动力。爱国不分先后，爱国也不在于做大事还是做小事。一个人尽己所能，为国家和人民做出了力所能及的

贡献，就可以无愧于爱国者的称号。所以，报国之志也是一颗平常心，就像在母亲面前尽一份孝心。如果每一个公民都能自觉做到这一点，国家就必定会兴旺强盛起来。

在不同的历史条件下，人们报效祖国的方式往往是不同的。吉鸿昌以慷慨赴死表明自己的爱国决心，陈嘉庚以倾囊兴办教育的方式体现自己的爱国情感，焦裕禄以一心为民的实际行动表现自己的报国之心，邓稼先以默默献身于国防建设来实现自己的报国志愿。当代大学生能够报效祖国的方式更加多种多样，路就在自己的脚下，关键是要脚踏实地地向前走。同学们不论以什么样的方式来报效祖国，都要自觉弘扬以爱国主义为核心的民族精神和以改革创新为核心的时代精神，努力学习，掌握报效祖国的本领。只有把自己的真才实学同报效国家的志向结合起来，始终如一地身体力行，才能为国家和民族做出应有的贡献，实现做一个忠诚的爱国者的人生追求。

随堂演练

一、思考题

1. 爱国主义的基本内涵是什么？
2. 怎样继承和发扬中华民族的爱国主义传统？
3. 为什么说在当代中国爱国主义与社会主义是统一的？
4. 在经济全球化加快发展的条件下怎样发扬爱国主义精神？
5. 弘扬爱国主义为什么要增强国防观念？
6. 怎样传承和弘扬中华民族精神？
7. 大学生怎样培养以改革创新精神为核心的时代精神？

二、实践活动方案：爱国主义案例收集

1. 学生每 5 人自由组合成一个团队。
2. 分别上网收集爱国主义案例，做好记录。
3. 团队研讨分析，确定选择案例的范围。
4. 根据所选案例，做出 PPT 课件。
5. 课堂上向同学、老师做汇报。

第九章　加强道德修养

广大青年要把正确的道德认知、自觉的道德养成、积极的道德实践紧密结合起来，自觉树立和践行社会主义核心价值观，带头倡导良好社会风气。要加强思想道德修养，自觉弘扬爱国主义、集体主义、社会主义思想，积极倡导社会公德、职业道德、家庭美德。

——习近平

人不能像走兽那样活着，应该是追求知识和美德，道德常常能弥补智慧的缺陷，而智慧永远弥补不了道德的缺陷。

——但丁

道德是一种在行为中造成正确选择的习惯，并且这种选择乃是一种合理的欲望。

——亚里士多德

美德与过恶，道德上的善与恶，都是对社会有利或有害的行为；在任何地点，任何时代，为公益做出最大牺牲的人，都是人们称为最道德的人。

——伏尔泰

第一节　道德的起源、本质及社会作用

道德属于上层建筑的范畴，是一种特殊的社会意识形态。它通过社会舆论、传统习俗和人们的内心信念来维系，是对人们的行为进行善恶评价的心理意识、原则规范和行为活动的总和。了解道德的起源、本质、功能、作用及历史发展，有助于大学生加强道德修养，锤炼道德品质。

一、道德的起源与本质

（一）道德的起源

马克思认为，道德作为一种社会现象，其产生有多方面的条件，经历了一个漫长的历史过程。其一，社会关系的形成是道德赖以产生的客观条件。道德是社会关系的产物，只有形成了人与人、人与社会之间的相互关系，才会产生道德。其二，人类自我意识的形成与发展是道德产生的主观条件。当人们意识到自己作为社会成员与其他动物的根本区别，意识到自己与他人或集体的不同利益关系以及产生了调解利益矛盾的迫切要求时，道德才得以产生。应该看到，道德产生所需要的主观条件是统一于生产实践的。劳动创造了人和人类社会，劳动是人类道德起源的第一个历史前提。人们在劳动中结成生产关系，并产生需要调整的人与人之间的利益关系，创造人们的道德需要，提供道德产生和发展的动力，也形成道德产生所需要的主、客观统一的重要条件。

人类最初的道德以风俗习惯等形式表现出来。随着社会生产力的发展和社会生活的日益复杂

化、多样化，特别是随着人类文明时代的开始，道德逐渐从风俗习惯中分化出来，形成一种相对独立的社会意识形态。

（二）道德的本质

道德作为一种特殊的社会意识形态，归根结底是由经济基础决定的，是社会经济关系的反映。首先，社会经济关系的性质决定着各种道德体系的性质。其次，社会经济关系所表现出来的利益决定着各种社会道德的基本原则和主要规范。再次，在阶级社会中，社会经济关系主要表现为阶级关系，因此，道德也必然带有阶级属性。最后，社会经济关系的变化必然引起道德的变化。

道德对社会经济关系的反映不是消极被动的，而是以能动的方式来把握世界和引导、规范人们的社会实践活动。人们正在通过对道德的把握，来感受社会关系的脉动，识别社会发展的方向，确定自身发展与社会和自然的关系，并形成自己关于责任和义务的观念，确立自己的道德理想，自觉地扬善抑恶，明辨荣辱，选择高尚，弃绝卑下，保持社会和个人健康发展。

二、道德的功能与作用

（一）道德的主要功能

道德的功能，是指道德作为社会意识的特殊形式对社会发展所具有的功效与能力。道德的功能集中表现为，它是处理个人与他人、个人与社会之间关系的行为规范及实现自我完善的一种重要精神力量。在道德的功能系统中，主要的功能是认识功能和调节功能。

1. 道德的认识功能

道德的认识功能是指道德反映社会现实特别是反映社会经济关系的功效与能力。道德是人们认识与反映社会现实与状况以及人与人之间关系的一种方式。道德往往借助于道德观念、道德准则、道德理想等形式，帮助人们正确认识社会道德生活的规律和原则，认识人生的价值和意义，认识自己对家庭、他人、社会的义务和责任，使人们的道德实践建立在明辨善恶的认识基础上，从而正确选择自己的道德行为，积极塑造自身的道德人格。

2. 道德的调节功能

道德的调节功能是指道德通过评价等方式，指导和纠正人们的行为和实践活动，协调人们之间关系的功效与能力。这是道德最突出也是最重要的社会功能。道德评价是道德调节的主要形式，社会舆论、传统习惯和人们的内心信念是道德调节所依赖以发挥作用的力量。如果道德反映社会发展的客观必然性，就能引导和激发人们的主动性和积极性，不断调节社会整体和个人的关系，使个人与他人、个人与社会的关系逐步完善和谐，使人们的行为逐步从“实然”向“应然”转化。在社会生活中，道德调节并不是孤立进行的，而是和其他社会调节手段密切配合，共同发挥调节作用。

除了上述功能，道德还具有其他方面的功能，如导向功能、激励功能、辩护功能、沟通功能等，这些功能都是道德的认识功能和调节功能在某些方面的具体体现，都建立在这两种功能的基础上。

（二）道德的社会作用

道德功能的发挥和实现所产生的社会影响及实际效果，就是道德的社会作用。道德的社会作用主要表现在：道德能够影响经济基础的形成、巩固和发展；道德对其他社会意识形态的存在和发展有着重大的影响；道德是影响社会生产力发展的一种重要的精神力量；道德通过调整人们之间的关系维护社会秩序和稳定；道德是提高人的精神境界、促进人的自我完善、推动人的全面发展的内在动力；在阶级社会中，道德是阶级斗争的重要工具。在看到道德具有重大的社会作用的同时，也必须看到道德发挥作用的性质并不都是一样的。道德发挥作用的性质与社会发展的不同历史阶段相联系，由道德所反映的经济基础、代表的阶级利益所决定。只有反映先进生产力发展要求和进步阶级利益的道德，才会对社会的发展和人的素质的提高产生积极的推动作用，否则，就不利于甚至阻碍社会的发展和人的素质的提高。

道德的功能和作用彰显了道德的力量。道德的力量是广泛的、深刻的，它深刻地影响着人们的意志、行为和品格，也深刻地影响着社会的存在和发展；道德的力量随着时代的发展而发展，是推动人类文明不断向前发展的重要力量。

社会主义道德在社会主义精神文明中占有重要地位。它对于社会发展的能动作用，比历史上任何道德都更加广泛、更加深刻、更加强大。它是国家发展、社会和谐、人民幸福的重要因素。它对于增强大学生成材的动力、提高大学生的全面素质、优化大学生的成长环境具有不可或缺的重要作用。在全面建成小康社会、构建社会主义和谐社会的过程中，要进一步加强社会主义道德建设。

第二节　继承和弘扬中华民族优良道德传统

为了创建出高度的社会主义精神文明，我们必须在当前生动、丰富的建设中国特色社会主义伟大实践中，以马列主义、毛泽东思想、邓小平理论、“三个代表”重要思想和科学发展观为指导，在吸收和借鉴人类文明发展史中的一切优秀成果的同时，注意继承和发扬中华民族的优良传统道德文化，并最终创造出人类先进的精神文明。因此对中国优良传统道德的继承和弘扬，是我们建立中国特色社会主义伦理道德体系的一个重要方面。

一、中华民族优良道德传统的形成与发展

中华民族的优良道德传统，一般来说，是指以儒家伦理道德为主要内容并包括墨家、道家、法家等传统伦理道德思想的精华。儒家伦理道德思想，在中国历史的长期发展中，在同墨家、道家、法家思想的矛盾中，又总是不断地相互影响，甚至在某些问题上，又相互吸收融合。儒家提倡“爱人”，墨家主张“兼爱”，在立论上常常互相矛盾，但又有很多一致的地方。因此，总的来说，儒家的伦理思想，又总是以不同方式，吸取了墨、道、法各家的有关内容。东汉以后，佛教传入中国，经过魏、晋、南北朝和隋、唐五代之后，佛学对儒家伦理思想的影响越来越大。到了宋、明时期，伦理思想家们都不同程度地受到佛学的影响。他们出入佛教，熟知佛教的伦理，因此，他们又都援佛入儒，吸收了佛学的思想。更加值得指出的是，由于佛学的心性理论，对于人们的道德意识、道德情感、道德意志和道德信念的研究分析，有开启思路的作用，更为许多伦理思想家们所注意。儒家在长期历史发展中不断地从墨家、道家、法家和佛学中吸取合理的内容，这是我们在探讨中国儒家传统理论思想时所应当认识的一个问题。儒、墨、道、法各家伦理思想在两千多年来的变化中，经历了若干发展阶段。随着历史的发展，传统伦理道德思想不同时期也

在发生变化。在有的历史时期，传统伦理道德思想中的优良传统，得到了弘扬，而有的时候，传统伦理道德中的消极因素，却不断地发展，甚至扭曲了传统的伦理思想。

中国传统的儒家伦理思想，在相当程度上受着奴隶社会、封建社会的政治和经济的制约。孔子和孟子确立了先秦儒家伦理思想的基本原则，形成了以“仁”与“礼”为中心的伦理思想体系。自20世纪以来，随着中国启蒙思想的产生和旧民主主义革命的发展，在五四运动中，“打倒孔家店”的口号，成为反对旧理论、提倡新理论的重要标志。从20世纪30年代开始，以熊十力、梁漱溟、冯友兰、贺麟、唐君毅、牟宗三、方东美等为代表，对儒家伦理思想做了适应时代发展的，达到他们使儒学在当今条件下，能够开拓出所谓“新外王”的目的。

中国历史上的墨家、法家、道家等思想，自汉以来，由于汉武帝“罢黜百家，独尊儒术”，没有得到很好的发展。墨家思想，长期中断，湮而不彰；道家和法家，也失去了与儒家平等的地位，没有像儒家思想那样不断地得到发展。

由此可见，中国传统伦理道德在两千多年的历史过程中，儒、墨、道、法各家伦理思想和佛教有关心性的理论，相互影响，相互吸收，形成了中华民族特有的伦理传统；另外，又依据不同时期的经济、政治的特点而不断发展变化。继承和弘扬中华民族的优良道德传统，必须用唯物史观的理论，对这一长期发展变化的传统，进行正确的分析。

二、继承和弘扬中华民族优良道德传统的重大意义

传统似江河之水，又似生命之流，它是一个民族世代积累下来的相对稳定的历史经验。虽然其中也有落后保守的成分，但其精华部分，往往凝聚着一个民族的智慧和力量，成为一个民族迎接新的挑战、开拓前进的内在精神动力。中国有五千多年的文明史，道德资源十分丰厚。中国传统道德是中国历史上不同时代人们的行为方式、风俗习惯、价值观念和文化心理的体现，是中国古代思想家对中华民族道德实践经验的总结、提炼和概括。中华民族生生不息，绵延不绝，不断发展壮大，优良道德传统起了很大作用。今天，继承和弘扬中华民族优良道德传统，具有重大的现实意义。

（一）继承和弘扬中华民族优良道德传统是社会主义现代化建设的客观需要

在实现现代化的过程中，任何一个国家都面临着如何对待传统文化和传统道德的问题。世界各国都有各自的历史和文化道德传统，这是它们在实现现代化的过程中保持自己特色、走出自己道路的重要基础。世界各国现代化的实践充分说明，现代化的模式可以多种多样，但都不能脱离自身的民族性。中国的现代化进程也是如此，如果离开对中华民族优良道德传统的继承和弘扬，就会失去历史的基础而难以更好地推进。只有继承和弘扬中华民族优良道德传统，加强包括各少数民族文化在内的中华优秀传统文化教育，才能充分激发整个民族的潜能，为社会主义现代化建设提供精神动力。

（二）继承和弘扬中华民族优良道德传统是加强社会主义道德建设的内在要求

我国社会主义道德不是凭空产生的，而是继承中华民族优良道德传统，并结合时代发展的要求而形成的。建设中国特色社会主义道德必须继承和弘扬中华民族的优良道德传统。继承和弘扬中华民族优良道德传统能够提高民族自尊心和民族自信心，增强民族自豪感和民族责任感；能够

使社会主义道德体系具有更丰富的内容，更能为广大群众所喜闻乐见的民族形式；能够使人际关系更加和谐，促进经济社会更好地发展；能够使爱国主义、集体主义和社会主义思想更加深入人心，形成适应时代发展、具有中国特色的价值观和伦理道德规范。

（三）继承和弘扬中华民族优良道德传统是个人健康成长的重要条件

人总是需要精神力量支撑的，总是在一定的道德环境中成长的。中华民族优良道德传统是中华民族的根，也是每一个中国人的根。它像一块永不会磨蚀的胎记，是中华民族身份认同的重要标志。继承和弘扬中华民族优良道德传统，有利于中华民族共有精神家园的构建，也有利于我们每个人的道德修养。优良道德传统的熏陶和润泽，能够不断丰富我们的精神世界，完善我们的人格和道德品质，成为个人成长成材的重要推进力量。

三、中华民族优良道德传统的基本内容

（一）强调整体精神，强调为社会、民族、国家的爱国主义思想

早在两千多年前的《诗经》中，就已经提出“夙夜在公”的道德要求，认为日夜为公家办事，是一种高尚的道德品质。

中国传统伦理道德中强调的整体精神，也可以说是一种整体主义思想。在批判继承这种整体主义思想时，应当明确，这种整体精神同社会主义道德的集体主义原则，有着本质的不同。中国传统伦理道德中的整体主义，是奴隶社会或封建国家的整体利益而形成的道德原则，在特定的情况下，又往往把维护封建王朝的利益同所谓国家、社稷的利益混为一体，成为维护以血缘为纽带的宗法封建关系的意识形态。社会主义道德的集体主义原则，则是建立在以公有制为主体的经济基础之上，以维护广大人民群众的利益为唯一目标的道德原则。在弘扬中华民族的优良道德传统，特别是在继承和发扬中华民族的整体精神和爱国主义思想的同时，应当采取辩证的、一分为二的态度，剔除其消极的、腐朽的为维护剥削阶级统治的糟粕，发扬为国家、为民族、为人民利益的积极因素。

（二）推崇“仁爱”原则和追求人际和谐

在人和人的相处中，中国传统伦理思想特别强调要“推己及人”，关心他人，也就是“爱人”。儒家伦理思想的创始人孔子，以“仁”作为自己伦理道德思想的核心，并第一个把“仁”同“爱人”联系起来，即把“爱人”作为“仁”的一个根本要求。孟子又进一步提出“仁”就是“人”，就是“人心”。他从“良知”“良能”和“人皆有不忍之心”出发，认为人之所以异于禽兽，最根本的区别，就在于人有着与生俱来的对他人的同情、怜悯、关心和慈爱之心。孟子强调“老吾老以及人之老，幼吾幼以及人之幼”，认为在人和人的相处中，应当推己及人，推恩及人，“故推恩足以保四海，不推恩无以保妻子。古之人所以大过人者无他焉，善推其所为而已矣。”

孔子和孟子有关爱人的思想，可以说是中国古代早期的人本主义思想，是自觉考虑到整个人类的生存和发展的一种人本主义，“仁”不但是一种处理人我关系的生存和发展的人本主义，不但是一种处理人我关系的早期的人本主义思想理论，而且是实行这一人本主义思想理论的方法论原则。既然所有的人都属于同一个类，他们在最基本的方面，就必然有着共同的情感、欲望和志趣，

因此，只要拿自己作比喻，就能够真正实现对人的同情与爱护，就能够真正实现“爱人”的目的。中国传统伦理道德中的这一人本主义原则，在长期的奴隶社会和封建社会中，往往为剥削阶级所利用，并成为麻痹劳动人民维护统治阶级利益的思想工具。但是，从总的社会效果来看，这一人本主义思想，在长期的历史发展中，对于协调家庭、社会的各种人际关系，应当说，仍然具有一定的积极作用。中国传统伦理道德中的这一人本主义原则，以特有的民族形式，随着中国社会的发展而不断发展。

（三）提倡人伦价值，强调个人在人伦关系中应尽的道德责任

《尚书》中就提出了“五教”(父义、母慈、兄友、弟悌、子孝)，确立了以家族为本位、以血缘为纽带的五种人伦关系的道德要求。孔子进一步提出了封建社会中最基本的“君君臣臣、父父子子”的原则，认为“君”和“臣”都应当按照自己的社会地位去履行自己的义务。对于“五伦”关系中维护封建等级关系的糟粕，我们必须加以剔除，但对其中的合理因素，则应当加以批判的吸收。父母和子女之间、上级和下级之间、丈夫和妻子之间、长辈和幼辈之间、朋友和朋友之间，都应该根据社会主义的新型人际关系，建立起新的道德原则，对于五伦关系中的父子有亲、长幼有序和朋友有信等，如能赋予符合时代要求的新的意义，对于维护和改善社会主义社会中的人伦关系，仍有不可忽视的重要作用。

在中国传统道德的“五伦”关系中，尤重父母与子女之间的人伦关系。“父慈子孝”，是对“父子有亲”的进一步的解释。“孝”被作为一切道德的根本，一个人只有能“善事父母”才能对他人有信，对国家尽忠。中国传统伦理中把“善事父母”看作衡量一个人的道德水平的最基本的前提，把对待父母的态度作为处理一切人与人之间关系的基础，这一思想，是有其合理因素的。“善事父母”，并不意味着无原则的顺从，对父母的错误，也应当提出批评，进行谏诤。但是，在维护等级制度的“孝”，不可避免地打上了“为尊者讳”的烙印，在尊者与卑者的关系中，总是要压制卑者的权利。特别是随着中国封建社会的发展，经过西汉董仲舒和宋明理学家们的扭曲，对孝更做了绝对化和片面化的解释，这是我们应当加以批判的。

在建设中国特色社会主义的新时期，在家庭伦理关系中强调父母应该关心、爱护、养育、教育自己的子女，而子女应当孝敬自己的父母，体贴自己的双亲，并在父母年老又丧失劳动能力的情况下，要主动担负起赡养父母的义务，这对于维护社会的安定、和谐和社会的整体利益，仍然是非常重要的。

（四）追求精神境界，把道德理想的实现看作是一种高层次的需要

中国传统道德认为，人之所以不同于动物，在于人有道德，因而，人们除了有物质需要外，还有精神需要，而一切精神需要中最高尚的需要，就是道德需要。道德需要，是对自己所信仰的理想人格的追求，是对他人、对社会做贡献而不是向社会索取。在儒家传统伦理思想中，“为学的目的”就是要“改变气质”，以达到“成圣”“成贤”的目的，把道德上的“理想人格”，作为学习的根本要求。孔子主张在物质生活基本满足的情况下，人们应当追求一种崇高的精神生活，并把这种对精神生活的追求，看作人生的最大快乐。孔子称赞在“德行”方面最满意的学生颜回时说：“贤哉，回也！一箪食，一瓢饮，在陋巷，人不堪其忧，回也不改其乐。贤哉，回也！”认为一个人只要有了这种追求崇高道德的要求，就可以克服人生道路上所遇到的各种困难和挫折。道家更崇尚精神境界，把无私无欲的“真人”“圣人”作为最高的人生理想。墨子“尚贤”，推崇

“圣王”“贤人”，把为大众谋利益的牺牲精神，作为人生最高的追求。中国传统道德对这种崇高精神境界的追求，总是同自强不息、刚健有为的人生哲学联系，总是同“发愤忘食”“乐以忘忧”和“知其不可为而为之”的人生态度共同发展的。尽管中国传统道德所提倡的这种精神境界，对于大多数人而言，是不容易达到的，但是，人们仍然应当抱着“虽不能至，心向往之”的诚挚态度，孜孜不懈地不断追求。

（五）重视道德践履，强调修养的重要性

重视修养践履，用我们现在的话来说，就是强调道德主体在完善自身中的主体能动作用。中国历史上的儒、墨、道、法各家都认为，在树立起崇高的理想、信念和道德人格的同时，最重要的就是要奋发志气、切磋践履，养心修身、变化气质，以达到最高的理想人格的目的。孔子认为，如果一个人立定志向，要成为一个有道德的人，他就不会再做任何不道德的事。孔子说：“苟志于仁矣，无恶也。”孔子特别强调道德主体的能动作用，他说：“仁远乎哉？我欲仁，斯仁至矣。”“有能一日用其力于仁矣乎？我未见力不足者”，认为“仁”这一最高的道德品质和道德境界，对人们来说，并不是遥远而不可达到的，只要人们能够坚持不懈地修养，就一定可以达到这种最高的精神境界。孔子认为，人们之所以不能够达到道德理想的最高目的，主要是因为人们由于种种原因半途而废而不能执着追求的结果。墨家也非常强调“修身”，强调“察色修身”和“以身戴行”，注意社会环境对人的道德品质的影响，把“所染”作为道德修养的重要环节。中国古代的许多思想家，在提出道德境界的理论时，也都认为人们的道德境界，有着不同的层次，在达到理想的道德境界时，也必须经过不同的阶段，但他们都一致强调，人们应当遵循不同阶段的不同要求，一步步地向上攀登，直至最终到达道德的高峰。

中国传统伦理思想中的人性善恶的理论，尽管各有不同，甚至针锋相对，但从其最终目的来看，都是为了给道德修养提供一个坚实的理论基础。孟子主张性善论，荀子主张性恶论，他们虽然在人性论上各执一端，但是一个提出“人皆可以为尧舜”，一个主张“涂之人可以为禹”，他们从两个极端，采取了不同的手段和方法，走向了同一个目的。一个是“反身而诚”，一个是“教化习修”，最终所追求的则是一种共同的理想人格。

四、正确对待中华民族的优良道德传统

中华民族的道德传统是一个矛盾体，具有鲜明的两重性。属于精华的部分，表现出积极、革新、进步的一面；属于糟粕的部分，则表现出消极、保守、落后的一面。正确对待中华民族道德传统，要坚持马克思主义的立场、观点和方法，既不能全盘肯定、全面照搬，也不能全盘否定、全面抛弃。要按照是否有利于推动中国特色社会主义的建设事业，是否有利于建设和形成中国特色社会主义的道德体系，是否有利于维护广大人民群众的根本利益，是否有利于培养社会主义“四有新人”的标准，做好取舍和创造性的转化工作。要通过分析、鉴别、取舍和改造，剔除那些带有明显的阶级和时代局限性的成分，继承和弘扬优良的传统，特别是那些反映普遍性、共同性和一般性道德要求，对我们今天的道德实践仍然具有借鉴意义的积极内容。

在对待传统道德问题上，要反对两种错误思潮。一种是文化复古主义思潮，认为中国之所以落后，就是因为传统文化特别是儒家传统文化的失落。所以，道德建设的最终目标就是要恢复中国“固有文化”，形成以中国传统文化为主体的道德体系，并通过这种传统道德的复兴来衍生出现

代的科学和民主，即所谓“返本开新”。另一种是历史虚无主义思潮，认为中国传统道德从整体上来说在今天已经失去了价值和意义，不能满足我国现代化建设的需要，必须从整体上予以全盘否定。这两种思潮都是错误的，都割裂了共性和个性、抽象和具体、一般和个别、普遍性和特殊性的关系。复古论在对待中国传统道德的问题上，只承认其一般性、普遍性而否定其个别性和特殊性，把传统的东西与现代的事物完全等同，这实际上是否定道德的历史和发展。虚无论则是只承认中国传统道德的个别性、特殊性，而否定中国传统道德的一般性、普遍性，这实际上也就割断了道德的历史继承性。从中国历史发展过程来看，无论是复古论还是虚无论，都对社会的发展特别是道德文化的进步产生了十分消极的影响。在对待中国传统道德问题上，我们要坚持批判继承的原则，注意科学辨析，自觉避免各种错误倾向的影响。

一个国家和民族的文化发展和道德进步，除了要注意继承和弘扬本民族文化和道德的优良传统之外，还必须积极吸收其他民族文明的优秀成果。人类文化和文明发展进步的过程表明，一种文化通过与异质文化的交流和碰撞、冲突和融合，是保持其生命力，实现自我更新和发展的重要机制，是文化演进发展的一种带规律性的现象。当今任何民族或国家的文明发展和道德进步，都不可能不受到其他民族或国家的文化或道德文明成果的影响，都不可能脱离人类文明发展的道路。世界上许多民族在人类发展的不同时期，对人类文明都做出过贡献。西方历代思想家对道德的起源和本质、道德的原则和规范、道德品质、道德评价、道德教育和道德修养等进行的有益探讨，其中不乏超越时代、国家、民族乃至阶级界限的真知灼见，极大地丰富了人类社会共同的文明成果，并为我国今天的道德建设与道德修养提供了有益的借鉴。在对待其他民族或国家的道德文明成果的问题上，要坚持马克思主义的立场、观点和方法，坚持以我为主、为我所用的原则，既反对全盘西化、机械照搬，又反对全盘否定、盲目排外，在批判的基础上加以借鉴、吸收，剔除其带有阶级和时代局限性的糟粕，吸收其带有普遍性和一般性、对今天有积极作用的精华。

第三节　践行和弘扬社会主义道德

社会主义道德是马克思主义伦理思想同中国特色社会主义伟大实践相结合的产物，是对中国古代优良道德传统的传承与升华，是中国革命道德传统的直接继承和发展。中国革命道德传统是指 1919 年五四运动以来，中国共产党人、一切先进积极分子和人民群众在中国新民主主义革命和社会主义革命、建设和改革中所形成的革命气概、精神品质和道德情操。中国革命道德传统是中华民族极其宝贵的精神财富，是中国特色社会主义道德建设的思想源泉。大力弘扬中国革命道德传统，对建设中国特色社会主义、构建社会主义和谐社会、提高全社会尤其是青少年的思想道德素质具有重要意义。大学生应当正确认识弘扬中国革命传统道德对推进我们今天道德建设的重要意义，确立社会主义道德观念，不断提高自己的道德修养，升华自己的道德境界，为健康成材打下良好的道德基础。

一、社会主义道德建设与社会主义市场经济

在社会主义初级阶段，以公有制为主体、多种所有制经济共同发展是我国的基本经济制度。我国社会主义的道德建设，应当建立在这一基本经济制度基础上，反映这一基本经济基础的要求，

为坚持和完善这一基本经济制度服务。在这一基本经济制度上实行的社会主义市场经济体制，以市场为配置资源的基础手段的经济运行机制，对道德建设提出了新的要求。社会主义道德建设既是一个与社会主义市场经济相适应的现实要求，也是一个为社会主义市场经济体制建立和完善提供道德价值导向的重要任务。

社会主义市场经济体制是社会主义条件下的市场体系。一方面，作为市场经济，它同资本主义条件下的市场经济在运行规则上有相通或相似之处。现代市场经济的共同属性和一般规律性，是我国社会主义市场经济必须遵循的。另一方面，社会主义市场经济是同社会主义基本经济制度结合在一起的，是同社会主义精神文明结合在一起的，它要体现社会主义基本制度的要求，充分发挥社会主义的优越性。市场经济可以和不同的经济制度与政治制度相结合。要把市场经济和社会主义制度有机结合起来，离不开社会主义先进文化和社会主义道德体系。加快社会主义道德文化建设，有助于保证市场经济沿着社会主义轨道有序健康的发展。

实践证明，发展社会主义市场经济既有利于解放和发展社会主义社会的生产力，增强社会主义国家的综合国力，提高人民的生活水平，也有利于增强人们的自立意识、竞争意识、效率意识、民主法制意识和开拓创新意识，调动人们的积极性和创造性，推动社会的道德进步。但也要看到，市场自身的弱点和消极方面，如趋利性、自发性等也会反映到道德生活中来，反映到人与人的关系上，容易诱发拜金主义、享乐主义、极端个人主义等消极现象，这些因素都会干扰社会主义道德建设，阻碍社会主义市场经济的健康发展。适应新的形势和要求，建立和完善与社会主义市场经济相适应、与社会主义法律相协调、与中华民族传统美德相承接的社会主义思想道德体系，确立全体社会成员共同遵循的价值导向和行为准则，提高全民族的道德素质、全社会的文明程度，已成为当前全面建设小康社会、构建社会主义和谐社会的一项紧迫任务，也是大学生在成长、成材过程中必须面对的重要课题。

把握社会主义市场经济对道德建设提出的新要求，要坚持公民承担社会责任与社会尊重个人合法权益相一致，先进性要求与广泛性要求相结合，着力培养与社会主义市场经济相适应的道德观念，为社会主义市场经济的发展提供良好的道德环境和有力的道义支撑。

要正确处理竞争和协作、自主和监督、效率和公平、先富和共富、经济效益和社会效益等关系。既勇于竞争，又有序竞争；既反对平均主义，又防止收入悬殊；既重经济效益，又重社会效率。要正确认识和运用物质利益原则，树立正确的义利观，既要鼓励人们通过诚实劳动、合法经营去获得正当的个人利益，也要大张旗鼓地褒奖见利思义、见得思义的言行，反对见利忘义、唯利是图，形成把国家和人民利益放在首位而又充分尊重公民个人合法利益的社会主义利益观。要正确发挥社会主义道德对市场经济的价值导向作用，形成和完善与社会主义市场经济相适应的道德规范，发挥市场经济的积极效应，避免市场经济的消极效应，促进和保障社会主义市场经济体制健康发展。

二、社会主义道德建设的核心和原则

社会主义道德建设要以为人民服务为核心、以集体主义为原则。这既符合我国社会主义初级阶段道德建设的现实状况，也是社会主义精神文明建设的客观要求。

（一）社会主义道德建设要以为人民服务为核心

道德建设的核心，即道德建设的灵魂，它决定并体现着社会道德建设的根本性质和发展方向，规定并制约着道德领域中的种种道德现象。道德建设核心的问题，实质上是一个为人民服务的问题。在改革开放和社会主义现代化建设的新时期，在发展和完善社会主义市场经济的条件下，在构建社会主义和谐社会的过程中，提出社会主义道德建设以为人民服务为核心，具有深刻的理论依据和坚实的实践基础。

1. 为人民服务是社会主义经济基础和人际关系的客观要求

在社会主义初级阶段，我国实行的是以公有制为主体、多种所有制经济共同发展的基本经济制度和以按劳分配为主体、多种分配方式并存的分配制度。在我国社会主义基本经济制度的条件下，每个社会主义的劳动者和建设者，只是社会分工的不同，没有高低贵贱之分。在以公有制为主体的经济基础上，在全体人民共同利益的基础上，在整个社会生产和生活中，逐步形成了团结互助、平等友爱、共同进步的人际关系。在社会主义条件下，权利和义务不再分属于两个对立的方面，而是统一于人民自己身上，每个人都是服务对象，又都是为他人服务，全体人民通过社会分工和相互服务来实现共同利益。

2. 为人民服务是社会主义市场经济健康发展的要求

在社会主义市场经济条件下，市场主体必须通过向社会和他人提供有一定数量和质量的产品，建立满足社会和他人需求的良好信誉，即通过为社会和他人服务并为社会和他人所接受以实现自己的利益。换句话说，市场经济不仅不排斥为社会和他人服务，而且需要通过服务甚至是优质服务，才能实现市场主体自己的利益。这一点说明，为人民服务与市场经济并不是对立的。但是，不能把市场经济的利他性同为人民服务混为一谈。如果把各种有着不同内涵的利他性同道德要求简单地等同于为人民服务，不仅在理论上是错误的，而且会在实践中造成混乱。笼统地讲，市场经济要求为人民服务是不正确的。我们说社会主义市场经济的本质要求为人民服务，不仅在于人们在一切经济活动中应正确处理个人与社会、竞争与协作、效率与公平、先富和共富、经济效益与社会效益等关系，形成健康有序的经济和社会生活规范，更在于强调在国家的宏观调控和社会主义精神文明的引导、制约下，每个市场主体要有为人民服务的思想，更自觉、更积极、更规范地在自主的基础上为人民、为社会服务，要求市场主体把自身的特殊利益同国家和人民的共同利益结合起来。

3. 为人民服务是社会主义道德区别和优越于其他社会形态道德的显著标志

为人民服务作为社会主义道德建设的核心，是社会主义道德区别和优越于其他社会形态道德的显著标志。应当在给为人民服务的要求注入新的时代内涵的同时，在全社会大力弘扬为人民服务的精神，大力倡导和积极实践为人民服务的道德。

为人民服务体现着社会主义道德建设的先进性要求和广泛性要求的统一。为人民服务，伟大而平凡，高尚而普通，它并非高不可攀、远不可及，而是可以通过不同层次、不同形式表现出来的。在社会主义初级阶段，对于不同利益群体和不同觉悟程度的人们，为人民服务的具体要求不可能是完全一样的，对于不同层次的人们应该有不同的要求。毫不利己、专门利人、无私奉献是为人民服务；顾全大局、先公后私、爱岗敬业、办事公道是为人民服务；同志间、师生间、同学间互相关心、互相爱护、互相帮助是为人民服务；热心公益、助人为乐、见义勇为、扶贫济困、帮残助残是为人民服务；遵纪守法、诚实劳动并获取正当的个人利益，同样也是为人民服务。事实证明，在我们的社会中，不论从事何种职业、处于何种岗位，也不论能力大小、职务高低，每个人都能够通过不同形式实践为人民服务的道德要求。那种认为为人民服务只适于党员干部而不能推广到全体人民的看法是一种误解。要坚持以人为本，“以为人民服务为荣，以背离人民为耻”，尊重人、理解人、关心人，发扬社会主义人道主义精神，为人民、为社会多做好事，形成体现社会主义优越性、促进社会主义市场经济健康、有序发展的道德风尚。

（二）社会主义道德建设要以集体主义为原则

在社会主义道德体系中，集体主义原则是指导人们行为选择的主导性原则，这是社会主义经济、政治、文化建设的必然。要求生产资料公有制占主体地位的社会主义基本经济制度，为集体主义的实施创造了经济前提；以工人阶级为领导阶级、以共产党为执政党的人民当家做主的国体、政体，为集体主义的实施创造了政治前提；以马克思列宁主义、毛泽东思想、邓小平理论和“三个代表”重要思想为指导的社会主义先进文化，为集体主义的实施创造了文化前提。总之，在社会主义社会，人民当家做主，国家利益、集体利益和个人利益根本上的一致性，使得集体主义应当而且能够在全社会范围内贯彻实施。长期以来，集体主义已经成为调节国家、集体和个人三者利益关系的最重要原则。发展社会主义市场经济，是同社会主义基本制度有机结合的，从这个意义上讲，集体主义不但与社会主义市场经济相契合，而且也正是发展和完善社会主义市场经济的客观要求。社会主义集体主义原则的根本思想，就是正确处理集体利益和个人利益的关系。

1. 社会主义集体强调集体利益和个人利益的辩证统一

在社会主义社会中，国家利益、社会利益体现着个人根本的、长远的利益，是集体所有成员共同利益的统一。同时，每个人的正当利益，又都是集体利益不可分割的组成部分。集体的兴衰与个人利益得失息息相关。在现实生活中，集体利益和个人利益是相辅相成的。集体利益的发展，本身就包含着集体中每个人利益的增加。而集体中每个人利益的增加，同样有利于集体利益的扩大。

2. 社会主义集体主义强调集体利益高于个人利益

在实际生活中，个人利益和集体利益难免会发生矛盾。这种矛盾，有的是可以缓和、化解的，有的则会发生或大或小的冲突，尤其是发生激烈冲突的时候，必须坚持集体利益高于个人利益的原则，即个人应当以大局为重，使个人利益服从集体利益，在必要时，为集体利益做出牺牲。集体主义要求个人为集体做出牺牲并不是任意的，只有在不牺牲个人利益就不能保全集体利益的情况下，才要求个人为集体利益做出牺牲。社会主义集体主义之所以强调个人利益要服从集体利益，归根结底，既是为了维护集体的共同利益，也是为了维护个人的根本利益。

3. 社会主义集体主义强调重视和保障个人的正当利益

社会主义集体主义促进和保障个人正当利益的实现，使个人的才能、价值得到充分的发挥。这不但与集体主义不矛盾，而且正是集体主义思想的应有之义。只有在集体中，个人才能获得全面发展，只有在集体中，才可能有个人自知。那种把集体主义看作是对“个人的压制”、是对“个人的束缚”的思想，是与集体主义的本意相违背的。事实上，正是集体主义为培养人的健全人格、鲜明个性和创新精神提供了道义保障。对于集体主义来说，只有个人的价值、尊严得到实现，个人的正当利益得到保证，集体才能有更强大的生命力和凝聚力。

在发展社会主义市场经济的条件下，在全面建设小康社会的进程中，结合我国经济生活和人们思想道德状况的实际，可将社会主义集体主义的道德要求具体分为三个层次：一是无私奉献、一心为公。这是集体主义的最高层次，是共产党员、先进分子应努力达到的道德目标。二是先公后私、先人后己。这是已经具有较高的社会主义道德觉悟的人们能够达到的道德目标。三是公私兼顾，不损公肥私。这是对我国公民最基本的道德要求。当代大学生应正确认识和处理国家、集体、个人的利益关系，反对小团体主义、本位主义和极端个人主义，把个人的理想与奋斗融入广大人民的共同理想和奋斗之中。集体主义就存在于、体现于人们的学习、工作和生活之中，人人都可以践行集体主义原则，都能够沿着道德层次的阶梯循序渐进地向更高道德境界攀登。

党的十八大报告明确提出："倡导富强、民主、文明、和谐，倡导自由、平等、公正、法治，倡导爱国、敬业、诚信、友善，积极培育和践行社会主义核心价值观。"这一方面为培育和践行社会主义核心价值观提供了基本范畴，另一方面也进一步明确了提炼、概括社会主义核心价值观的基本原则。社会主义核心价值观，是社会主义核心价值体系的精神内核及其遵循的根本原则，可以从价值层面为深入回答社会主义的本质特征提供根本价值遵循，在具体利益矛盾、各种思想差异之上最广泛地形成价值共识，为国家建设和社会发展提供先进的、根本的价值导向和理想信念，提供明确的、稳定的价值依据和评判标准。

培育和践行社会主义核心价值观，是引领大学生成长成材的基本途径，为大学生加强自身修养锤炼优良品德指明了努力方向。大学生必须在深刻领会和把握社会主义核心价值体系的基础上，自觉培育和践行社会主义核心价值观，加强思想道德修养与法律修养，努力成为实践社会主义核心价值观最积极、最活跃的群体。

随堂演练

一、思考题

1. 道德的本质、功能和作用是什么？

2. 怎样理解为人民服务是社会主义道德建设的核心？在新时期为什么要倡导和实践为人民服务？

3. 社会主义集体主义的科学内涵是什么？在社会主义市场经济条件下为什么要坚持集体主义原则？

二、阅读文章

道德的大厦

"9·11"事件中，双子大楼轰然倒塌，但道德与友爱的双子大厦却卓然挺立。

美国世贸大厦被撞时，一位坐在轮椅上的妇女正在第86层。在当时的情况下，像她这样一个靠轮椅行走的人，要从这么高的楼层中逃脱出来，成功率几乎为零。可她竟奇迹般地毫发无损地逃出来了。她说，一位并不相识的逃生者，硬是将她和轮椅从86层一直扛到5层才被人群冲散。

在危难时刻，虽然楼梯里挤满了人，但是却紧张而有序。当楼上开始有担架抬下来时，大家又主动让出一条通道，让伤员先走。接着，在大楼里工作的盲人带着导盲犬下楼来，大家也纷纷让路。消防队员背着沉重的消防器材向上冲，尽管大家都很干渴，但人们还是把自己仅有的一点水拿给他们喝……

危难中，真情传递，让人们感受到了道德的力量。虽然世贸大厦倒塌了，但是，危难中，人们用至爱真情建起了一座道德与友爱的大厦，这座大厦，是无尚崇高的，是任何恐怖主义者都摧毁不了的。

报刊上连篇累牍地报道“9·11”事件的前因后果和恐怖主义的报复行动，却忽略了这次恐怖主义事件中临危而起的道德大厦。

（选自《生活时报》2001 年 11 月 6 日）

第十章　良好的道德品质

己所不欲，勿施于人。

——孔子

水火有气而无生，草木有生而无知，禽兽有知而无义，人有气、有生、有知亦且有义，故最为天下贵也。

——荀子

德者，内得于己，外得于人也。

——许慎

才者，德之资也；德者，才之帅也。

——司马光

道德的基础是人类精神的自律。

——马克思

第一节　道德品质及其形成与发展

党的十八大报告指出，加强社会公德、职业道德、家庭美德、个人品德教育，弘扬中华传统美德，弘扬时代新风。推进公民道德建设工程，弘扬真善美、贬斥假恶丑，引导人们自觉履行法定义务、社会责任、家庭责任，营造劳动光荣、创造伟大的社会氛围，培育知荣辱、讲正气、做奉献、促和谐的良好风尚。这是我们进行道德建设的指导方针，也值得我们每个大学生好好思考，我们应该如何在自己的一生中过富有道德意义的生活，如何为提高整个社会的道德风尚做出贡献，归结到一点：我们应该如何培养良好的道德品质。

一、道德品质的含义及其构成

（一）道德品质的概念

道德品质是一定社会的道德原则和规范在个人观念和行为中的体现，是一个人在一贯的道德行为中表现出来的稳定的特征和倾向。

一个人的道德品质并不是与生俱来的，而是经过了一个长期的学习和锻炼的过程而培养成的。当一个人从出生后，他就不断地接受道德教育，通过家庭、学校和社会，将社会中各种道德规范转化为自己道德品质的一部分。在这个过程中，如果说一开始，个体还是个被动的角色，那么，随着个体身心的不断发展成熟，当他具有了自我反省的能力后，个体在自身道德品质的培养与锻炼中就处于主动的角色，即培养良好的道德品质已是他发自内心的主动的要求，而培养良好的道德品质的整个过程也完全在他的自主支配之下。

社会的整体道德风尚与个体的道德品质是一种相互影响、相互作用的关系。由于我们个体品质的形成就是由社会中存在的道德规范和道德观念转化而来，所以，我们个体的道德水准的高低不得不受到社会整体道德风尚的影响。一个社会整体的道德水平很差，那么，这个社会绝大多数成员的道德品质水准也必然很低。但是，一个社会的整体道德水准不会受某一个个体的道德水准的影响，我们每个人都是具有自由意志的个体，我们每个人的道德品质归根结底是由我们自己决定的。所以，我们不应该以社会的整体道德风尚为托词，为自己低下的道德品质做辩解，应该想一想我能为社会整体道德水准的提高做些什么？我们每个人应该努力提高自己的道德品质水准，为社会整体的道德水准的提高做出贡献。

（二）道德品质的构成

道德品质是一个综合性范畴，由道德认识、道德情感、道德意志、道德信念、道德行为五个要素组成。

1. 道德认识

道德认识主要是对伦理关系以及调节伦理关系的道德理论、原则和规范的认识，也可以说是人们所具有的道德观。道德认识包括道德经验的积累、道德价值观念的形成、道德理论知识的掌握，以及对道德原则和规范的理解和把握。在品德构成中，道德认识是形成道德品质的首要成分，尽管有人对自己的道德认识并没有充分的自觉，但这种认识在他的品德构成中仍然是存在的。

2. 道德情感

道德情感是伴随着道德认识所出现的内心体验和主观态度，表现为倾慕和鄙弃、爱好和憎恶以及同情、羞耻、信任、快乐、痛苦等情感体验。道德情感不是孤立存在的，它的形式和发展变化，不仅需要以道德认识做基础，而且需要在道德实践中不断磨炼和陶冶。道德情感一经形成，就成为一种稳定的力量，积极影响人们的道德行为。其作用主要有三个方面：一是调节作用，即以某种情绪态度来强化或弱化个人的某种道德认识和道德行为；二是评价作用，即以赞赏、鄙视、愤懑等情绪表明对某种道德关系和道德行为的评价态度，从而影响到人们的道德认识和道德行为；三是信号作用，即通过各种表情动作来示意自己行为的价值或对他人行为的态度，它在道德关系或人际交往中起沟通信息的作用。道德情感一经形成就会积极调节和影响人们的观念和行为，增强或减弱人们履行某种伦理义务的道德意义。

3. 道德意志

道德意志是人在具体道德情境中抉择道德行为时的决心和毅力。这种精神力量主要来源于明确的道德认识和强烈的道德情感，同时也来源于个性心理素质。在品德的诸因素中，道德意志的主要功能，是依据某种道德认识和道德情感，果断地确定道德行为的方向和方式，投入行为的能量，并抑制和排除来自内部和外部的干扰和障碍，顽强地、长时间地专注于既定的行为和目标的实现。如果没有顽强的道德意志，道德认识很难转化为道德行为，更不可能终身保持高风亮节。因此，在社会实践和道德修养中，自觉磨炼道德意志，就成为培养和造就个人品德的关键性环节。

4. 道德信念

道德信念是对某种道德观、道德理想的正义性发自内心的笃信。道德信念是人们在社会实践的基础上形成的道德认识、道德情感和道德意志的有机统一，也可以说稳定和持久坚持的道德信念是行为选择的内在动机的根本性的依据，是评价自己行为和他人行为善恶的内部标准。在品格结构中，它处于主导与核心地位。道德信念作为良心在行为选择和道德评价中起着准则作用。道德信念可以说最集中、最强烈地体现着一个人的荣辱观和总体道德观，因为它是人们自尊、自信、自律的精神支柱。

5. 道德行为

道德行为是在道德意识的支配下产生的具有道德价值的社会行为。作为道德行为，必须是基于行为者自觉认识而做出的行为选择，必须是影响他人和社会的同时也影响自身的具有善恶意义的行为。我们的道德意识、道德情感、道德意志、道德信念全部属于道德意识范畴，是影响、指导，甚至是决定道德行为的内在力量，但还不等于道德行为本身，一个人如果停留在这些阶段，而不去通过自己的行为履行道德义务，那只能说他具有某种道德意识，还不能说他已具有某种品德。只有当他不具有某种道德意识，并将道德意识转化为道德行为，并形成行为习惯，才可以说他具有某种品德。

二、道德品质的特征与作用

道德不同于科学，道德远比科学复杂得多。科学主要是认识问题，而道德主要是实践问题，即一个人的道德品质最终是通过一个人的行动体现出来，这就是为什么德国思想家康德把道德界定为“实践理性”的原因。道德本质上是行动，但这个行动又是与认识、情感与意志紧紧联系在一起的，这就构成了道德品质的复杂性。科学是一种知识，我们对一个人进行科学知识的教育，如学生认真学习，他理解了、掌握了，因为科学是纯认识的事物，我们不能说对一个人进行道德教育，他对各种各样的道德原理都有很好的理解，这个人的道德品质一定高尚。良好的道德品质是通过行为表现出来的。所以，在道德品质的培养中，只进行道德教育是不够的，但不进行道德教育又是不行的。因为道德认识是道德品质的一个有机组成部分。所以，道德品质是一个有机的组合体，对各个组合体中的任一因素都不能忽视。其中，我们尤其应重视道德行为，因为道德行为是最能体现道德“实践”的本质特征。

道德品质是自觉意志的结果，个人道德品质培养的渠道、方式是多种多样的，但一个人道德品质的培养最终是自身自觉重视道德的结果。所以，增强自身的道德自觉性，勇于实践道德原则，是培养道德品质的最核心要求。

道德品质对一个人的身心健康、塑造完美人格和立志成材具有重要作用，主要表现在以下几方面。

（一）良好的道德品质是个人素养的最重要标志

我们个人的素养是多方面的，如知识、审美、身体、心理等，其中道德素养是一个人最重要的素养。不仅我们中国人一直重视道德品质，古希腊哲学家柏拉图也把“善”的理念置于万物之上。一个人道德品质低下，其他的素质也成了无本之木。如果没有道德品质的指导，一个人的许多才能不仅不能使他贡献社会，反而使他获得了损害社会的能力。今天，我们说教育要全面提高人的素质，这其中，首要的就是提高人的道德素质。

（二）良好的道德品质丰富了人的内心世界

良好的品质使我们有了精神追求，成为道德高尚的人，不断地向人生的更高境界迈进，从而使我们超越于物质之上，抵御物质利益的诱惑。只有当我们站在物质利益之上，我们才能窥见精神世界无尽的丰富内涵，我们才会有那种人之所以为人的崇高感；人类的那些美好的东西：对正义的追求、同情、舍生取义的勇气等才可被我们体会到。所以，良好的道德品质使我们的生活更充盈和丰富。

（三）良好的道德品质使我们面对飞速变化的世界保持清醒的头脑

我们这个世界飞速发展，变化很快，但这些变化往往良莠不齐，许多不良的东西往往“穿上时髦的外衣”，很有迷惑性。良好的道德品质能使人在这些变化面前保持清醒的头脑，辨清方向，识别哪些是对的，哪些是错的，并能自觉地抵制那些错误的东西，不随波逐流，不被错误的东西所左右。

三、道德品质的形成和发展

既然人是生活在社会中，一个人的道德品质的形成和发展也是离不开社会的。我们已经说过，一个人的道德品质的培养归根结底是自己的事情，所以，我们应从自己的一言一行做起，不断提高自己的道德素养。

具体来说，应从道德品质构成的五个方面——道德认识、道德情感、道德意志、道德信念、道德行为着手，在实践中培养和发展我们的道德品质。

（一）提高道德认识

道德认识是培养道德品质的起点，所以，我们要提高自己的道德认识水平。道德认识主要是指对道德观念和道德规范的正确认识。提高道德认识的途径有两条：一是努力地从社会中学习存在于社会中的道德规范和道德观念；二是通过“反省”的方式学习。社会的规范要转化为自己的道德规范必须通过自己内心的不断反省，而且道德规范的学习与科学知识学习的一个很大不同就是它是通过对日常生活的体会、反省，尤其是通过对日常所犯错误的时时反省来达到对道德规范的内涵、意义、作用的全面深刻的认识（当然，科学知识的学习也需要反省）。但是反省却是一件困难的事情，因为反省纯粹是自己内心的事情，“吾日三省吾身”本身需要极大的毅力。

（二）道德情感的升华

道德情感的升华就是我们在生活中对那些违反道德规范的行为应表现出强烈的义愤，“疾恶如仇”，对我们生活中出现的那些道德高尚的行为要有敬畏、崇敬之心。只有这样通过日常生活的积累，我们才能培养出强烈的道德情感。从道德教育的角度，必须从两个方面出发。一是正面引导，树立正面的道德形象，宣传优秀事迹、先进人物，从而在人们心中培养对良好的道德品质的向往、热爱之情。二是批评和抨击不道德的人和事，从而在人们心中养成对丑恶行径的愤怒之情。通过正反两方面的教育，使人们在心中逐渐培养起强烈的道德情感。

（三）道德意志的锻炼

道德意志是我们良好道德行为的保证，那些道德品质低下的人，他们中的绝大多数是没有坚强的道德意志的。锻炼坚强的道德意志，首先，要从小事着手，“莫以善小而不为”，从许多小事上可见一个人的道德品质，许多小事情上就有着我们须时时克服的各种欲望的诱惑。只有从一点一滴的小事做起，才有可能在重大的考验面前毫不退缩。其次，要在困境中进行磨炼。当我们遭遇困境时，不应长吁短叹，更不能怨天尤人，而应把这当成锻炼自己意志的好机会。孟子说过："故天将降大任于斯人也，必先苦其心志，劳其筋骨，饿其体肤，空乏其身，行拂乱其所为，所以动心忍性，增益其所不能。"最后，运用"慎独"的方法。"慎独"是古人提出的增强道德意志的方法。其意为，当一人独处时，能抵御各种各样的诱惑，坚守道德的规范。一个人在无人监督时，能够坚守道德原则，那么众目睽睽之下，当然就能保持良好的道德品质了。所以，"慎独"是锻炼道德意志的好方法。

（四）道德信念的确立

道德信念是道德认识、道德情感、道德意志的有机统一。所以，当我们的道德认识、道德情感、道德意志得到充分发展后，我们的道德信念也就自然形成了。确立道德信念非常重要，因为道德信念是道德认识、道德情感和道德意志变成个人行动的指南和原则。

（五）道德行为的养成

没有前四项思想的基础，就没有道德行为。有了道德认识、道德情感、道德意志、道德信念，我们还要勇于道德行动，因为道德本来就意味着行动。在我们的生活中，在每一个有道德意义的场合，我们都应毫不犹豫地行动。同时，只有在我们的行动中，我们的道德认识、道德情感、道德意志才会得到充实和提高。

第二节　自觉践行公民基本道德规范

公民基本道德规范是指在一个社会中最基本的，作为一个公民必须做到的那些道德规范。2004 年，中共中央、国务院出台的《关于进一步加强和改进大学生思想政治教育的意见》明确提出，对大学生"以基本道德规范为基础，深入进行公民道德教育……引导大学生自觉遵守爱国守法、明礼诚信、团结友善、勤俭自强、敬业奉献的基本道德规范"，大学生应成为公民道德的自觉履行者。

一、我国公民的基本道德规范

《公民道德建设实施纲要》的提出具有必要性。中共中央于 2001 年 9 月 20 日颁布了《公民道德建设实施纲要》。在现阶段提出公民基本道德规范，是有它的原因的。其一，社会主义道德建设是发展先进文化的重要内容。全面建设小康社会，加快改革开放和现代化建设步伐，必须在加强社会主义法制建设、依法治国的同时，切实加强社会主义道德建设、以德治国，把法制建设和道德建设、依法治国和以德治国紧密结合起来。其二，通过公民道德建设的不断深化和拓展，逐步形成与发展社会主义市场经济相适应的社会主义道德体系。这是提高全民素质的一项基础工程，对弘扬民主精神和时代精神，形成良好的社会道德风尚，促进物质文明与精神文明协调发展，全面推进建设有中国特色社会主义伟大事业，具有十分重要的意义。这个规范是对我国道德建设成果的总结。我们建设社会主义的道德，既要总结和继承我国优秀的传统道德以及一切人类文化的优秀成果，又要总结我国道德建设的实践，这样才能对我国的道德建设起强大的推动作用。

我们也无法否认，我国的道德现状是不能令人满意的，部分公民的道德品质还没有达到公民道德规范中的要求。比如，社会中存在的欺诈现象、一些人缺乏敬业精神等。由于这些都是最基本的道德规范，所以，这些现象的存在已经对整个社会的稳定与发展造成了很大的破坏作用。因此，颁发《公民道德建设实施纲要》的目的就是从我国的基础道德建设做起，把那些最基本的道德规范建设好，这样就能为我国社会主义的道德建设打下扎实的基础。

《公民道德建设实施纲要》也是针对我国建设社会主义市场经济的实践中出现的许多新情况而提出的。建设社会主义市场经济是我们从未遇到过的全新的事业，同样，它也对道德提出了新的要求。有些我们强调的不是很充分的，现在则在道德体系中占据着更为重要的位置，原先我们极为重视的一些规范，由于它们不是直接反映市场经济的特定要求，在道德体系中的位置就不像原来那样重要。公民基本道德规范，是我们每个公民都应遵守的，也是我们这个社会中最重要的道德规范。

二、《公民道德建设实施纲要》的主要内容

（一）公民基本道德规范

《公民道德建设实施纲要》提出了“爱国守法、明礼诚信、团结友善、勤俭自强、敬业奉献”的 20 字基本道德规范。这些规范要求作为一个合格的公民应当具备以下基本道德素质。

第一，要有爱国主义精神。以热爱祖国、报效人民为最大的光荣，要有民族的自豪感和自尊心。同时爱国精神又不是空洞的。爱国和守法，尤其是要和遵守我国根本法律制度结合起来。“爱国守法”要求我们具有对社会主义伟大建设事业的奉献精神。

第二，《公民道德建设实施纲要》强调了集体主义的道德原则。这主要体现在“团结友善”这一规范中。在社会主义国家，人民当家做主，国家利益、集体利益、个人利益根本上的一致使集体主义成为调节三者利益关系的重要原则。社会主义国家的人们应发扬“团结友善”的精神，在处理国家、集体、个人利益时，提倡个人利益服从国家利益、局部利益服从整体利益、当前利益服从长远利益，反对损公肥私、损人利己。

第三，公民在家庭、社会生活中必须遵循良好的行为准则，体现个人良好的道德素养。随着社会公共领域的不断扩大，人与人相互交往日益频繁，遵守公共秩序、维护公共利益成为公民道德修养和社会文明程度的重要表现。家庭生活和社会生活有密切的关系，正确对待和处理家庭问题，不仅关系到每个家庭的幸福美满，也有利于社会安定和谐。在这方面，我国传统道德有着丰富的内容。“明礼诚信、勤俭自强”就是主要的体现。

第四，职业道德是所有从业人员在职业活动中应该遵循的行为准则，涵盖了从业人员与服务对象，职工与职工、职工与职业之间的关系。随着社会分工的发展和专业化程度的增强，市场竞争日益激烈，整个社会对从业人员职业观念、职业态度、职业技能、职业纪律和职业作风的要求越来越高。“敬业精神”就是要大力提倡以爱岗敬业、诚实守信、办事公道、服务群众、奉献社会为主要内容的职业道德，鼓励人们在工作中做出更大贡献。

（二）诚实守信是公民道德建设的重点

诚实守信是公民道德建设的重点。它是人们立身处世之本和事业成败的关键，因此要在社会

中大力宣传诚实守信的风尚。我国目前还存在着一些不讲诚信、欺骗欺诈、损公肥私的现象，这与我们社会中诚实守信的道德风尚遭到破坏有很大关系。这不仅败坏了社会风气，而且直接破坏了我国的社会主义市场经济的运行。所以，在全社会大力宣传诚实守信是十分必要的。

“诚信”这一概念由两个字组成：“诚”与“信”。“诚”就是诚实，真实无妄的意思。“诚”要求我们内心真实无妄，不欺。我国古代甚至将“诚”看成宇宙的根本规律，也就是把“诚”提高到了宇宙论的高度。“信”就是讲信用。“诚信”一词意味着讲信用是发自内心的不欺，是我们从对他人的尊重，从对“诚信”规范的尊重出发，而不是出于某种功利的目的，如为了市场经济的正常运作，只不过它的客观效果有利于市场经济的运作。

诚实守信的道德观具有如下重要意义。

1. 诚实守信是形成道德人格的主要因素

“人无信不立。”个人只有坚守对别人的承诺，才能奠定他整个道德品质的基础。因为道德是人与人之间关系的准则，只有在人相互间坚守承诺的基础上，道德才能成立。所以，诚实守信是一个人最基本的道德品质，是一个人道德人格的重要体现。

2. 诚实守信是建设社会公德体系的基石

只有做到诚实守信，人与人之间才能发展相互间的友谊和信任，才能得到别人的关怀和帮助。反之，如果言而无信，就会失去别人的信任，游离于人际关系之外。诚信对一个人是如此重要，对一个社会、一个国家而言更是重要。任何社会团体、基层组织、群众村落和社区都应该讲信用，在内部对各个组成人员讲诚信，在处理与外部各方面关系时也要讲诚信。总之，要在全社会建立起讲诚信的公德体系，人人讲诚信，这个社会才能得以稳定和发展。

3. 诚信问题关乎市场经济的健康发展

市场经济要求参与的主体都要讲诚信，只有各个主体都讲信用了，整个市场经济才能有序的运转。只要有一个人不讲诚信，这个市场的运行成本就会大大提高，而市场主体的利益也会受到损害。市场经济不同于过去计划经济之处，就在于市场的主体获得了相当大的自由度，所以诚信的道德观念在他的经营活动中就占有重要的位置，将直接决定他个人的经营行为以及他的行为对整个市场运行的影响。

（三）公民道德建设的着力点

《公民道德建设实施纲要》指出：“从我国历史和现实的国情出发，社会主义道德建设要坚持以为人民服务为核心，以集体主义为原则，以爱祖国、爱人民、爱劳动、爱科学、爱社会主义为基本要求，以社会公德、职业道德、家庭美德为着力点。在公民道德建设中，应当把这些主要内容具体化、规范化，使之成为全体公民普遍认同和自觉遵守的行为准则。”社会公德、职业道德、家庭美德作为公民道德建设着力点，就是要将公民道德建设的核心和原则贯穿在生活的各个方面。

1. 社会公德

社会公德是指在社会交往和公共生活中公民应该遵守的道德准则。《公民道德建设实施纲要》明确指出，社会公德“涵盖了人与人、人与社会、人与自然之间的关系”。在人与人之间关系的层面上，社会公德主要体现为举止文明、尊重他人；在人与社会之间关系的层面上，社会公德主要体现为爱护公物、维护公共秩序；在人与自然之间关系的层面上，社会公德主要体现为热爱自然、保护环境。

在社会主义现代化建设的进程中，包括大学生在内的每一个社会成员，都应遵守以“文明礼貌、助人为乐、爱护公物、保护环境、遵纪守法”为主要内容的社会公德。

（1）文明礼貌。文明礼貌是社会交往中必然的道德要求，是调整和规范人际关系的行为准则，与我们每个人的日常生活密切相关。文明礼貌是打开心扉的钥匙，是交流思想的窗口，是沟通感情的桥梁，它反映着一个人的道德修养，体现着一个民族的整体素质。我国是一个具有悠久历史的文明古国，素有礼仪之邦的美誉。今天，倡导和普及文明礼貌，是继承和弘扬中华传统美德、提高人们道德素质的迫切需要，是尊重人、理解人、关心人、帮助人，形成团结互助、平等友爱、共同前进的新型人际关系的迫切需要，也是树立中国人良好国际形象的迫切需要。

（2）助人为乐。在社会公共生活中，每个人都会遇到困难和问题，总有需要他人帮助和关心的时候。因此，在社会公共生活中倡导助人为乐精神既是社会主义道德建设的核心和原则在公共生活领域的体现，也是社会主义人道主义的基本要求。助人为乐是我国的传统美德，我国自古就有“君子成人之美”“为善最乐”“博施济众”等广为流传的格言。把帮助别人视为自己应做之事，看作自己的快乐，这是每个社会成员应有的社会公德，是有爱心的表现。助人为乐对于大学生来说显得尤富意义，正所谓“赠人玫瑰，手有余香”。大学生应当“以团结互助为荣，以损人利己为耻”，积极参与公共事业，力所能及地关心和关爱他人，在对他人的关心和帮助中获得人生的快乐。

（3）爱护公物。对社会共同劳动成果的珍惜和爱护，是每个公民应该承担的社会责任和义务，它既显示出个人的道德修养，也是整个社会文明程度的重要标志。随着社会现代化程度的日益提高，社会的公用设施得到妥善保护并保持良好状态，是使公共生活有秩序进行的基本保证，也有利于每个人的工作和生活。如果每个社会成员都能珍惜、爱护公物，就意味着全社会的公共财物能够物尽其用，用有所值。如果社会公共财物遭到破坏，社会的利益就会受到损害。所以，每个有责任心的公民，都应当自觉爱护公共财物。

（4）保护环境。保护环境主要是指保护自然环境，诸如水环境、大气环境、土壤环境、生态环境、矿产资源、动物资源等，也包括保护文物资源、文化资源、社会管理资源等人文环境。热爱自然、保护环境是当今时代社会公德的重要内容。热爱自然、保护环境，从根本上说，是对全人类的生存发展利益的维护，也是对子孙后代应尽的责任。作为有较高文化素养的大学生要牢固树立环境保护意识，身体力行，从小事做起，从自己做起，带头宣传和践行环境道德要求。

（5）遵纪守法。遵纪守法是社会公德最基本的要求，是维护公共生活秩序的重要条件。遵纪守法的践行是提高人们社会公德水平的一个重要途径。在社会生活中，每个社会成员既要遵守国家颁布的有关法律法规，也要遵守特定公共场所和单位的有关纪律规定。在社会公共生活领域中，人员构成复杂，素质参差不齐，正常的生活秩序可能受到影响甚至被破坏，这就需要用纪律与法律来维护公共生活正常秩序。大学生应当全面了解公共生活领域中的各项法律法规，熟知校纪校规，牢固树立法制观念，“以遵纪守法为荣，以违法乱纪为耻”，自觉遵守有关的纪律和法律。

2. 职业道德

职业的通俗表达就是人们所从事的工作。社会分工造成了职业的划分，职业也因此具有了特定的业务要求和职责规定。一定的职业是从业者获取生活来源、扩大社会关系和实现自身价值的重要途径。

职业道德，是指从事一定职业的人在职业生活中应当遵循的具有职业特征的道德要求和行为准则，职业生活中的法律，是指从事一定职业的人在履行本职工作的过程中必须遵循的法律规范。

职业道德具有时代性和历史继承性。在历史上不同时期产生的一些调控职业活动的、带有道德蕴含的行规，可以看成是最早的职业道德的表现形式。这些行规反映当时职业的属性、功能以及从业者的价值认同和心理需要，有的行规也在历史发展过程中被后来的职业道德所继承。资本主义时代，职业和职业道德都发生了很大的变化。机器大工业带来了社会分工的大发展，促成了职业的大分化，职业从宗法关系的束缚中解脱出来，具有专业化的特征。职业的发展推动了职业道德的进步，职业道德的种类迅速增加并且在内容上逐渐定型，职业道德的调控作用也得到了强化，成为职业活动的有机组成部分，甚至是上升到了制度和法律约束的层面。

社会主义制度的建立使职业活动的性质和意义发生了根本变化，为职业道德的发展提供了更为广阔的空间，职业道德进入了新的发展阶段。在社会主义条件下，职业成为体现人际平等、人格尊严和人的价值的重要舞台；职业的分工尽管还受到生产力发展水平的制约，但由于各种职业利益同社会的整体利益从根本上会具有一致性，因而从业者之间以及从业者与服务对象之间不存在根本的利益矛盾，职业和岗位的不同，只是分工的差别，而不是地位高低的差别。

社会主义的职业道德继承了传统职业道德的优秀成分，体现了社会主义职业的基本特点，具有崭新的内涵。

（1）爱岗敬业。爱岗敬业反映的是从业人员热爱自己的工作岗位，敬重自己所从事的职业，勤奋努力，尽职尽责的道德操守。这是社会主义职业道德的最基本要求。

在社会主义条件下，对自己工作岗位的爱，对自己所从事职业的敬，既是社会主义的需要，也是从业者应该自觉遵守的道德要求。职业不仅是个人谋生的手段，也是从业者不断完成自身社会化的重要条件，是个人实现自我、完善自我不可或缺的舞台。个人的发展和完善不能仅停留在愿望和决心上，而应付诸现实的行动，没有行动，一切都会流于空谈。因此，爱岗敬业所表达的最基本的道德要求就应当是干一行爱一行，爱一行精一行，精益求精，尽职尽责，“以辛勤劳动为荣，以好逸恶劳为耻”。这是社会对每个从业者的要求，更应当是每个从业者对自己的自觉约束。

（2）诚实守信。诚实守信既是做人的准则，又是对从业者的道德要求，即从业者在职业活动中应该诚实劳动，合法经营，信守承诺，讲求信誉。

诚实守信是人类千百年传承下来的优良道德传统，在社会主义社会应该继承并使之发扬光大。诚实守信不仅是从业者步入职业道德殿堂的“通行证”，体现着从业者道德操守和人格力量，也是具体行业立足的基础。在职业活动中，缺失了诚信就会失去人们的信任，失去社会的支持，失去成长和发展的机遇。诚实守信作为社会主义职业道德的基本要求，具有很强的现实针对性。由于我国社会主义市场经济还不完善，职业领域出现了一些不健康的现象，一些企业及其从业人员诚信的缺失，扰乱了市场秩序，给社会主义市场经济的顺利发展带来了负面影响，也败坏了一些企业的名声。因此，在社会主义市场经济条件下，加强职业领域的诚信道德建设，非常必要，十分及时。

（3）办事公道。办事公道就是要求从业人员在职业活动中做到公平、公正，不谋私利，不徇私情，不以权损公，不以私害民，不假公济私。

在阶级对立和等级森严的社会中，职业有明显的高低贵贱之分，职业活动也必然由于服务对象的不同而体现出差异性，即所谓的高贵可重，贫贱可轻。在社会主义制度下，从业者之间以及从业者与服务对象之间都是平等的，他们的职业差别只是所从事的工作不同，而不是个人地位高低贵贱的象征。同时，职业的规划也不是为特殊的利益集团和个人创造谋取私利的机会，而是为了公平地满足人们的需要。

所以，以公道之心办事就必然成为职业活动所遵守的道德要求。办事公道，就是做事要讲原则，无论对人对己都要坚持实事求是，出于公心，不挟私欲，遵循道德和法律规范来处事待人。

（4）服务群众。服务群众就是在职业活动中一切从群众的利益出发，为群众着想，为群众办事，为群众提供高质量的服务。

社会主义道德建设的核心是为人民服务，职业场所是体现这一核心要求的重要领域。职业生活使为人民服务获得了具体的内容和表现形式，为人民服务的道德要求也在职业活动中表现出强大的生命力。职业活动的属性、目的不是任意确定的，而是要基于群众的需要；职业活动的价值评判标准掌握在服务对象手中，因此，服务群众必然成为职业活动的内在需要。在职业活动中提倡服务群众，并不是一个高不可攀的道德标准，在社会主义社会里，每个公民无论从事什么工作、能力如何，都能够在本职岗位上，通过不同的形式为人民服务。每一个从业人员在职业活动中，都自觉遵循服务群众的要求，整个社会就会形成一种人人都是服务者、人人又都是服务对象的良好秩序与和谐状态。

（5）奉献社会。奉献社会就是要求从业者在自己的工作岗位上树立奉献社会的职业精神，并通过兢兢业业的工作，自觉为社会和他人做贡献。这是社会主义职业道德中最高层次的要求，体现了社会主义职业道德的最高目标指向。爱岗敬业、诚实守信、办事公道、服务群众，都体现了奉献社会的精神。

尤其需要指出的是，提高廉政素质是我国当前职业道德建设的一个重要任务。廉政建设离不开对从业人员的职业道德特别是广大党政干部的从政道德教育，这对于提高整个社会的道德水平和人们的道德素质，营造良好的廉政氛围和风尚，具有重要的现实意义。这就需要把廉政教育作为岗前和岗位培训的重要内容，把廉政要求融入党政机关开展的“做人民满意的公务员”和企事业单位的争先创优等活动中，促进良好的职业习惯，树立起各具特色的行业新风。

在职业活动中，不同的价值追求所体现的人生境界是不同的，所产生的价值和意义也是不同的。青年马克思在谈到选择职业的理想和价值时曾经写道：“如果我们选择了最能为人类谋福利而劳动的职业，那么，重担就不能把我们压倒，因为这是为大家而献身；那时我们所感到的就不是可怜的、有限的、自私的乐趣，我们的幸福将属于千百万人，我们的事业将默默地，但是永恒发挥作用地存在下去，而面对我们的骨灰，高尚的人们将洒下热泪。”马克思对职业的价值追求，归根结底是以奉献社会为最高目标。这种崇高的职业理想和人生境界，值得当代大学生选择职业时学习和追求。

大学生学习职业道德知识，加强职业道德修养，对于今后从事职业活动具有重大意义。要从现在做起，在学习和生活中学会与他人合作，积极参加集体活动，力戒自由散漫，发扬团结协作的精神；敢于坚持真理，大胆探索，力戒消极保守，发扬开拓进取精神；提倡艰苦朴素，勇挑重担，力戒贪图享乐，发扬艰苦奋斗的精神；养成执着认真、刻苦钻研的学习习惯，力戒浮躁不专，发扬精益求精的精神。同时，大学生还应该自觉培养廉洁自律意识、提升人格境界，为今后在职业生活中全心全意为人民服务、依法办事、廉洁奉公打下坚实的基础。

3. 家庭美德

家庭美德在维系和谐美满的婚姻家庭关系中具有十分重要而独特的功能。家庭美德是每个公民在家庭生活中应该遵循的行为准则，涵盖了夫妻、长幼、邻里之间的关系、兴趣爱好等，互相学习，取长补短。邻里之间长期相处，难免产生误会和矛盾，要本着互谅互让的原则，无理者主动认错，得理者宽以让人，这样才能化解矛盾和纠纷，增进邻里感情。

第三节　科技道德与环境道德

随着社会分工的分化，出现了许多新的职业、部门。这些不同的职业就要求从事这项职业的人在遵守社会公德的基础上，还要遵守由于这门职业自身的特点所要求遵守的道德规范，这就是职业道德。职业道德有悠久的历史，古希腊医生希波克拉底倡导的“希波克拉底誓言”是最早的职业道德范例。在这项誓言中，希波克拉底对一个医生应遵循的一系列道德准则做了详细的规定，直到今天它仍是西方医科大学学生毕业典礼上集体朗诵的誓言。今天社会分工更细，门类也越来越多，相应的职业道德的门类也越来越多，其中科技道德更为引人关注。

环境道德的呼声是20世纪五六十年代开始起来的。20世纪五六十年代，世界上发生了一系列严重的生态灾难，如英国的“雾灾”、日本的“水俣病”等，这些生态灾难提醒人们，对大自然的开发不能采取那种为所欲为的态度，而应该遵循一定的规范，否则，就将为大自然所报复。所以，环境道德也成了我们道德修养中的一个重要部分。

一、科技道德概述

科技道德是关于科技工作应遵循的道德规范。科技道德之所以重要，是因为科学技术在社会生活中越来越重要。“科学技术是第一生产力”，科学技术已成为推动社会发展的最强大的动力。这样，从事科技工作的科技工作者就肩负着重大的责任，而他们道德水准的高低对社会的影响超过了其他的社会群体。

科技道德的规范主要分两个方面：第一，科技工作者对社会应承担哪些责任？第二，科技工作者应具备哪些职业素质来推动科学技术向前发展？这两个方面的要求处于辩证关系中。科技工作者首先对社会应有献身科学、推动科学技术向前发展的精神，同时，他也应有强烈的社会责任感，应有以科学技术为人类造福，而不是贻祸人类的信念。在人类的发展历程中，科学技术为人类做出了巨大的贡献，科学工作者献身科学，推动科学技术事业向前发展的同时，也在为人类的福祉做出贡献。但有时，这两者并不是等同的。有些科技成果会被错误地使用，有些科技成果的使用会给人类带来巨大的危害。例如，许多科技成果被用于制造杀人武器、原子弹、生化武器等，这些武器威胁着人类的生存。又如，克隆人的技术会带来一系列的社会伦理问题。当推动科技向前发展和科技对社会的影响两方面发生冲突时，科技工作者应把社会的职责放在首位，以对社会的职责指导科技的发展。有一种观点认为科学是为科学而科学，科学家从事科学研究是为了满足自己的兴趣。这个观点是错误的。一些“科学狂人”如那些声称要克隆人的科学家不就是打着这样的旗号吗？所以，科学道德中，那些涉及社会责任的规范也应被置于首位。

科技道德品质同样包括科技道德认知、科技道德情感、科技道德意志、科技道德信念、科技道德行为这几个方面。

（一）科技道德认知

科技道德品质既然是社会道德风尚的具体化并在本质上体现了科技道德关系。那么科技道德认识就应该包括以下内容：首先，它是科技人员在一般社会活动中对自己与他人、与社会的利益关系的认识，在特殊的科技活动中对自己与其他科技人员、与社会的利益关系的认识；其次，必须了解和掌握适合全社会的道德原则、规范和伦理知识，还应该掌握科技道德的理论原则和规范；最后，它还包括对那些具有高尚品德的科技理想人格的了解和感悟。

（二）科技道德情感

科技道德情感是指科技人员从自己的人生观和科技道德认识出发，按照科技道德认识和科技道德要求，在处理自己与他人、与社会关系时，或在对自己与他人的行为进行评论时所产生的情绪态度。例如，爱慕与憎恨、敬仰与鄙视、光荣与耻辱等。科技道德情感可以是针对他人的，也可以是针对自身的，可以是旁观所生，也可以是自我预感或反思所生。

（三）科技道德意志

科技道德意志是科技人员为践行道德义务而自觉克服困难、排除障碍的毅力和坚忍精神。凭借科技道德意志，科技人员就能排除不道德的科研动机，果断地确定科技道德行为的方向，坚定不移地完成国家与人民交给的任务。因此，科技道德意志是从科技道德认识、科技道德情感转化为科技道德行为的重要环节，是完成科技道德义务的直接保证。

（四）科技道德信念

科技道德信念是科技人员对于科技道德义务发自内心的真诚的信服、强烈的责任感以及对崇高的科技道德境界的执着追求。同样，科技道德信念也是科技道德认识、科技道德情感、科技道德意志的有机统一。在这个统一体中，科技道德信念具有更稳定、更持久的特点，因而居于核心地位。

（五）科技道德行为

科技道德认识、科技道德情感、科技道德意志只有转化为科技道德行为才会有实际的意义。所以，与我们日常生活一样，我们也要在科研活动中毫不吝惜地表现出良好的道德品质。

二、环境道德概述

在应用伦理学中，环境道德是引人注目的一个问题。它的起因就是人类面临着日益严重的生态环境危机。几百年工业文明的发展在创造了巨大的财富的同时，也给人类带来了严重的生态危机，这种危机已严重到了威胁人类自身生存的地步。它不仅仅表现为环境污染，还包括水资源短缺、森林的大量砍伐、土地沙漠化、资源枯竭、物种大量被灭绝、全球温室效应、臭氧层耗竭等一系列问题。

党的十八大报告指出："建设生态文明，是关系人民福祉、关乎民族未来的长远大计。面对资源约束趋紧、环境污染严重、生态系统退化的严峻形势，必须树立尊重自然、顺应自然、保护自然的生态文明理念，把生态文明建设放在突出地位，融入经济建设、政治建设、文化建设、社会建设各方面和全过程，努力建设美丽中国，实现中华民族永续发展。"

造成全球环境生态问题的原因是多方面的，主要有四点：第一，不正确地把自然界看成是人类为所欲为得以索取的对象。第二，人类对物质享受的无限追求以及资本主义生产方式对这种欲望的助长。第三，全世界极其严重的贫富分化，使得人们把发展经济、改善生活作为压倒一切的任务。第四，科学技术的发展以及工业化为人类提供了开发自然但同时又是破坏自然的强大武器。所以，必须针对这几个方面的原因共同努力解决人类面临的生态环境问题。其中，很重要的就是我们应该端正对自然的态度，这就需要我们建立环境道德。

环境道德的建立意味着我们在与自然环境打交道时，也要遵循一定的规则。我们人与人相处要遵守一定的规则，而我们过去与大自然相处时没有什么规则约束人类的行为。今天，我们要学会与大自然相处时遵守规则。

（一）环境道德有它自身的特点

环境道德的思想是借鉴人与人之间的道德规范提出的，它与一般的道德有相同之处，但也有自身的一些特点。

1. 人与环境的道德关系是人与物的关系

我们原先所谓的道德关系是调节人与人之间的关系，包括调节人与社会之间的关系，归根结底还是人与人之间的关系。但是环境道德将道德范畴拓展到了自然界，它所讨论的是人与物的关系，讨论的是我们人类和我们面临的自然环境之间的关系。

2. 环境道德要求是单向的

人的道德都是双向的，即任何的道德规范都对道德双方提出要求。但在人与自然的关系中，道德要求是单向的，它只向人提出道德要求。因为人与自然环境之间，道德的主体始终是人，环境是客体。人与环境发生关系时，人处于主动支配地位，而环境则处于被动的被支配地位。环境只是服从自身的自然规律，被动地接受人类的作用。在人与自然的作用过程中，凡出现的于人类不利的情况均由人的行为所致，责任在于人。因此环境道德只是单方面对人类提出道德要求。

3. 环境道德具有强烈的公共性特征

人与人之间的道德也有公共性的特点，即人的所有行为，从根本上讲都是公共的。所以，任何一个人做了违反道德规范的事情，就要受到公众的谴责，因为道德是公共的。环境道德的公共性倾向更加明显，因为对环境的破坏影响到了社会其他成员的生活。无论是水源、大气，还是环境空间都具有公共性，为人类所共享。尤其到了今天，环境问题已成为全球的问题，即一个国家或某些人对环境的破坏将会影响全球的环境状况。有些发达国家把它们的发展建立在对全球生态环境的破坏上，理应受到全世界人民的谴责。

4. 环境道德高度自觉性的要求

人与人之间的道德也要求道德自觉性，但环境道德对自觉性的要求更高。因为我们面对的是没有意识的“物”。在很多情况下，我们都可以在不被别人知晓的情况下对环境进行破坏而不受到环境立刻的抗议（当然，环境最终还是会报复人类对它的破坏，但那一般是一段时间以后的事），所以遵守环境道德就需更高的道德自律性。

（二）环境道德的基本规范

这里所讲的环境道德规范是指那些原则性的道德规范。我们在生活中还有体现这些原则性规范的具体的道德规范，如“不随地吐痰”“不乱抛垃圾”等，不在讨论之列。

1. 热爱自然，保护环境

人要真正地热爱自然并不容易，因为本质上，迄今为止，人与自然仍是对立的。我们还需要利用自然、开发自然。我们可以轻松地显示我们热爱自然，但是我们也会很容易地干出破坏生态环境的事来。要热爱自然，就要不把自然看成人类的对立物或看成一个可以随心所欲摆布的对象，而应该把自然看成我们生命的一部分。自然界向人类无私奉献了一切，养育人类，它似母亲，又似朋友，维持人类的生存和繁衍，我们应该从感情上培养对自然的爱，喜爱它、关心它。

2. 利益兼顾，造福子孙

强调对自然的保护并不意味着不利用自然。事实上，人类不可能停止利用自然，问题在于如何利用自然。这里的“利益兼顾”就是要兼顾当代人和子孙后代的利益。当代人要发展经济提高生活水平，但不能以牺牲子孙后代的利益为代价。这里的利益兼顾也意味着要兼顾不同地区和国家之间的利益，如富国和穷国的利益，这样才会达到相互协作，共同保护自然环境，为子孙后代留有发展的余地。

第四节 网络发展与网络道德

当人类迈入21世纪时，一个由现代计算机技术驱动的信息与网络时代已向我们走来，我们可以毫不犹豫地宣告，21世纪是网络的世纪。一个新的时代会给人们的思想观念、行为方式带来很多变化，我们所迎来的网络时代确实也表现出这样的特性，而且还对我们传统的伦理道德带来了挑战。

一、网络时代对人类伦理的影响

网络是指用电子计算机、远程通信等技术联结世界各个国家的信息交互系统。计算机网络最早产生于20世纪60年代后期，美国国防部为了军事目的，把几个军事研究机构的计算机连接起来，使其共用系统的软、硬件设备，信息及时共享。后来由于政府部门与学术研究机构的不断介入，进一步推动了网络的发展。计算机网络不但在政府、学校、企业、公共服务机构广泛使用，并正在走向千家万户。

（一）网络带来的正面影响

1. 网络对人们提出了新的要求

全球互联网彻底打破了人们在地域上、民族间、心理间的隔阂，使每一个互联网的终端用户可以和任何一个终端用户交谈，人们交往的范围得到了革命性的拓展，远隔天涯的人们可以通过网络进行交往、了解，一起工作，为消除各种生活和观念上的不理解而创造了条件。这样，多种文化、多种思想在这里交汇，就会使大家在冲撞、对比、磨合中实现新的觉醒，找到较合理的追求和理念，从而对人类的正义、友善、责任、义务等会有新的认识和理解，推动人类文化和文明的发展。另外，互联网的信息共享，也使全球的文化、文明得到了进一步的发展。正如美国网络专家维廉·奥尔曼指出的，信息革命带来的最基本的变化是——很难想象的方式，使人们紧密地联系起来，消除了“这里”和“那里”的界限。而目前互联网上不道德现象又很多，“黑客”的举动使所有互联网用户处于受侵害状态，这样就使人们认识到保持一个安全、方便快捷的互联网，必须对所有使用网络的用户提出新的道德要求，每个用户都应该思考在一个全新的环境中应有哪些道德义务和道德责任，自己应如何成为一个有道德的人。

2. 网络使人们的行为更自觉

网络的特点决定每一个网民几乎没有外界的约束，可以决定自己干什么、怎么干，完全是“自己管理自己”。道德的一个基本特点就是强调靠人们自觉去执行道德规范，即自律。在计算机网络上，他律的作用在很大程度上被淡化了，网民们在道德上受到了新的考验和锻炼。在现实生活环境中，人们往往处于在他人的观察、议论下做事，而在网络上需要自己把握自己，自己规范自己，这需要很坚定的道德意志控制，因此这也使一个具有道德意识的人变得更为自觉。

3. 网络使人们拓展了道德涉及的新领域

在人类历史的长河中，道德涉及的领域原先只是重视人与人之间的道德问题，随着社会的发展，人们认识的深入，逐渐意识到人与环境之间也有一个伦理关系问题，因此产生了环境伦理学。随着科学技术的发展，人们又创建了生命伦理学等学科，把人类的伦理思想拓展到越来越广泛的领域。互联网的出现，又给人类带来了一个全新的领域，在这个“虚拟世界”中，人们有了一个新的天地，“隐私权、财产权”的保护，“可恶的欺骗、说谎”的谴责等观念都受到了冲击，为了规范人们在“虚拟世界”中的行为，也为了这“虚拟世界”的健康、有序发展，人们逐渐创立了计算机伦理学这门伦理学的分支学科，使人们的道德研究领域进入了一个全新的天地。

（二）网络带来的负面影响

1. 它给道德虚无主义提供了温床

互联网从一开始就是一个以“无政府”为口号的网络，在网上活动，没有哪一部分服从哪一部分的问题，所以任何人上网都没有任何约束。而互联网又没有起始点和终止点，每一个网民均处于无边无际的网络海洋中，网民完全可以隐去自己的真实身份上网活动，这就使得人们更加随心所欲。网络的匿名性使网民可任意发表任何意见而无须承担任何责任，这样就使行为更加无所顾忌。因此，就出现了偷窃资料，出现了明明是黑脸大汉却说自己是妙龄少女等行为。在这里没有任何道德约束，或是道德规范对人们的约束性很弱。

2. 它为许多恶行提供了新的场所

不少网民将违反道德规范的网上活动视为自己技术高超的表现，譬如“黑客”行为。由于互联网具有的虚拟性，网民在网上任意的谩骂、撒谎，感觉并不是针对具体人的，因此也不是恶的行为。互联网的信息共享性，全球传播性，已使得黄色网页上的淫秽言论、画面大肆传播。更有甚者，各种反动、反华的言论也在网上畅通无阻，起到了蛊惑人心、恶毒攻击、组织宣传各种恶行的目的。计算机犯罪，尤其利用计算机网络技术进行经济犯罪是近20年出现的一种犯罪手法。

以上这些，都给社会道德教育带来了负面影响，也对现实的道德产生了直接的冲击，对传统道德观念及规范带来极大的挑战。美国南加利福尼亚大学把网络上的不道德行为归为六类：①有意识地造成网络混乱，擅自闯入网络及其相关联的系统；②商业性地或欺骗性地利用大学计算机资源；③偷窃资料、设备及智力成果；④未经许可而接近他人文件；⑤在公共用户场合做出引起混乱或造成破坏的行为；⑥伪造电子函件信息。所以，制定一种具有普遍约束力的网络道德规范是非常必要的。

（三）网络对传统的为人处世方式的影响

1. 非人性化的倾向

计算机网络充当了人与人相互交往的媒介，隔着计算机屏幕，人们感受不到对方是一个活生生的人的反应，因此也忽视了对方的感情需要，把它完全看成是人机对话。人们对信息的接受，完全是在计算机既定的程序下进行的，使人在不自觉中患上了精神麻木症，认定机器会自动吐出各种信息，从而失去了现实感，网上办公、网上学校、网上医院、网上购物等，使人感觉到人们生活中面对的都是一个个屏幕、一部部机器，这世界就是一部部机器组成的，计算机就能提供一切，从而失去了人类社会的多彩性。

2. 感情冷漠化倾向

整天与个人终端打交道，使人们之间具有直接的可视性、亲和感的交往大大减少，导致人际关系疏远，人们就会产生紧张、孤独、冷漠等问题，这对人们的情感活动是个很大的打击。因为一个人的情感是要在与别人的经常互动活动中得以展现、强化的，而少了这一环境，人们会情感冷漠化，甚至不知道感情是怎么回事。

3. 信任感危机化倾向

由于网络是个虚拟的世界，许多网民抱着游戏的心态上网活动，并不把聊天等与人交流活动当作真实的。网上的信任感危机也会影响现实社会，在现实生活遇到挫折时，网民也会以别人是不可信的看法来对待。

4. 做事自由化倾向

虚拟社会给人们提供了极大的自由度，人们摆脱了传统社会的管理与控制，进入了一个“反正没人认识我”的天地，往往会有一种特别自由的感觉。事实上，网络也给我们创造了这样一个环境，想说什么就说什么，想干什么就干什么，这特别容易使人忘掉自己的社会角色、社会地位、社会责任，久而久之，就养成了一种做事自由化、随心所欲的习惯。

5. 接受信息渠道单一化倾向

互联网上汇集了大量的信息，形成了信息爆炸的时代，有用信息、无用信息、真实信息、虚假信息等都充塞其间，人们在网上能得到无所不有的信息，过分依赖网络，也使人们接受信息渠道单一化，很少利用人类其他获取信息的手段及渠道。唯网是听，唯网是从，这不利于人类的发展。

互联网出现的几十年虽然出现了一些问题，给人们生活、行事带来了一些消极影响，但我们不能否认它给人们的方便，它给人们的快乐，它对人类社会的促进是无法估量的，其正面的影响远远大于负面影响。我们提出这些问题，无非是告诉大家，在使用任何先进的技术和手段的时候，要注意克服其负面影响，从而使先进的技术和手段发挥得更加完美，能更好地造福我们人类。

二、网络道德建设的原则

爱因斯坦说过：“科学是一种强有力的工具。怎样用它，究竟是给人类带来幸福还是带来灾难，全取决于人自己，而不取决于工具。”事实也是如此，爱因斯坦曾向美国政府建议过要加紧试制原子弹以和法西斯德国抗衡，但后来又为美国政府首先使用原子弹而感到遗憾、后悔。计算机信息与网络技术在现代社会是一种强大的工具与力量，对这一技术合理的使用，能给人类生活的方方面面带来巨大的方便，推动人类文明的快速发展；但对它恶意的使用，又会给人类生活的方方面面带来巨大的灾难，使人类社会的文明不能正常、有序地发展，或是出现畸形。科学技术的善用和恶用是由什么决定的，爱因斯坦回答说是人自己，而人自己又是怎样决定的？英国著名历史学家汤因比在《选择生命》一书中曾指出：“要对付力量所带来的邪恶结果，需要的不是智力行为，而是伦理行为。但是，科学对伦理来说，属于中立的一种智力工作。所以，科学不断发展完善带来怎样的结果，若用伦理上善恶的概念来说，就在于科学是被善用还是恶用。科学所造成的各种恶果，不能用科学本身来根治。”这里，汤因比回答得很清楚，科学技术是被善用还是被恶用最终决定的因素是伦理即道德，因道德能以一种自律的力量使人们自觉地控制自己的行为，而不使自己的行为产生恶的结果。

因此，从20世纪80年代起，随着计算机信息与网络技术在美国和西方发达国家的率先发展与应用，计算机伦理问题就引起了西方哲学界的重视。1985年10月，哲学杂志《形而上学》发表了泰雷尔·贝纳姆的《计算机与伦理学》和杰姆斯·摩尔的《什么是计算机伦理学》两篇文章，这成为西方计算机伦理学的重要理论标志。20世纪90年代国际互联网的出现，使计算机伦理问题日益成为西方哲学界、科学界和全社会关注的一个热点。一方面，大量的有关计算机伦理方面的论文发表、专著出版，计算机伦理学成为西方伦理学研究的一个新热点；另一方面，美、英等国先后成立了全国或国际性的计算机伦理学学术研究机构，定期召开各区域或国际性的学术研讨会。高等学校也普遍为大学生、研究生开设了各种计算机伦理学课程，如“计算机伦理学”（Computerethic）“计算机与信息伦理”（Computer and Information Ethics）“网络伦理”（Net Ethic）等。西方计算机伦理学的理论研究与教学，引起了包括计算机工程师、信息技术公司经理、专业人员和社会各界对计算机伦理问题的广泛关注，推动了计算机行业职业道德规范和信息网络技术行为准则的确立。

计算机伦理学为什么要研究？摩尔在《什么是计算机伦理学》一文中说，因在计算机技术所创造的一系列新的领域中，存在着传统伦理学不能直接回答的一系列新课题。当我们在使用计算机时，就“存在一个道德政策的真空”。摩尔认为，新技术要求人们对许多公共政策和道德标准进行重新思考，“计算机伦理学的中心任务，是去抉择我们应当去做什么，道德政策应当如何确定。它包括考虑个人与社会两方面的道德政策”。这给我们明确指出，我们应着手建立一种在计算机网络领域中适用的道德规范体系。

美国学者罗伯特·巴格认为随着计算机与信息技术的发展，人类的基本道德价值观念和行为准则并没有过时。他在1993年于华盛顿召开的第二届布鲁克英计算机伦理学年会宣读的论文中，提出了计算机伦理学的三条基本原理：①一致同意的原则，如诚实、公正和真实等；②把这些原则应用到对不道德行为的制止上；③通过对不道德行为的惩处和对遵守规则行为的鼓励，来对不道德行为进行防范。

美国学者斯皮内洛在《世纪道德——信息技术的伦理方面》一书中，提出了计算机伦理道德是非判断应当遵守的三条一般规范性原则：①自主原则，即在信息技术高度发展的情况下，尊重自我和他人的平等价值与尊严，尊重自我与他人的自主权利。如当计算机技术被用来侵犯别人隐私权，便侵犯了别人的自主权。②无害原则，即人们不应该用计算机与信息技术给他人造成直接或间接的损害。这一原则被称为“最低道德标准”。③知情同意原则，即人们在网络信息交换中，有权知道谁会得到这些数据以及如何利用它们。没有信息权利人的同意，他人无权擅自使用这些信息。

我国有些学者提出网络伦理的基本原则如下。

（一）无害原则

这要求任何网络行为对他人、对网络环境至少是无害的。人们不应该利用计算机和网络技术给其他网络主体和网络空间造成直接或间接伤害。这是最低的道德标准，是评价网络行为的最初的道德检验。正如斯皮内洛所提出的，“这一原则对分析信息技术领域里出现的道德两难的困境是很有帮助的”。网络病毒、网络犯罪、黑客行为是严重违反无害原则的行为。

（二）公正原则

网络是人类的网络、世界性的网络，是一个生态系统。当你在网上痛快淋漓冲浪时，应该关心他人的存在、他人的感受，关心网站的利益，这是国内公正原则的要求。网络不仅是我们的网络，也是我们后代的网络，不能在享受网络便利时，损坏网络环境，我们必须为后代留下洁净美丽的网络空间，这也是公正原则的要求，同时，公正原则还要求我们应该密切关注世界各国网络化进程中发展不平衡的问题；关注网络中社会分层问题，即掌握和控制信息群体和不占有信息群体之间的公正问题；关注网络资源配置的公正问题；关注不同文化生存的公正问题，即文化的多样性问题。

（三）尊重原则

网络是人与信息的生态，生态的网络是人性化的网络，而不是机器的生态。尊重原则要求不论网络如何技术化、虚拟化，网络的主体是人，而不是虚拟的人，更不是机器，网络应当符合人的特性。网络不是“无人之境”，而是人与人的关系网络，要求网络主体之间应彼此尊重，不能把对方看成是纯粹的“数字化”的符号，是可以被随意操纵、“计算”的符号，个人信息也不是可以任意复制和粘贴的。网络的特点决定了人们在许多场合不得不提供自己的个人信息，如家庭情况、个人情况等。隐私权的基础就在于人们有控制自己私人的权利和他人对私人信息的尊重，因此，尊重原则在网络中的地位更显特殊。

（四）允许原则

未经授权擅自进入他人系统是不符合这一原则的。因在网络这样一个以开放性、通用性为特征的领域中，由于计算机技术的发展，擅自进入他人系统是一件很容易的事，虽然在进入系统以后，不做有害于别人的事，好像没有违反允许原则，其实已经严重地侵犯了他人的自主权、隐私权，是不尊重别人的具体表现。另外，在网络这一多元文化、多元价值共存的空间中，也应允许各种文化、各种价值存在，否则就使网络的作用大打折扣。

三、网络道德建设的规范

在信息网络技术最为发达的美国，从 20 世纪 90 年代起就全面制定了各种计算机伦理规范。美国计算机协会 1992 年就通过了《伦理与职业行为准则》，其中包含了最基本的道德规范：①为社会和人类的美好生活做出贡献；②避免伤害其他人；③做到诚实可信；④恪守公正并在行为上无歧视；⑤敬重包括版权和专利在内的财产权；⑥对智力财产赋予必要的信用；⑦尊重其他人的隐私；⑧保守机密。

为了规范人们的道德行为，美国的一些专门研究机构还专门制定了一些简单易懂的道德戒律。如著名的美国计算机伦理协会制定了“计算机伦理十戒”：①你不应当用计算机去伤害别人；②你不应当干扰别人的计算机工作；③你不应当偷窥别人的文件；④你不应当用计算机进行偷窃；⑤你不应当用计算机作伪证；⑥你不应当使用或拷贝没有付过钱的软件；⑦你不应当未经许可而使用别人的计算机资源；⑧你不应当盗用别人的智力成果；⑨你应当考虑你所编制的程序的社会后果；⑩你应当用深思熟虑和审慎的态度来使用计算机。

我们在借鉴外国合理的经验的基础上，也应制定出适合中国特点的计算机职业道德和信息网络的技术行为规范，在这方面我国的计算机管理和实践工作者正在不断地探索、工作着。

第五节　加强道德修养　提升道德境界

道德修养是人们按照一定社会或一定阶段的道德要求在个人品德和情操方面的自我教育和自我塑造。道德修养和道德品质有着紧密的联系。道德修养的重要途径就是不断提高自己的道德品质，但道德修养又超出了道德品质的范围。因为道德修养要追求的是自由的境界。

一、道德修养及其基本途径

个人提高道德修养，就是根据道德品质构成的几个方面，不断提高自己。道德品质由道德认识、道德情感、道德意志、道德行为构成。所以，道德修养的途径包括了重学、自省、克己、慎独、力行等。

重学就是提高道德认识，观察社会、观察人生，向那些优秀的道德楷模学习。自省就是自我反省，不断地检查自己的言行，并且发现自己的言行的欠缺之处。克己就是抵御外界不道德事物的诱惑，克服自己内心不时涌现的错误的冲动和欲望。慎独就是在独处独知时仍要坚守道德的准则，以此锻炼自己的道德自觉性和道德意志力。力行就是努力实践道德原则，在实践中领会和掌握道德规范。

二、大学生应在道德实践中培养良好品质

大学生要在学校、家庭、社会各个环境中坚持和弘扬社会主义道德，积极实践公民道德规范，培养自己良好的道德品质。我们应该坚持在实践中，在一点一滴小事中，在不经意间培养良好的道德品质，在学校、家庭、各种各样的社会场合实践我们的道德规范。我们应该从最基本的道德规范做起，最基本的道德规范看似简单，但却是最能锻炼也是最能显示出一个人道德素养的地方。我们要自觉遵守科技道德、环境道德、网络道德的基本规范。这其中，网络道德是我们大家面临的一个新课题。

网络世界是一个全新的虚拟世界。虚拟世界要遵从哪些规范，这是全世界面临的一个新课题。大学生是这一虚拟世界中人数最多的网民。所以，网络的虚拟世界既给大学生的道德观念提出挑战，又给我们实践道德观念提供好机会。在这个各方面规范尚不健全，甚至似乎是无拘无束的全新空间，如何约束自己的行为，遵循道德规范要求，是对我们道德自觉性的绝好考验。我们要自觉抵制那些不健康的东西，做到不接触、不传播，要自觉维护国家的信息安全。在网络世界中，同样要做到言谈文明、维护网络的正常运行。

只有在各个场合都努力贯彻道德准则，才能不断提高自身的道德品质。

三、培养高尚人格，提升道德境界

人在道德境界上的追求是永无止境的。公民基本道德规范所要求的是我们作为公民最基本的道德准则。我们在达到这些基本要求后，还要继续追求更高的思想道德目标，努力培养高尚人格。在这个过程中，努力培育道德自觉十分重要。仅仅养成遵守规范的习惯是远远不够的。因为如果这样，道德的规范就会被我们厌倦，甚至被我们抛弃。只有把道德看成是发自我们内心的诉求，即只有达到了道德自觉的人才是一个自由的人。自由不是放纵，自由的真谛是自律。道德修养的最终目标，是要达到自由的境界。但这无疑是一个长期的过程。我们只有脚踏实地，一步一个脚印从最基本的东西做起，才能达到这种美妙的道德境界。

随堂演练

一、思考题

1. 怎样认识和实践公民基本道德规范的具体要求？
2. 谈谈当代大学生怎样树立诚信品质？
3. 当代大学生怎样继承和弘扬中华民族的优良道德传统？

二、阅读文章

弗莱明：青霉素发现者的伟大奥秘

英国细菌学家、青霉素的发现者弗莱明，1929 年曾把他发现青霉素的详细经过写成论文，发表在英国皇家主办的《实验病理季刊》杂志上。他因此在 1945 年获得诺贝尔生理学和医学奖金。然而，弗莱明这位青霉素的发明者，还有两个堪称伟大的秘密，只有极少数人知晓。

第一个秘密是在他成功前，那时他只有 8 岁，弗莱明跟着母亲去医院看望一位肺部生病的亲戚。弗莱明问医生：“他得的是什么病？”医生见他特别可爱，便对他说：“亲爱的孩子，他的肺部有问题。”弗莱明不解地问：“那您为什么不给他吃药呢？”医生叹口气说：“没有能治他病的药啊！”不久，这位患肺病的亲戚便死去了。弗莱明很悲伤，他对母亲说：“我长大以后，一定要做个医生，研制出能治那种病的特效药。”弗莱明后来发现了青霉素，与他小时候立下的远大志向是分不开的。

第二个秘密是在他成功后，弗莱明关于青霉素的论文发表后，英国一位显贵建议弗莱明申请专利，并告诉他：“这将给你带来不可估量的财富。”然而，弗莱明没有接受他的建议。弗莱明在回信中说：“医药界最可怕而冥冥杀人害世的莫过于贪。为了我自己和我一家人的尊容富贵而无形中危害着无数人的生命，我不忍心。”

弗莱明发现了青霉素，挽救了千千万万人的生命，毫无疑问，这是一个伟大的发现。然而比这个发现更伟大的，乃是弗莱明的情操。

（选自《成功，就这么简单》，黑龙江出版社，2002 年）

参考文献

[1] 爱因斯坦 . 爱因斯坦文集 [M]. 第 1 卷 . 北京：商务印书馆，1976.

[2] 彼得 · 穆雷尔 . 法律的价值 [M]. 北京：法律出版社，2006.

[3] 陈光中 . 刑事诉讼法 [M]. 北京：北京大学出版社，2002.

[4] 陈晓卿 . 百年中国 [M]. 济南：山东画报出版社，2002.

[5] 邓小平 . 邓小平文选 [M]. 第 3 卷 . 北京：人民出版社，1993.

[6] 邓小平 . 在全体人民中树立法制观念 [A] //邓小平 . 邓小平文选 · 第 3 卷 . 北京：人民出版社，1993.

[7] 邓小平 . 民主和法制两手都不能削弱 [A] //邓小平 . 邓小平文选 · 第 2 卷 . 北京：人民出版社，1994.

[8] 樊富珉 . 青年心理健康十五讲 [M]. 北京：北京大学出版社，2006.

[9] 高铭暄，马克昌 . 刑法学 [M]. 北京：高等教育出版社，北京大学出版社，2005.

[10] 高桥 . 大学生就业指导 [M]. 北京：清华大学出版社，2006.

[11] 广东中华民族凝聚力研究会 . 中华民族凝聚力学 [M]. 北京：中国社会科学出版社，1999.

[12] 胡锦涛 . 关于建设社会主义政治文明 [M] //十六大以来重要文献选编（上）. 北京：中央文献出版社，2005.

[13] 胡锦涛 . 努力建设持久和平、共同繁荣的和谐世界 [M] //十六大以来重要文献选编（中）. 北京：中央文献出版社，2006.

[14] 胡凯 . 大学生心理健康教育教程 [M]. 长沙：湖南人民出版社，2009.

[15] 江泽民 . 高举邓小平理论伟大旗帜把建设有中国特色社会主义事业全面推向二十一世纪 [M]. 北京：人民出版社，1997.

[16] 沈宗灵 . 比较宪法——对八国宪法的比较研究 [M]. 北京：北京大学出版社，2002.

[17] 唐代兴，马恒东 . 学会学习——大学生学业导航 [M]. 上海：复旦大学出版社，2007.

[18] 许汝罗，王永亮 . 思想道德修养与法律基础学生辅导读本 [M]. 北京：高等教育出版社，2006.

[19] 张光兴 . 大学生思想道德修养 [M]. 北京：科学出版社，2005.

[20] 张俊宗 . 现代大学制度 [M]. 北京：中国社会科学出版社，2004.

[21] 郑日新 . 大学生心理健康教育——自主自助手册 [M]. 北京：高等教育出版社，2007.

[22] 周叶中 . 宪法学 [M]. 2 版 . 北京：北京大学出版社，高等教育出版社，2005.

[23] 佐斌 . 大学生心理发展 [M]. 北京：高等教育出版社，2004.